Beck'sche Reihe
BsR 802
Aktuelle Länderkunden

Wußten Sie schon: Daß die Fischsuppe an der SW-Atlantikküste nicht Bouillabaisse heißt wie in Marseille, sondern *chaudrée*? Daß *académicien* nicht „Akademiker“ bedeutet, sondern ...? Wie die im Süden auftretenden regionalen Winde heißen und welche einem den Urlaub verderben können? Nach welchen Regeln *aux boules* gespielt wird? Wo in Frankreich die „Schildbürger“ beheimatet sind? Daß Sie sich am Badestrand vor den *C.R.S.* in acht nehmen sollten und warum? Was genau unter *Libération* und *maquis* zu verstehen ist? Diese und viele hundert andere typisch französische Ausdrücke und Abkürzungen erklärt kurz und präzise das „Kleine Frankreich-Lexikon“, eine wichtige und praktische Ergänzung zu den üblichen Wörterbüchern. Für Lehrer, Studenten und Schüler bietet das Buch wichtige Informationen für den Sprach- und Landeskundeunterricht. Für jeden Frankreichliebhaber ist es eine Fundgrube, für den Frankreich-Touristen ein praktisches Nachschlagewerk.

Günther Haensch, geboren 1923, studierte Romanistik und Geschichte bei Hans Rheinfelder und Gerhard Rohlfs und ist Professor am Lehrstuhl für angewandte Sprachwissenschaft (Romanistik) der Universität Augsburg und Leiter des Sprachenzentrums der Universität Augsburg. Er ist Autor und Herausgeber zahlreicher sprach- und landeskundlicher Werke, u.a.: Das Spanische in der Bundesrepublik, München 1970 (zusammen mit F.J. Zapp, und M. Franzbach); Wortbildungslehre des modernen Französisch, München 1972 (zusammen mit A. Rietkötter); (Hrsg.) España contemporánea (Leitfaden der Spanienkunde), München ²1973; (Hrsg.) Handbücher der Auslandskunde: Spanien, 3 Bände, Frankfurt 1975; Ce qu'il faut savoir sur la civilisation française, München 1986 (zusammen mit L. Truffaut und E. Steiner); Frankreich, Band 1: Staat und Verwaltung, München ²1985 (zusammen mit A. Lory und D. Soulas de Russel); Wörterbuch der Internationalen Beziehungen und der Politik Deutsch-Englisch-Französisch-Spanisch, München ²1974.

Paul Fischer, geboren 1952, studierte Romanistik und Anglistik in Augsburg, St. Andrews (Schottland) und Straßburg, 1982–84 Studienrat in Günzburg, seit 1984 Hilfsreferent, u. a. mit fremdsprachlichen Aufgaben, an der Bayerischen Staatskanzlei in München. Aufsätze u. Rezensionen zur frz. Sprachwissenschaft, Soziolinguistik und Landeskunde. Mitarbeit an Lothar Wolf, Le Français régional d'Alsace, Paris 1983.

GÜNTHER HAENSCH / PAUL FISCHER

Kleines Frankreich-Lexikon

Wissenswertes über Land und Leute

Zweite, neubearbeitete Auflage

VERLAG C.H.BECK MÜNCHEN

Mit fünf Karten

CIP-Kurztitelaufnahme der Deutschen Bibliothek

Haensch, Günther:
Kleines Frankreich-Lexikon: Wissenswertes über Land u. Leute/Günther Haensch; Paul Fischer. – Orig.-Ausg., 2., neubearb. Aufl. – München: Beck, 1987.
(Beck'sche Reihe; Bd. 802: Aktuelle Länderkunden)
ISBN 3 406 32191 7
NE: Fischer, Paul; HST; GT

Originalausgabe
ISBN 3 406 32191 7

2., neubearbeitete Auflage. 1987.
Einbandentwurf von Uwe Göbel, München

Gesamtherstellung: C.H.Beck'sche Buchdruckerei, Nördlingen
Printed in Germany

Inhalt

Vorwort zur ersten Auflage

Das „Kleine Frankreich-Lexikon“ ist nicht nur eine Art Lexikon der Frankreichkunde, das die sonst in landeskundlichen Büchern behandelten Themen – wie z. B. die wirtschaftlichen, politischen und kulturellen Institutionen – stichwortartig zusammenfaßt.

Es ist vor allem ein Nachschlagewerk, das typisch französische Dinge und Sachverhalte, die durch eine einfache Wortgleichung im Deutschen nicht wiedergegeben oder erklärt werden können, erläutert, z. B. französische Speisen und Getränke, Spiele und Sportarten, Landschaftsformen, Sitten und Gebräuche.

Auch werden die in der Tagespresse häufig vorkommenden wichtigsten Abkürzungen und gängigen Ausdrücke erklärt.

Nicht behandelt werden Eigennamen von Personen und die allgemein bekannten geographischen Eigennamen, es sei denn, sie hätten besonderen Symbolwert.

Der Hauptakzent liegt auf dem 20. Jahrhundert, doch wurden gewisse ältere Ausdrücke, die häufig vorkommen oder zum Verständnis der Gegenwart erforderlich sind, berücksichtigt.

Ziel des Buches ist es, rasch und übersichtlich über das „vocabulaire de civilisation“ zu informieren. Deshalb wurden auch die Einzelstichwörter alphabetisch aufgeführt, die im Zusammenhang eines anderen Stichwortes erläutert werden, auf das durch den Pfeil (↑) verwiesen wird. Innerhalb der Artikel verweist der Pfeil auf weitere Stichwörter, die zum Vergleich oder zum besseren Verständnis herangezogen werden können.

Der Kürze und Vielfalt der Information wurde der Vorzug gegeben vor enzyklopädischer Ausführlichkeit und Vertiefung einzelner Aspekte.

So entstand ein vielseitiges, praktisches, nicht zu umfangreiches und erschwingliches Nachschlagewerk für Schüler, Studenten und Lehrende des Sprach- und Landeskundeunterrichts an Schulen, Universitäten, Dolmetscherinstituten und anderen Unterrichtsstätten, aber auch für jeden an Frankreichs Geschichte und Gegenwart interessierten Leser und Touristen.

Vorschläge zur Ergänzung und Verbesserung des Buches nehmen die Autoren gern entgegen.

Vorwort zur zweiten Auflage

Die 1. Auflage dieses Lexikons fand eine erfreulich gute Aufnahme, so daß eine 2. Auflage nötig wurde. Da in Frankreich eine Reihe von Änderungen eingetreten sind, wurde das Buch neubearbeitet: Über sechzig Stichwörter wurden neu aufgenommen, eine Reihe anderer auf den neuesten Stand gebracht. So konnte bereits die neue politische Entwicklung unter der Regierung Chirac berücksichtigt werden. Ferner wurden verschiedene Verbesserungs- und Ergänzungsvorschläge von Rezensenten und Korrespondenten eingearbeitet.

An dieser Stelle sei vor allem den Herren Henri Gony (†) und Gilles Gony wie auch Herrn Friedrich Karl Pohl und Herrn Patrick Brauns für ihre wertvollen Anregungen gedankt.

Auch wurde auf Wunsch vieler Leser bei wesentlich mehr Wörtern als bei der 1. Auflage die Aussprachebezeichnung angegeben.

Die Angaben entsprechen dem Stand von Anfang 1987.

Günther Haensch/Paul Fischer

Hinweise für den Benutzer

1. *Abkürzungen*

Das *Titelstichwort* ist innerhalb der einzelnen Artikel in der Regel abgekürzt (z. B. Académie = A.).

Senkrechter Pfeil vor einem ↑Stichwort: bei Verweisen = siehe unter ..; innerhalb eines Artikels = siehe auch ...; vgl. ...

Neben den allgemein üblichen werden in diesem Werk zur Erläuterung noch folgende Abkürzungen verwendet:

adj.	Adjektiv	Fr.	Frankreich
Arr.	arrondissement	Frz., frz.	Franzose(n), französisch
bask.	baskisch		
bes.	besonders	kors.	korsisch
Bez.	Bezeichnung	o.	oder
bret., breton.	bretonisch	okzit.	okzitanisch
D.	Deutschland	pej., *pej*	pejorativ, abträglich
Dép.	département	prov.	provenzalisch
dt.	deutsch	reg., *reg*	regional
fam., *fam*	*familier*, umgangssprachlich	var.	Variante

In Frankreich werden Abkürzungen wie A. F. (Académie française) und andere teils *mit* Punkten nach den Buchstaben geschrieben (besonders in offiziellen Publikationen), teils *ohne* Punkte (wie meist in der Presse). In diesem Werk steht die Abkürzung als Titelstichwort und innerhalb des jeweiligen Artikels in der Regel *mit* Punkten, sonst *ohne*.

2. *Phonetische Umschreibung*

Bei der Transkription von Wörtern mit schwieriger Aussprache wurde das Lautschriftsystem der *Association Phonétique Internationale* verwendet, das wir nachstehend nach E. E. Lange-Kowal, Langenscheidts Taschenwörterbuch Französisch, Erster Teil Französisch-Deutsch, Berlin–München–Wien–Zürich 1982, mit freundlicher Genehmigung des Verlages Langenscheidt KG aufführen.

Die phonetischen Zeichen der Association Phonétique Internationale

a) Vokale

Zeichen	Lautcharakteristik	Aussprache: verwandter deutscher Laut		französ. Beispiel	
		kurz	lang	kurz	lang
a	helles a	Ratte	Straße	rat	courage
ɑ	dunkles a	Mantel	Vater	bas	pâte
ɑ̃	nasaliertes a	–	–	temps	ample
e	geschlossenes e	Edikt	–	été	–
ɛ	offenes e	fällen	gähnen	après	mère
ɛ̃	nasaliertes e	–	–	fin	plaindre
ə	dumpfes e, deutliche Lippenrundung	Hacke	–	le	–
i	geschlossenes i	vielleicht	Dieb	cri	dire
o	geschlossenes o	Advokat	Sohle	pot	fosse
ɔ	offenes o	Ort	–	colle	fort
ɔ̃	nasaliertes o	–	–	mon	nombre
ø	geschlossenes ö	–	schön	nœud	chanteuse
œ	offenes ö	öfter	–	œuf	fleur
œ̃	nasaliertes ö	–	–	parfum	humble
u	geschlossenes u	Mut	Uhr	goût	tour
y	geschlossenes ü, deutliche Lippenrundung	amüsieren	Mühle	aigu	mur

b) Konsonanten

Zeichen	Lautcharakteristik	Aussprache: verwandter deutscher Laut	Aussprache: französ. Beispiel
p	stimmlos, aber ohne nachfolgende Hauchung (Aspiration)	platt	paix
t		Topf	table
k		Karte	camp
f	stimmlos	Folge	fuir
s	stimmlos	Gasse	sentir
ʃ	stimmlos	Schaden	chanter
b	stimmhaft	Birne	beau
d	stimmhaft	dort	droit
g	stimmhaft	gehen	gant
v	stimmhaft	Wein	vin
z	stimmhaft	Sonne	maison
ʒ	stimmhaft	Genie	je
j	wie deutsches j in „Jahr“	Champion	ration
l		laden	fouler
r		reichen	ronger
m		Mann	mou
n		nein	nul
ɲ	mouilliertes n (n mit Mundstellung j)	Champagner	cogner
ŋ	nasaler Verschlußlaut, im Französischen nur in Fremdwörtern	–	meeting [mi'tiŋ]

c) **Halbvokale** (Halbkonsonanten)

w	gleitendes u	–	oui
ɥ	gleitendes ü	–	muet

3. Übersicht über die Sammelartikel mit deutschem Stichwort

Albigenser
Algerien
Anreden
Arbeitgeberverbände
Arbeitnehmerorganisationen
Austernzucht
Autokennzeichen
Bahnhöfe (Paris)
Departement
Dialekte des Französischen
Feiertage
Flaschenformen u. -größen
Flughäfen (Paris)
Französische Sprache (Überblick)
Gebietskörperschaften (Überblick)
Geld u. Währung
Gemeinde
Geschichtsdaten, symbolische
Justiz
Kindergarten
Kirche, Konfessionen
Kolonien
Liköre, Schnäpse, Aperitifs
Literaturpreise
Megalithdenkmäler
Miesmuschelzucht
Mineralwasser
Monarchie
Mururoa-Atoll
Orden u. Ehrenzeichen
Parlament
Parteien
Polizei
Rechtsmittel
Regierung
Region und Regionalisierung
Regionalismus
Regionalsprachen
Republiken
Revolutionen, Staatsstreiche, Unruhen
Revolutionskalender
Rundfunk u. Fernsehen
Sprachpflege
Staatssymbole
Steuern
Stierkampf
Studentenverbände
Theater
Überseeisches Frankreich
Umweltbewegungen
Universität
Ursprungsbezeichnungen bei Weinen und alkoholischen Getränken
Verbraucherschutz
Vichy-Regime
Wahlrecht
Weltkriege
Winde

Wissenswertes über Land und Leute

von A bis Z

A

A + Nummer. *Autoroute* Autobahn, z.B. A 1: Paris-Lille *(Autoroute du Nord)*, A 6/A 7: Paris-Lyon-Marseille *(Autoroute du Soleil)*. Die frz. Autobahnen werden von 8 (1983: 6) halbstaatlichen gemischtwirtschaftlichen Gesellschaften *(Sociétés d'Economie Mixte* ↑*SEM)* u. 1 Privatgesellschaft (1983 waren es noch 4) im Auftrag des Staates gebaut u. unterhalten u. sind meist gebührenpflichtig *(*↑ *péage)*. Mit dem Ausbau des frz. Autobahnnetzes wurde erst Mitte der 50er Jahre begonnen (Gesamtstrecke vor 1954: 77 km; 1986: ca. 6000 km; Planziel: 7500 km).

A2 ↑Rundfunk u. Fernsehen.

Abbaye: groupe de l'Abbaye [abe-i] Gruppe von Künstlern u. Schriftstellern, u.a. G. Duhamel u. J. Romains, die sich 1906/07 in Créteil niederließ, um frei von sozialen Zwängen zu sein. Aus ihrer Gemeinschaft entwickelte sich die literarisch-philosophische Bewegung des ↑*unanimisme*.

aber [abɛr] *m*. Trichterförmige Mündung bretonischer Flüsse ins Meer, den galicischen *rías* in Spanien vergleichbar.

abondance *f*. Getränk aus Wasser mit einem Schluck Rotwein vermischt, früher in Schulen, Gemeinschaftsküchen häufig serviert.

abrivado ↑Stierkampf.

académicien *m* bedeutet im Frz. nicht ‚Akademiker', sondern bezeichnet die Mitglieder einer der „offiziellen" *Académies (*↑*Institut de France*, vgl. ↑*universitaire)*.

Académie *f*. 1. Seit 1808 bestehender regionaler Verwaltungsbezirk für das Bildungswesen. Der *Recteur* einer A. übt die Aufsicht über das Bildungswesen aus, über die Hochschulen nur die Rechtsaufsicht. Er ist gleichzeitig Vorsitzender des regionalen *Conseil national de l'enseignement supérieur et de la recherche* ↑*CNESER*. Eine A. umfaßt mehrere (bisherige) Departements, in jedem von ihnen ist mind. ein *inspecteur d'Académie* tätig.

2. Gesellschaft o. Vereinigung zur Pflege der Wissenschaft, Literatur o. bildenden Künste. Die „offiziellen" frz. *Académies* sind im ↑*Institut de France* als Dachorganisation zusammengefaßt. Eine besondere Stellung nimmt die ↑*Académie française* für ↑*Sprachpflege* u. Sprachnormung ein.

3. *Académie* (schlechthin) meint die ↑*Académie française*.

Académie française (A.F.). 1635 unter Ludwig XIII. gegründete Gesellschaft mit jeweils durch Hinzuwahl bestellten 40 Mitgliedern (*les Quarante* o. *les (40) Immortels*, „Unsterblichen", genannt). Hauptaufgabe: Pflege der Sprachkultur („Reinerhaltung der frz. Sprache"), auch durch Publikationen

(Grammatik und Wörterbuch). Wegen der Langsamkeit ihrer Arbeit u. ihrer traditionalistischen Haltung ist ihr Einfluß gering. Sprachnormierende Aufgaben haben heute auch andere Institutionen – z.B. die Terminologieausschüsse *(commissions de terminologie)* bei den Zentralverwaltungen. Die neu aufgenommenen Mitglieder der A.F. *(récipiendaires)* müssen einen *discours de réception* halten, auf den eine Rede durch ein Mitglied folgt. Sitz der Akademie ist das *Collège des Quatre-Nations* am Quai Conti, Paris. Wegen der Kuppel dieses Gebäudes heißt *être reçu sous la Coupole* ‚in die A.F. gewählt werden'. Dafür kann man auch sagen *endosser l'habit vert,* wegen der grünen Uniform der Akademiker. Vgl. ↑*Sprachpflege.*

Académie Goncourt. Durch Testament der Brüder Edmond u. Jules Goncourt errichtete literarische Gesellschaft (seit 1902). Hauptaufgabe: Verleihung des angesehenen Literaturpreises *Prix Goncourt.* Vgl. ↑*Literaturpreise.*

Académie nationale de musique et de danse ↑Opéra de Paris.

A.C.A.F.O.M., *Association culturelle et amicale des familles d'Outre-Mer.* Vereinigung zur Pflege der Kultur u. des Zusammenhalts der Frz. in Übersee.

accolade *f.* Umarmung (urspr. beim Ritterschlag) bei Beförderungen, Verleihung von militärischen Auszeichnungen (z.B. *Légion d'honneur*) durch einen Offizier, Minister usw.

Accords d'Evian ↑Algerien.

Accords de Grenelle ↑événements de mai.

Accords de Matignon ↑Front populaire.

A.C.C.T., *Agence de coopération culturelle et technique.* Organisation frz.sprechender Länder (seit 1970) mit Sitz in Paris zur Förderung der Weltgeltung der frz. Sprache u. Kultur. Vgl. ↑*francophonie.*

A.C.E. ↑Action catholique.

A.C.F., *Action catholique française.* 1930 begründeter Zweig der katholischen Aktion, besteht heute nicht mehr *(↑Action catholique).*

A.C.G.F. ↑Action catholique.

A.C.I. ↑Action catholique.

A.C.M.E.C ↑Action catholique.

A.C.M.S.S. ↑Action catholique.

A.C.O. ↑Action catholique.

A.C.P.: les pays ~ *(les pays d'Afrique, des Caraïbes et du Pacifique),* dt. ‚AKP-Staaten'. 66 Staaten Afrikas, der Karibik u. des Pazifiks, die mit der Europäischen Gemeinschaft Wirtschafts- u. Handelsabkommen geschlossen haben. Durch die sog. Lomé-Abkommen (Lomé I, 1975; Lomé II, 1977; Lomé III 1985) haben die AKP-Staaten, darunter auch zahlreiche Länder der ehem. *Communauté française* (↑*Kolonien*) freien Zugang zum EG-Markt für nahezu alle ihre Produkte.

Action catholique. Dachbegriff für eine Reihe katholischer Laienverbände, die durch das *Secrétariat pour l'Apo-*

stolat des laïcs in Paris u. bischöfliche Kommissionen lose miteinander verbunden sind. Vorläufer dieser Bewegung waren die *Association catholique de la jeunesse de France (ACJF)* (1886), die *Fédération nationale catholique (FNC)* (1920), die *JOC (Jeunesse ouvrière catholique* (1927), die *ACF (Action catholique française)* (1930). Seit 1957 sind die einzelnen Verbände autonom. Die wichtigsten: *ACE, Action catholique des enfants* (Jugendorganisation); *ACGF, Action catholique générale des femmes* (Frauenverband); *ACMEC, Action catholique des membres de l'enseignement chrétien* (Lehrerverband); *ACI, Action catholique des milieux indépendants* (Vereinigung zur Evangelisierung des Mittelstandes und des Adels); *ACMSS, Action catholique des milieux sanitaires et sociaux* (Gesundheits- u. Sozialwesen); *ACO, Action catholique ouvrière* (Arbeiterverband); *ACU, Action catholique universitaire* (Hochschulen); *CMR, Chrétiens dans le monde rural* (Landbevölkerung); *JEC, Jeunesse étudiante chrétienne* (Studenten); *JIC, Jeunesse indépendante chrétienne* (Jugendliche, die keiner der anderen Vereinigungen angehören); *JICF, Jeunesse indépendante chrétienne féminine* (weibliches Gegenstück zur *JIC*); *Jeunesse de la mer* (Seefischerei und Seehandel); *JOC, Jeunesse ouvrière chrétienne* (Arbeiterjugend), ihre Mitglieder heißen *jocistes;* weibliche Jugend: *JOCF, Jeunesse ouvrière chrétienne féminine; MCC, Mouvement des cadres, ingénieurs et dirigeants chrétiens* (Führungskräfte); *MRJC, Mouvement rural de la jeunesse chrétienne* (Landjugend), früher *JAC, Jeunesse agricole chrétienne.* – Vgl. ↑*Kirche, Konfessionen.*

Action directe (**AD**). Linksextreme Untergrundorganisation, die seit 1973 eine Reihe von Morden und Sprengstoffattentaten verübt hat. Sie geht z.T. auf die radikale Bewegung von 1968 zurück (↑*événements de mai),* z.T. auf Gruppen, die den Kampf spanischer Linksradikaler gegen das Franco-Regime von Frankreich aus unterstützt hatten. Die beiden Anführer der *AD* Jean-Marc Rouillan u. Nathalie Ménigon wurden 1980 verhaftet, aber nach dem Wahlsieg der Linken (1981) begnadigt. Nach neuen Aktivitäten wurden sie im Februar 1987 wieder festgenommen. Die Ziele ähneln denen der *RAF* (Rote Armee-Fraktion) in der Bundesrepublik: Kampf gegen die jetzige Gesellschaftsordnung, den Imperialismus, den Staatsapparat, die NATO. Die *AD* soll Verbindung zur RAF, den belgischen *Cellules communistes combattantes* sowie Gruppen in Spanien, Italien u. in Nahost unterhalten.

Action française (**A.F.**). (Seit 1899) außerparlamentarische royalistische Bewegung unter der III. Republik, mit stark nationalistischer, antisemitischer u. antirepublikanischer Tendenz (die Republik war für sie *la gueuse* ‚das Lumpenweib'). Wichtigste Vertreter: Charles Maurras, Jacques Banville, Léon Daudet. Ihre organisierte Aktivistentruppe *(Les Camelots du Roi)* inszenierte häufig Krawalle, Schlägereien usw. Die A.F. unterstützte z.T. das ↑*Vichy-Regime* (die Machtübernahme durch Marschall Pétain 1940 war für sie *„la divine surprise“*). Die A.F. mit gleichnamiger Tageszeitung (1908–1944) wurde 1944 verboten.

Action pour la reconnaissance de la Corse ↑Regionalismus.

A.D.E.L.F., *Association des écrivains de langue française.* Verband von 2500 frz.sprachigen Schriftstellern aus 67 Ländern, gegr. 1926.

A.D.F.E. ↑U.F.E.

adjoint d'enseignement ↑A.E.

administrateur civil. Höherer Beamter in einem Ministerium, dt. etwa Regierungsrat.

adret *m.* In den frz. Alpen: der Südhang. Der Nordhang, auf dem sich der Schnee länger hält, heißt *ubac.* In den Pyrenäen heißt der Südhang: *solà, soulane* o. *solana,* die Schattenseite des Berges: *ubac* o. *ubaga.*

A.E. *m, adjoint d'enseignement.* ‚Pädagogischer Assistent‘. Für ↑*maîtres-auxiliaires* an einem ↑*collège* o. ↑*lycée* geschaffene Planstelle, die ohne ↑*concours* besetzt werden kann.

A.E.F. ↑Kolonien.

Aéroport de Paris, L'~. Staatl. Unternehmen, das für Planung, Bau u. Betrieb der ↑*Flughäfen* im 50-km-Umkreis von Paris zuständig ist.

Aerospatiale [ɑerospasjal] *f,* frühere Bez.: *Société nationale des Industries Aérospatiales (SNIAS).* Die staatl. ‚Luft- und Raumfahrtindustriegesellschaft‘ ist das größte westeuropäische Unternehmen seiner Art (entstanden 1970 aus einer Fusion von *Sud-Aviation, Nord-Aviation* u. *SEREB* (= *Société pour l'étude et la réalisation d'engins balistiques*). Die *A.* baut – teilw. in dt.-frz. o. europ. Gemeinschaftsproduktion – Flugzeuge (z.B. ↑*Concorde,* Airbus, Transall, Fouga, Corvette), Hubschrauber (Alouette), Satelliten u. Raketen u. ist am europ. Raumfahrtprogramm ↑*Ariane* beteiligt. Techn. Zusammenarbeit mit der ↑*SNECMA.* Konkurrenzfirmen der *A.* sind in Fr. *Bréguet-Dassault* u. *Matra-Engins.*

aérotrain *m.* Frz. Luftkissenzug. Erfinder Jean Bertin (1917–74). Trotz fast 20-jähriger Planung ist der *aérotrain* über die Versuchsphase nicht hinausgekommen. Im März 1974 erreichte ein a. mit 80 Fahrgastplätzen auf einer 18 km langen Versuchshochstrecke bei Orléans eine Spitzengeschwindigkeit von 428 km/h. Noch 1974 verwarf die ↑*SNCF* ihre Pläne zum Bau einer ersten Linie zwischen Paris u. Lyon sowie zwischen *La* ↑*Défense* im Pariser Westen u. der Satellitenstadt Cergy-Pontoise *(*↑*ville nouvelle).* Zwischen Paris u. Lyon verkehrt heute der ↑*TGV,* u. Züge des ↑*RER* verbinden Paris mit den Vororten. Der schnelle ↑*turbotrain* wird auf zahlreichen SNCF-Strecken eingesetzt.

A.F. 1. *Ancien franc (*↑*Geld und Währung);* 2. *allocations familiales (*↑*Sécurité sociale);* 3. ↑*Académie française;* 4. ↑*Air France;* 5. ↑*Action française.*

A.F.E.F., *Association française des enseignants de français.* 1967 gegr. nationaler Verband der Französischlehrer mit Sitz in Paris, Bd. Raspail. Zeitschrift: *Le français aujourd'hui.*

affaire Dreyfus [...drɛfys] *f.* Polit-Skandal, der die Dritte Republik um die Jahrhundertwende erschütterte u. Nachwirkungen bis weit ins 20. Jh. hatte *(↑Action française, ↑Ligue des Droits de l'Homme et du Citoyen).* – Wegen angeblichen Verrats militärischer Geheimnisse an Deutschland – erwiesen durch die Existenz eines aus der dt. Botschaft stammenden Schriftstücks *(bordereau)* – wurde der 35-jährige jüdische Generalstabshauptmann Alfred Dreyfus am 15. Oktober 1894 verhaftet, durch zweifelhafte Schriftanalysen „überführt" u. am 22. Dezember vom Pariser Militärgericht zu Degradierung u. lebenslänglicher Verbannung auf die Teufelsinsel bei Frz. Guyana verurteilt. Bis zuletzt hatte der „jüdische Hauptmann" vergeblich seine Unschuld beteuert. – Im Streit um das Pro und Contra eines Wiederaufnahmeverfahrens rückte die Person Dreyfus' bald in den Hintergrund, der Spionagefall wurde zur „Affaire" u. weitete sich zu einer innenpolitischen Krise aus, die die Öffentlichkeit quer durch Parteien u. ideologische Gruppen in zwei entgegengesetzte Lager spaltete. Für die Gegner, die *antidreyfusards* u. *antirévisionnistes,* standen die Ehre der Armee u. sogar die gesamte staatl. Ordnung auf dem Spiel. Sie hatten ihre Wortführer in den ↑*académiciens* M. Barrès u. L. Daudet u. waren mehrheitlich in judenfeindlichen u. nationalistischen Vereinigungen wie der *Ligue des Patriotes* und der *Ligue de la Patrie française* zusammengeschlossen. Die anfangs zahlenmäßig schwächeren Befürworter einer Revision, die *dreyfusards u. révisionnistes,* stellten ihrerseits den Schutz der noch jungen Republik, der laizistischen Idee *(↑laïcisme)* u. der Individualrechte über die Staatsräson. Zu ihnen gehörten in erster Linie Radikalrepublikaner (Brisson), Sozialisten (Jaurès), die Mitglieder der *Ligue pour la Défense des Droits de l'Homme et du Citoyen* sowie die von Clemenceau aktivierten „intellectuels" (der Begriff wurde zu jener Zeit geprägt) des ↑*Quartier latin,* u. a. Marcel Proust, Charles Péguy, Anatole France, Léon Blum und Emile Zola, der mit seinem offenen Brief an den Präsidenten der Republik („J'accuse") in Clemenceaus Zeitung *L'Aurore* (13. 1. 1898) das Anliegen der *dreyfusards* in die Öffentlichkeit trug u. dafür zu 3000 F Strafe u. einem Jahr Gefängnis verurteilt wurde. (Zola ging darauf von Juli 1898 bis Juni 1899 ins Exil nach England). Durch die Entdeckung, daß eines der Beweisstücke gegen Dreyfus eine Fälschung des Obersten Henry *(le faux Henry)* gewesen war, kam schließlich im August 1899 der Revisionsprozeß zustande. In eklatanter Mißachtung der Beweise für seine Unschuld wurde Dreyfus erneut verurteilt (10 Jahre Zwangsarbeit), kurz darauf jedoch von Staatspräsident Loubet begnadigt. Dreyfus' volle Rehabilitierung durch die *Cour de cassation* (↑*Cour* 3.) erfolgte allerdings erst sieben Jahre später, er wurde zum *chef de bataillon* ernannt u. später in die *Légion d'Honneur*

(↑*Orden u. Ehrenzeichen*) aufgenommen. Die Dreyfus-Affäre schien damit endgültig abgeschlossen, restlos aufgeklärt wurde sie allerdings nie, da der o. die wahren Schuldigen nicht endgültig überführt wurden.

affranchis ↑Milieu.

A.F.J.J., *Association Formation Jumelage-Jeunesse*. Bildungsinstitution in Lille, die Ausbildungsprogramme für Verantwortliche u. Animateure der europ. Städte- u. Schulpartnerschaften *(↑jumelage)* veranstaltet. Enge Zusammenarbeit mit dem ↑*OFAJ/DFJW*.

A.F.N., *Afrique française du Nord*. Sammelbez. für das früher von Fr. verwaltete Nordafrika: das Protektorat Tunesien *(↑Kolonien)*, ↑*Algerien* u. das französische Protektoratsgebiet von Marokko, neben dem es noch das spanische Protektoratsgebiet u. die internationale Zone von Tanger gab. Letztere drei Gebiete bilden heute das Königreich Marokko.

A.F.N.O.R. [ɑfnɔr] *Association française de normalisation*. Frz. Verband für Industrienormen, der dem Deutschen Industrie-Normenausschuß (DIN) entspricht. Vgl. ↑*Sprachpflege*.

A.F.O.C. ↑Verbraucherschutz.

A.F.P., *Agence France Presse*. Frz. Nachrichtenagentur mit Sitz in Paris; gegr. 1944 als Nachfolgerin der *Agence* ↑*Havas;* seit 1957 öffentlichrechtliche Körperschaft.

A.F.P.A. ↑*formation continue*.

Agence nationale pour l'Emploi ↑A.N.P.E.

A.G.M.G., *Association Générale des Mutilés de Guerre*. Verband der Kriegsversehrten.

agrégation *f*, var. *l'agrég* fam. Aus einem schriftl. u. mündl. Teil bestehende landesweite Ausleseprüfung *(↑concours)* für 22 Fächer des Höheren Lehramts (seit 1821). Die Bewerber müssen die ↑*maîtrise* o. das ↑*CAPES* nachweisen. Aufgrund der sehr begrenzten Zahl offener Stellen erhalten durchschn. nur 8–10% der Kandidaten die *agrégation*. – Die nach bestandenem Examen beamteten *agrégés* haben die Lehrbefugnis für die Oberstufe des Gymnasiums *(↑lycée)* u. die Vorbereitungsklassen *(↑classes préparatoires)* der ↑*Grandes Ecoles*. Sie genießen hohes Ansehen, haben die geringste Lehrverpflichtung (15 Wochenstunden) u. das höchste Gehalt aller Gymnasiallehrer. Wegen ungenügender Anforderungen im pädagogischen Bereich und forschungsfeindlicher Lehrprogramme wird die *agrégation* von Schule u. Universität kritisiert. Reformbestrebungen werden von der konservativen *Société des Agrégés* bekämpft.

aide judiciaire *f* heißt in Fr. das Armenrecht, d.h. das Recht von Personen, die keine Gerichtskosten zahlen können, einen Anwalt zugeteilt zu bekommen. Die *aide judiciaire* löste 1972 die bis dahin bestehende *assistance judiciaire* ab.

Aigle de Meaux [...mo] Beiname des frz. Geistlichen u. Schriftstellers Bossuet (1627–1704). 1681 wurde Bossuet zum Bischof von Meaux ernannt.

Aiglon, L'~. Beiname des Sohnes von Napoleon I. u. Marie-Louise von Österreich, im Dt. als *Herzog von Reichstadt* bezeichnet, in Fr. auch als *roi de Rome* (1811–1832). Auch Titel eines Dramas von Edmond Rostand (1900).

ailloli, var. *aïoli [ɑjoli]* Mayonnaise aus Knoblauch (prov. *ai*), Olivenöl *(òli)* u. Eigelb; wird in der Provence u. in Katalonien zu Vorspeisen gereicht; wichtige Zutat für ↑*bouillabaisse* u. ↑*bourride.*

Air France (A.F.). Wichtigste frz. Luftfahrtgesellschaft *(↑Air Inter, ↑UTA).* A.F. entstand 1933 durch Fusion von 5 Luftverkehrsunternehmen *(Société générale des transports aériens, Air Union, CIDNA, Air Orient, Aéropostale),* wurde 1948 verstaatlicht u. bestreitet heute mehr als ¾ des frz. Luftverkehrs. Tochtergesellschaften: *Air Charter International, Sotair (Société de tourisme aérien international:* „Jet-Tours"), *Hôtel France International* (*Méridien*-Kette), *SERVAIR.*

Air Inter [ɛrɛ̃tɛr] *Société des lignes aériennes intérieures.* Innerfrz. Fluggesellschaft, gegr. 1954, seit 1960 Inlandsbetrieb mit eigener Luftflotte. Über die ↑*Air France,* die ↑*SNCF* (je 24,97%) u. die ↑*Caisse des dépôts* ist der Staat mehrheitlich an der Gesellschaft beteiligt. Das Inlandsmonopol der Gesellschaft wurde per Dekret vom 10. 1. 1981 aufgehoben.

A.J. ↑auberges de jeunesse.

Albigenser. Frz. *Albigeois,* auch Katharer *(Cathares);* Mitglieder einer im 12. u. 13. Jh. in Südfrankreich weit verbreiteten religiösen Bewegung (nach ihrem Zentrum, der Stadt Albi, benannt). Die A. wurden vom Papst als Ketzer verdammt, der (1209) einen Kreuzzug gegen sie anordnete. Dieser blieb zunächst ohne Erfolg u. diente dann der frz. Krone als Vorwand für die Eroberung des *Midi.* Trotz der Schutzherrschaft des Grafen von Toulouse u. des mit ihm verbündeten Königs von Aragonien wurden die A. in der Schlacht von Muret (1213) geschlagen. Ihr letztes Bollwerk, die Feste *Montségur* in den Pyrenäen, die zum Symbol ihres Widerstandes wurde, fiel 1244. Der Rest der Bewegung wurde bis 1330 durch die Inquisition ausgerottet.

A.L.F. ↑Dialekte des Französischen.

Algerien. Frz. *Algérie;* nordafrikanisches Gebiet, das lange Zeit mit Frankreich verbunden war. Vom 16. Jh. an war es die Hauptoperationsbasis der nordafrikanischen Piraten, der sog. *barbaresques* (dt. Barbaresken), die noch zu Beginn des 19. Jh. die Küsten der Mittelmeerländer, auch Fr.s, heimsuchten. Dies war für Fr. Anlaß und Vorwand, 1830 die Stadt Algier zu erobern. Nach Eroberung des Küstengebietes wurde A. bis 1847 unter Marschall Bugeaud ganz erobert; sein Hauptgegner war Abd-el-Kader. Bis 1891 wurde auch das weite Gebiet südlich von A., der sog. *Sud algérien,* erobert. Frankreich teilte A. in Departements ein u. verwaltete das Land bis zu dessen Unabhängigkeit als Teil des frz. Mutterlandes, also nicht als Kolonie. Ab 1930 verstärkten sich die sowohl nationalistisch als auch religiös motivierten Unabhängigkeitsbestrebungen der Alg. Nach 1945 wurden sie immer stärker, da die IV. Republik A. die volle Autonomie verweigerte u. nur wenig Zugeständnisse machte. Am 1. 11. 1954 kam es zu einem von der *Front de Libération Nationale (FLN)* organisierten allgemeinen Aufstand. Fr. versuchte ihn unter Einsatz erheblicher militärischer Mittel niederzuschlagen u. erzielte auch Teilerfolge bei dieser sog. *pacification*. Aber der Kampf der alg. Freiheitskämpfer, der sog. *fellag(h)as,* ging weiter. Trotz Einsatz der Fremdenlegion, der Fallschirmjäger *(„paras"),* starker Truppenverbände aus Fr. u. algerischer Hilfswilliger, der sog. *harkis,* gelang es Fr. nicht, ganz A. fest in seine Hand zu bekommen. 1958 wurde in Kairo eine alg. Exilregierung gebildet, das *Gouvernement Provisoire de la République Algérienne (GPRA)*. Der Algerienkrieg *(guerre d'Algérie)* wurde trotz Widerstandes der ↑*OAS* durch das Abkommen von Evian *(Accords d'Evian)* 1962 beendet. Im gleichen Jahr erlangte A. seine volle Unabhängigkeit.

Im 19. u. 20. Jh. hatten sich in Algerien zahlreiche weiße Siedler, nicht nur aus Frankreich, sondern auch aus anderen Mittelmeerländern, vor allem Spanien, aber auch Italien u. Malta, niedergelassen. Ihre Nachkommen, die sog. *pieds noirs,* setzten der Verleihung der Unabhängigkeit starken Widerstand entgegen. Der lange Umgang zwischen Algeriern, *pieds noirs* u. frz. Beamten, Soldaten, Lehrern, Technikern usw. aus dem französischen Mutterland führte zur Aufnahme vieler algerischer Arabismen in die frz. Sprache, u. a. geographischer Begriffe wie *djébel* ‚Felsgebirge', *oued* ‚Trockenflußbett, das nur bei Hochwasser größere Wassermengen führt', *reg* ‚Steinwüste', *erg* ‚Sandwüste mit Dünen', *hamada* ‚Schuttwüste'; Namen von Kleidungsstücken wie *djellabah* ‚Mantel mit Kapuze u. breiten Ärmeln', *chèche* ‚Kopftuch', ‚Turban', *haïk* ‚längeres Stück Stoff, das um Kopf u. Körper geschlagen wird'; Bez. der städtischen Zivilisation wie *kasbah* ‚arabisches Altstadtviertel, vor allem in Algier', *soukh* ‚arabischer Markt', *médina* ‚Araberviertel', *mellah* ‚Judenviertel'. Da die Fremdenlegion ihren Sitz in Algerien hatte (in Sidi-bel-Abbès), auch das berüchtigte Strafbataillon, *Bataillon d'Afrique,* im Argot *Bat d'Af* oder *Biribi* genannt, gelangten viele Arabismen auch in die frz. Soldatensprache, z. B. *avoir la baraka* ‚Glück haben', u. von dieser in die Gaunersprache des Mutterlandes u. schließlich in die frz. Umgangssprache, z. B. *toubib* ‚Arzt', *maboul* ‚verrückt', *bled* ‚Nest, Kaff', eigtl. ‚ödes, wüstes Land'.

Alg. Einheiten hatten in den drei dt.-frz. Kriegen von 1870/71, 1914/1918 u. 1939–1945 auf frz. Seite gekämpft, z. B. die *spahis* ‚Reitertruppe', die *zouaves* ‚Infanterieeinheiten' u. die *tirailleurs algériens*.

alignements ↑Megalithdenkmäler.

aligoté *m.* Weiße Traube (Hauptanbaugebiet: Burgund), die einen fruchtigen, leichten Weißwein gleichen Namens *(bourgogne aligoté)* ergibt.

allée couverte ↑Megalithdenkmäler.

Alliance française *f.* Gemeinnützige Einrichtung zur Verbreitung der frz. Sprache u. Kultur im Ausland, gegr. 1883. Dem Hauptsitz in Paris (101 bd. Raspail) sind in Fr. 35 *comités* u. weltweit 1250 Außenstellen angegliedert, die frz. Sprachkurse, Fortbildungskurse für Französischlehrer *(↑BELC)*, Vorträge, Konzerte etc. veranstalten. Die *Alliance fr.* gilt als Modell für ähnliche Gründungen in Italien *(Società Dante Alighieri)*, Großbritannien *(British Council)* u. der BRD *(Goethe-Institut)*. Vgl. ↑*Instituts français*.

allocations familiales ↑Sécurité sociale.

A.L.P.E. ↑A.N.P.E.

alsacienne, à l'~. „Nach elsässischer Art", Bez. von Gerichten, die 1. mit bzw. auf Sauerkraut, 2. mit elsäss. Wein (meist Riesling) o. 3. mit Schinken u. Würstchen zubereitet werden.

aménagement du territoire *m.* Schlüsselbegriff für die staatl. Raumordnung u. Regionalplanung in Fr., die seit 1945 im Zuge der staatl. Wirtschaftsplanung *(↑plans économiques)* u. der Regionalreform *(↑Region u. Regionalisierung)* zur Verbesserung der ungleichgewichtigen Siedlungs- u. Wirtschaftsstruktur betrieben wird. Ziel der frz. Raumordnungspolitik ist, das wirtschaftliche u. demographische Übergewicht des Pariser Ballungsraums *(↑Région parisienne)* zugunsten der unter Abwanderung *(exode rural)* leidenden Provinz zu verringern u. die Disparitäten zwischen den dichtbevölkerten, wirtschaftlich stark entwickelten Regionen im Norden u. Osten des Landes u. den dünnbesiedelten, wirtschaftsschwachen Gebieten des Südens und Westens („Linie Le Havre-Marseille") abzubauen. Mitte der 50er Jahre wurde Fr. in 21 (seit 1972 mit Korsika: 22) Programmregionen *(↑Region u. Regionalisierung)* eingeteilt, ein regionaler Entwicklungsfonds *FDES (Fonds de développement économique et social)* eingerichtet u. die gesetzliche Richtlinie für die regionalen Strukturpläne *(Plans régionaux de développement économique et social et d'aménagement du territoire = PRDESAT)* erstellt.

Die wichtigsten zentralen Einrichtungen der Raumordnungspolitik sind das *Ministère du Plan et de l'Aménagement du Territoire,* der ständige Raumordnungsausschuß des Planungskommissariats *(Commission nationale à l'Aménagement du Territoire = CNAT) (↑plans économiques),* ein beratendes Organ zur Erarbeitung langfristiger Raumordnungsvorschläge im Rahmen der ↑*planification* sowie die 1963 geschaffene staatl. Raumordnungsbehörde *DATAR (Délégation à l'aménagement du territoire et à l'action régionale),* die seit 1974 dem Innenministerium untersteht. Die *DATAR* besitzt keine eigenen Ausführungsorgane, kann aber über eigene Haushaltsmittel frei verfügen; ihre politischen Einflußmöglichkeiten sind groß. Sie wirkt u.a. an der Erstellung der Fünfjahreswirtschaftspläne mit u. hat eine interministerielle Koordinierungsfunktion. Der Leiter der *DATAR* ist zugleich Vizepräsident der *CNAT,* Mitglied des Direktionsrates des FDES u. des Verwaltungskomitees des staatlichen Kreditfonds zur Entwicklung von Wohn- und Industriegebieten *(Fonds national d'aménagement foncier et d'urbanisme = FNAFU);* er verfügt ferner über den Interventionsfonds für Raumordnung *(Fonds d'investissement de l'aménagement du territoire = FIAT)*. Zur Umsetzung der Raumordnungsprojekte vor Ort wurden nach u. nach gemischtwirtschaftliche Gesellschaften für regionale Entwicklung *(Sociétés de développement régional)* gegründet, z.B. *SOMIVAC (Société de mise en valeur agricole de la Corse):* Bau von Bewässerungs- u. Drainierungsanlagen, *SOMIVAL (Société de mise en valeur de l'Auvergne et du Limousin):* Förderung der Land- u. Forstwirtschaft sowie des Fremdenverkehrs.

1963 wurden per Dekret acht große Provinzstädte als Gegengewicht für den Verdichtungsraum Paris zu *métropoles d'équilibre* („Hauptzentren") erklärt: Lille, Strasbourg, Nancy, Lyon, Marseille, Toulouse, Bordeaux, Nantes. 1964 wurden die ersten Regionalpräfekten *(↑Region u. Regionalisierung)* ernannt. Seit 1971 sind die Programmregionen zur Verbesserung der regionalen Wirtschaftsstruktur in größere Planungseinheiten *(Zones d'études et d'aménagement du territoire = ZEAT)* zusammengefaßt, wobei die bestehenden administrativen Grenzen berücksichtigt wurden: *↑Région parisienne, Bassin parisien, Nord, Est, Ouest, Sud-Ouest, Centre-Est, Méditerranée*. Bisher sind für diese Einheiten jedoch keine wirtschaftlichen u. politischen Eigenkompetenzen gesetzlich festgelegt. Es handelt sich im wesentl. um statistische Einheiten, die durch das Vorhandensein einer *métropole d'équilibre* jeweils gekennzeichnet sind.

Die interdepartementale Koordinierung der Raumordnungspolitik wird durch die dem Regionalpräfekten beigeordnete regionale Verwaltungskonferenz *(Conférence administrative régionale = CAR)* gewährleistet. Bis zur Regionalreform 1972/73 gab es ferner in jeder Region eine Kommission für regionale Wirtschaftsentwicklung *(Commission de développement économique régionale = CODER)*, die den Regionalpräfekten in Raumordnungsfragen beriet. Sie wurde durch zwei neue Organe ersetzt: 1. *Conseil régional,* 2. *Comité économique et social (↑Region u. Regionalisierung)*.

Seit Anfang der 70er Jahre werden in den Fünfjahresplänen für die Dezentralisierung von Arbeitsplätzen verstärkt Mittel bereitgestellt, z.B. die *Primes de développement régional* (PDR), die *Primes de localisation d'activité tertiaire (PLAT)* sowie der *Fonds spécial d'adaptation industrielle (FSAI)*. Der Landflucht *(exode rural)* entgegenwirken sollen ferner die *Aide spéciale rurale (ASR)* u. der 1979 geschaffene *Fonds interministériel de développement et d'aménagement rural (FIDAR)*.

Zu den z.T. heftig umstrittenen Errungenschaften der frz. Raumordnungspolitik gehören u.a. die Schaffung des Industrie- u. Hafenzentrums von *↑Fos,* die touristische Erschließung des Languedoc-Roussillon sowie die Dezentralisierung von Industrieunternehmen von Paris nach W-Fr. Vgl. *↑CNET, ↑ville nouvelle.*

amicale *f.* Vereinigung ehemaliger Mitglieder der gleichen Militäreinheit, Schule, des gleichen Berufes usw.

Amis de la Terre ↑Umweltbewegungen.

amuse-gueules [amyzgœl] *mpl.* Pikante Appetithäppchen, die vor dem Essen gereicht werden, meist diverses Käse-, Salz- o. Kümmelgebäck.

A.N.C. ↑Verbraucherschutz.

Ancien Régime. Das Zeitalter des absolutistischen Königtums in Fr. Vorbereitet durch die Schwächung des Adels u. Stärkung der königlichen Macht unter den Vorgängern Ludwigs XIV., wurde das Ancien Régime durch Ludwig XIV. (1643–1715), in Fr. auch *Louis le Grand* genannt, begründet, der einen persönlichen Absolutismus aufbaute, in dem der Herrscher der Mittelpunkt war (daher *roi-soleil* ‚Sonnenkönig'), um den sich das politische, wirtschaftliche, kulturelle u. gesellschaftliche Leben Fr.s kristallisierte.

Die ständische Vertretung, die *Etats généraux* (‚Generalstände'), wurde seit 1614 nicht mehr einberufen. Die höheren Gerichte, die sog. *parlements,* konnten dem König zwar Widerstand leisten, der aber vom König durch ein sog. *lit de justice* (‚Kissensitzung') gebrochen werden konnte.

Der innere Verfall des Absolutismus unter den Nachfolgern Ludwigs XIV., Ludwig XV. (1715–1774) u. Ludwig XVI. (1774–1789 absoluter Herrscher, 1789–1792 konstitutioneller Monarch), die Machteinbußen Fr.s in der internationalen Politik, der Aufstieg des Bürgertums (das wirtschaftliche Macht, aber keine politischen Rechte besaß, die dem Adel u. der hohen Geistlichkeit vorbehalten waren) sowie die Kritik der Aufklärung an Staat u. Gesellschaft bereiteten die große Revolution von 1789 vor, die das Ende des Ancien Régime brachte. Vgl. ↑*Revolutionen.*

Années folles *fpl* heißen heute in Fr. die „Goldenen Zwanziger Jahre" (1920–29).

A.N.P.E. [ɑ-ɛn-pe] *Agence nationale pour l'emploi.* Frz. „Bundesanstalt für Arbeit", mit zahlreichen regionalen u. lokalen Verwaltungsstellen *(Agences locales pour l'emploi = ALPE).*

Anreden *(manières d'adresser la parole).* Die Anrede lautet gewöhnlich: *Monsieur (M.), Madame (Mme), Mademoiselle (Mlle),* pl. *Messieurs (MM.), Mesdames (Mmes), Mesdemoiselles (Mlles),* ohne Hinzufügung eines Titels o. des Familiennamens, bei näherer Bekanntschaft auch *cher Monsieur, chère Madame.* Ausnahmen sind: *Monsieur le Curé, Monsieur l'Abbé* (kath. Geistliche), *M. le Président* (Staatspräsidenten sowie Präs. öffentlicher Körperschaften), *M. le Ministre* u. *M. le Maire* (Herr Bürgermeister). Kardinäle u. Bischöfe werden mit *Monseigneur (Mgr)* angesprochen; Richter, Notare u. Rechtsanwälte mit *Maître (M^{e}),* Ärzte bei näherer Bekanntschaft oft nur mit *docteur,* Militärs werden von Zivilisten auch mit *Monsieur* angesprochen, vertraulich nur mit der Bez. ihres Ranges: z.B. „Oui, *capitaine*",

„non, *général*"; von Untergebenen wird *mon,* eine kontraktierte Form von *Monsieur,* hinzugefügt: „Oui, *mon commandant*" (ja, Herr Major!). *Sire,* eine Kurzform von *seigneur* (Herr), ist die Anrede von Kaisern u. Königen („Majestät"). In Briefanschriften wird die Anrede großgeschrieben u. soll nicht abgekürzt werden.

A.N.T. ↑Force de frappe.

ANTAR ↑ELF-Aquitaine.

Antenne 2 (**A2**) ↑Rundfunk u. Fernsehen.

Antiope [ãtjɔp] *f* steht für *Acquisition numérique et télévisualisation d'images organisées en pages d'écritures.* Bez. des frz. Bildschirmtext- *u.* Videotextstandards. Der *A.*-Standard liegt sowohl dem ↑*Télétel*-System der ↑*PTT* zugrunde (↑*Minitel*) als auch dem Videotextsystem des frz. Fernsehens. *TF 1* u. *Antenne 2* (↑*Rundfunk u. Fernsehen*) senden vormittags von Mo-Fr Textprogramme, die ständig aktualisiert werden können (z.B. aktuelle Meldungen, Börsenkurse, Wetterbericht, etc.). Der entsprechende dt. Btx-Standard heißt *Viewdata,* der dt. Videotextstandard *Teletext.*

A.N.V.A.R., *Agence nationale de valorisation de la recherche.* Staatl. Zentralstelle zur Förderung der Forschung in Industrie u. Technik.

A.O.C. ↑Ursprungsbezeichnungen.

A.O.F. ↑Kolonien.

août: 4 août ↑Geschichtsdaten.

A.P.C. ↑Regionalismus.

Aperitifs ↑Liköre...

aplec, var. **aplech** [aplɛk] *m.* In der ↑*Catalogne française* Prozession o. örtliche Wallfahrt zu einer Kapelle o. einem Heiligenbild, meist in einem fröhlichen Volksfest endend.

Apostrophes heißt eine beliebte Talkshow des frz. Fernsehens (*Antenne 2*) mit dem Journalisten u. Schriftsteller Bernard Pivot, in deren Mittelpunkt Neuerscheinungen auf dem Büchermarkt stehen.

appariement (scolaire) ↑jumelage.

appel ↑Rechtsmittel.

A.P.T.R., *Association professionnelle des transporteurs publics routiers.* Zusammenschuß privater Autobusunternehmen der Pariser Region.

Arbeitgeberverbände *(syndicats patronaux).* An Arbeitgeberverbänden stehen in Fr. zwei Organisationen im Mittelpunkt: 1. Für Großunternehmen der Dachverband *CNPF (Conseil national du patronat français),* der in etwa die Funktionen des Bundesverbandes der Deutschen Industrie (BDI) u. der Bundesvereinigung der Deutschen Arbeitgeberverbände (BDA) erfüllt. – 2. Kleine (bis 50 Beschäftigte) und mittlere (bis 300) Unternehmen sind in der *CGPME (Confédération générale des petites et moyennes entreprises)* zusammengeschlossen. Konkurrenz erhielt die *CGPME* 1968 durch die radikalere *CIDUNaTI (Confédération intersyndicale* – bis 1973: *Comité interprofessionnel* ... – *d'information et de défense de l'union nationale des travailleurs indépendants),* eine Interessenvereinigung von Einzelhändlern, Handwerkern, Gastwirten u. anderen Selbständigen, die sich bes. gegen das bestehende Steuersystem u. die ↑*grandes surfaces* wendet. Ein reiner Handwerksverband ist die *CNAM (Confédération nationale de l'artisanat et des métiers).* – Auf dem Agrarsektor „repräsentativ" sind die beiden großen Landwirtschaftsverbände *FNSEA (Fédération nationale des syndicats d'exploitants agricoles)* u. *CNJA* (*Centre national des jeunes agriculteurs* = Zentrum der jungen Landwirte); daneben gibt es weitere kleinere Vereinigungen wie die *FFA (Fédération française de l'agriculture), FNPA (Fédération nationale de la propriété agricole), MODEF* (*Mouvement de défense des exploitations familiales* = Klein- u. Familienbetriebe). Vgl. ↑*Studentenverbände.*

Arbeitnehmerorganisationen *(syndicats ouvriers).* Die Gewerkschaftsbewegung in Fr. ist im Unterschied zur BRD weitgehend in politische Richtungsgewerkschaften zersplittert u. weist einen relativ geringen Organisationsgrad auf. Knapp 20% (1985) der Arbeitnehmer sind organisiert (vgl. BRD 40%, GB 50%, Dänemark 70%). Die folgenden sechs Gewerkschaften sind die offiziell anerkannten, auf nationaler Ebene „repräsentativen" Vertretungen der Arbeitnehmer in Fr.: 1. *CGT (Confédération générale du Travail).* Gegr. 1895; die größte u. einflußreichste Gewerkschaft mit engen Beziehungen zur kommunistischen Partei (*PCF* ↑*Parteien).* Ihre Mitglieder heißen *cégétistes.* Der monatl. Mitgliedsbeitrag beläuft sich auf 1% des Gehalts. (Schwerpunkt in: Metall, Chemie, Bergbau). – 2. *CFDT (Confédération française démocratique du travail).* Ging 1964 laizisiert aus der *CFTC* (s.u.) hervor, ist sozialistisch orientiert u. arbeitet oft mit der *CGT* zusammen (Metall, Textil, Gesundheitswesen). Ihre Mitglieder heißen *cédétistes.* – 3. *CGT-FO* meist nur *FO (Force ouvrière).* 1948 durch Abspaltung von der *CGT* entstanden, sozialdemokratisch-reformistisch; unterhält Kontakte mit dem Deutschen Gewerkschaftsbund (DGB) (öffentl. Dienst). – 4. *CFTC (Confédération française des travailleurs chrétiens,* sog. *CFTC maintenue).* Die weiterbestehende Rumpforganisation der alten *CFTC,* gegr. 1919; christliche Gewerkschaft, reformistisch (Bergbau). – 5. *CGC (Confédération générale des cadres),* seit 1981 offiziell: *CFE-CGC (Confédération française de l'encadrement – CGC).* Gewerkschaft der leitenden u. mittleren Angestellten (z.B. Ingenieure, Buchhalter, Handelsvertreter), gegr. 1944; gemäßigt. Ihr angeschlossen ist die Lehrergewerkschaft *SNALC (Syndicat national des lycées et collèges).* – 6. *FEN (Fédération de l'Education nationale).* Lehrergewerkschaft, die den Linksparteien nahesteht; 1928 innerhalb der *CGT* gegr. u. seit 1948 selbständig. Dachverband für 47 Einzelgewerkschaften, darunter *SNI-PEGC (Syndicat national des instituteurs et professeurs d'enseignement général de collège* = Grund-, Haupt- u. Realschullehrer), *SNES (Syndicat national de l'enseignement du second degré* = Sekundarschullehrer), *SNE-Sup* (*Synd. nat. de l'enseignement supérieur* = Hochschullehrer). Daneben gibt es die *CFDT*-Lehrergewerkschaft *SGEN (Synd. général de l'éducation nationale)*, deren Mitglieder aus Schule u. Hochschule kommen. – Die nicht als „repräsentativ" anerkannte Gewerkschaft *CSL (Confédération des syndicats libres*, seit 1977 Nachfolgeorganisation der *Confédération française du travail, CFT)* ist gemäßigt u. hat ihren Schwerpunkt in der Automobilindustrie („Hausgewerkschaft" bei Talbot).

A.R.C. ↑Regionalismus.

Archives nationales *fpl.* Auf Philippe Auguste (Ende 12. Jh.) zurückgehendes frz. Staatsarchiv, 1790 neu eingerichtet, seit Napoleon im Pariser ↑*Marais.* Fünf histor. Stadtpalais *(Palais de Soubise, Palais de Rohan, Hôtel d'Assy, Hôtel de Breteuil, Hôtel de Fontenay)* beherbergen die Dokumente der frz. Geschichte (Bücher, Urkunden, Briefe, Siegel) von den Merowingern bis in die heutige Zeit. Für die ständig wachsenden Archivbestände wurde 1978 bei Fontainebleau die *Cité des archives contemporaines* geschaffen. Die auf Mikrofilm festgehaltenen Dokumente lagern im *Dépôt central de microfilms* in Espeyran (Dép. Gard). Neben den A. gibt es auch regionale, departementale u. Gemeindearchive. Die leitenden Archivare u. Konservatoren der A. *(archivistes paléologues)* sind Absolventen der *Ecole nationale des Chartes*, einer der ↑*Grandes Ecoles*.

Arcoat ↑Argoat.

ardennais ↑Pferderassen.

Arelat. Das Königreich Provence o. Niederburgund nach der Hauptstadt Arles benannt, 879 gegründet, 934 mit Hochburgund zum Königreich Burgund vereinigt, das ebenfalls A. hieß.

Argoat [argwat] var. *Arcoat.* Bret. ‚Waldland'; Bez. für das Landesinnere der Bretagne, im Ggs. zu ↑*Armor*.

argot *m.* Urspr. die Welt der Gauner, wurde dann zur Bez. der Gaunersprache (heute *argot du Milieu*) u. schließlich zur Bez. jeglicher Art von Sondersprache, z. B. der Soldatensprache *(argot militaire)*, Schülersprache *(argot des écoliers)* usw. Da seit Beginn des 19. Jhs. immer mehr Argotausdrücke in die Umgangssprache eindrangen, dient das Wort heute auch zur Bez. einer mit Argotelementen i. e. S. durchsetzten saloppen Umgangssprache (bei einigen Autoren *argot populaire*). Vgl. ↑*verlan*.

Argus [argys] genauer *l'Argus de l'automobile et des locomotions*. Frz. Wochenzeitung, in der u. a. die für Gebrauchtwagen üblichen Preise angeführt werden u. die den gleichen Zweck erfüllt wie in D. die sog. „Schwake-Liste".

Ariane *f.* Bez. f. die europ. Trägerrakete, die seit 1980 unter frz. Projektleitung (↑*CNES*) von 10 europ. Ländern, in erster Linie Fr. u. D, gebaut wird. Für die Finanzierung, Produktion u. Vermarktung sowie den Abschuß des A.-Trägersystems, das es in 4 verschiedenen, jeweils leistungsstärkeren Ausführungen gibt (*Ariane 1–4*), ist seit 1984 die Firma *Arianespace* in Evry (Dép. Essonne) verantwortlich (frz. Anteil 59,25%, dt. Anteil 19,6%). Bis 1986 fanden 18 Satellitenstarts vom „Euro-Weltraumbahnhof" Kourou/Frz. Guyana statt; die A. blieb von Fehlstarts nicht verschont. Eine besonders schubstarke A.-Version, *Ariane 5,* ist in Planung (erster Start vorauss. 1995).

armagnac ↑Liköre, Schnäpse, Aperitifs.

Armée révolutionnaire bretonne ↑Regionalismus.

Armée secrète ↑Résistance.

Ärmelkanaltunnel ↑Manche: Tunnel sous la ~.

Armor. Bret. ‚Land am Meer'; Bez. für die bret. Küste, im Ggs. zu ↑*Argoat. L'Armorique* (lat. *Armorica*) ist der alte keltische Name der Bretagne, der heute noch in geolog. Bez. vorkommt *(Massif armoricain).*

arrêt *m.* Urteile der höheren Gerichte, die alle ↑*cour* heißen, z.B. *cour d'assises* (Schwurgericht), *cour d'appel* (Berufungsgericht) usw., sowie des ↑*Conseil d'Etat.*

arrêté *m.* Verordnungen allgemeinen Charakters, die von Ministerien, ↑*commissaires de la République* u. Bürgermeistern erlassen werden.

arrondissement. 1. ↑*Departement;* 2. in Paris: einer der 20 Stadtbezirke, an deren Spitze ein *maire d'arrondissement* steht (s. Karte S. 204). Ein Pariser Arr. gliedert sich in 4 *quartiers* ‚Viertel'. Auch in Lyon u. Marseille gibt es Arrondissements.

Art et Essai ↑cinéma d'art et d'essai.

art galtique *m.* ‚Kieselsteinkunst'; eine besondere Art des korsischen Kunstgewerbes: Figuren, die aus Kieselsteinen, Korallen, Wurzeln, Holzstücken zusammengesetzt sind.

A.S. ↑Résistance.

A.S.S.E.C.O.-C.F.D.T. ↑Verbraucherschutz.

A.S.S.E.D.I.C. [asedik] *Association pour l'emploi dans l'industrie et le commerce.* Arbeitslosenversicherung, im Ggs. zur öffentlich-rechtlichen Arbeitsverwaltung in der BRD von Arbeitgebern u. Arbeitnehmern paritätisch getragen. Die etwa 50 Ämter u. Kassen der A. sind in der ↑*UNEDIC (Union nationale interprofessionnelle ...)* zusammengefaßt.

assemblée *f.* 1. Meist durch Wahlen besetzte Körperschaften, z.B. *Assemblée nationale* ↑*Parlament;* 2. reg., kirmesähnliches Dorffest in der Touraine u. West-Fr.

Assemblée législative ↑Revolutionen.

Assemblée nationale constituante ↑Revolutionen.

assistance judiciaire ↑aide judiciaire.

Association Formation Jumelage-Jeunesse ↑A.F.J.J.

Association France-Allemagne (Paris), fördert u. koordiniert Initiativen der Zusammenarbeit auf den Gebieten Politik, Kultur u. Wirtschaft. Stifter des jährlichen Prix France-Allemagne für hervorragende Leistungen im Bereich der dt.-frz. Beziehungen.

Association Loi 1901 *f.* Verein nach dem Gesetz vom 1. 7. 1901 über die Vereinsfreiheit; entspricht dem dt. eingetragenen Verein (e.V.).

Associu di patrioti corsi ↑Regionalismus.

Atelier, L'~. 1. Einzige Restaurierungsschule für Gemälde u. Holzskulpturen in Fr., gegr. 1972. Ausbildungsdauer mind. 3 Jahre; 2. Theater in Paris, seit 1921.

ateliers nationaux. Nach der Revolution von 1848 in Fr. unter dem Einfluß sozialistischer Ideen eingerichtete „Nationalwerkstätten" zur Arbeitsbeschaffung. Das System erwies sich jedoch nicht als funktionsfähig. Als die *ateliers nationaux* geschlossen wurden, kam es zu Aufständen. Vgl. ↑*Geschichtsdaten: juin 1848.*

A.T.P. *mpl, (Musée des) arts et traditions populaires.* Volkskunstmuseum im Pariser 16. Arr., 1962–66 nach Entwürfen von Cl. Lévi-Strauss errichtet.

attentisme ↑Vichy-Regime.

auberge *f.* 1. Ländliche Herberge, Wirtshaus; 2. in der Stadt u. an Überlandstraßen: zunehmend Bez. für elegante, im rustikalen Stil eingerichtete Restaurants.

auberges de jeunesse (A.J.) *fpl.* Jugendherbergen (JH); die etwa 250 A.J. sind in zwei Organisationen zusammengefaßt: in der *FUAJ (Fédération unie des auberges de jeunesse),* gegr. 1956 als Zusammenschluß von vier Einzelverbänden, sowie in der kleineren (katholischen) *LFAJ (Ligue française pour les auberges de jeunesse),* die sich 1959 von der *FUAJ* abspaltete.

aubergine *f fam.* Beiname der Politessen in Paris, die – in aubergine-farbener Uniform – meist mit der Parküberwachung beauftragt sind. Die offizielle frz. Bez. ist *contractuelle.* (Vgl. ↑*pervenche*).

auditeur *m.* Beamter, der die Entscheidungen an Verwaltungsgerichten, z.B. beim ↑*Conseil d'Etat* o. Rechnungshof (*Cour des Comptes,* ↑*Cour* 5.), vorbereitet.

A.U.P.E.L.F., *Association des universités partiellement ou entièrement de langue française.* Vereinigung von Universitäten, die teilweise o. ganz frz.sprachig sind, zur Koordination, z.B. bei der Organisation von Kongressen u. dem Austausch von Hochschullehrern. Zusammenarbeit mit interessierten Romanistik-Fachbereichen anderer Univ. Das Generalsekretariat ist in Montreal/Canada.

Austernzucht *(ostréiculture f).* Es gibt in Fr. verschiedene Austernarten *(huîtres fpl),* die entweder der Gattung ‚gemeine Auster' (*huître plate* = Ostrea edulis) o. der nach einem Austernsterben 1970–71 eingeführten japanischen Auster (Crassostrea gigas) angehören. Die wichtigsten Arten werden in einigen Zentren entlang der frz. Kanal- u. Atlantikküste gezüchtet: *cancalaises* in der Bucht von Saint-Michel, die weißfleischigen *belons* an der Küste des Morbihan/Bretagne, *marennes* im Bassin von Marennes-Oléron und *huîtres d'Arcachon* im Bassin d'Arcachon. Die Zucht der *marennes* erfordert etwa 35 Arbeitsgänge. Die Brut *(naissain)* wird bei einer Temperatur von etwa 20° C. ausgesetzt. Auf speziellen Ziegeln und anderen „Sammlern" *(collecteurs)* wächst sie in einem Jahr zu

Jungaustern heran, die dann in die Austernparks *(parcs à huîtres)* umgesetzt werden. In diesen in Küstennähe angelegten Parks sorgt ein Gitterschutz dafür, daß die jungen Austern bei Sturm u. starker Strömung nicht ins offene Meer hinausgetragen werden. Nach einigen Jahren werden die jungen Austern aus den Parks genommen, um ihnen durch Kratzen eine runde u. glatte Form zu geben *(détroquage* u. *grattage).* In der anschließenden Verfeinerungsphase kommen sie in sog. Klärbecken *(claires),* künstlich angelegte, etwa 25 cm tiefe Becken, in die bei Flut Meerwasser fließt. Dort absorbieren die Austern große Mengen an Plankton, scheiden nicht assimilierbare Substanzen aus u. halten mit ihren Kiemen das sog. *Marennine*-Pigment fest, das den *marennes* ihren typisch grünen Farbton gibt. Die so gezüchteten Austern heißen auch *fines de claire* o. nur *claires.* Vor dem Versand werden sie nach den Größen 0000 (= sehr groß), 000, 00, 0, 1, 2, 3, 4, 5 (= sehr klein) sortiert. In den Monaten mit „r" (September–April) sind Austern am gefragtesten. In jüngster Zeit wird die A. durch Wasserverschmutzung u. Seuchen erheblich erschwert.

autan ↑Winde.

Auteuil [otœj] ↑tiercé.

Autokennzeichen *(plaque d'immatriculation* o. *plaque minéralogique d'une automobile).* Das frz. Kfz-Nummernschild, meist weiß auf schwarzem Grund, auch schwarz auf gelbem o. weißem Grund, besteht i.d.R. aus einer ein- bis vierstelligen Ordnungszahl, aus ein bis drei Buchstaben – im Prinzip in numerischer bzw. alphabetischer Reihenfolge – u. der zweistelligen Departementskennzahl (s. Anhang S. 202), z.B. 34 EP 59 (Nord), 854 BKH 75 (Paris), 9919 GN 95 (Val d'Oise). Das Zoll-Kennzeichen ist weiß auf rotem Grund u. führt neben den Ziffern die Buchstaben TT *(Transport Temporaire).* Diesem entspricht in der BRD die ovale Zollnummer mit Z. Den Buchstaben W u. WW auf dem schwarzen Nummernschild entspricht in der BRD das „rote Kennzeichen".

autorail [otoraj] ↑micheline.

avens [avɛn] *mpl.,* auch: *igues.* 1. Bez. für Erdöffnungen, bes. in den Kalkplateaus des Zentralmassivs, in denen das Niederschlagswasser o. ganze Flüsse verschwinden u. unterirdische Karstbildungen bewirken; 2. Bez. für Karsthöhlen (Tropfsteinhöhlen) im Zentralmassiv, z.B. *Aven Armand,* eine der größten Höhlen bei den *Gorges du Tarn (↑gorges), Aven de Marzal* u. *Aven d'Orgnac.*

avocat *m.* Rechtsanwalt; bis 1972 gab es den *avocat* als Vertreter der Parteien vor Gericht, auch im Strafprozeß, u. den *avoué* als Prozeßvertreter für formelle Prozeßhandlungen, z.B. Klageerhebung, Einreichung von Schriftsätzen, ähnlich dem *solicitor* in England. Heute vereinigt der *avocat* alle diese Funktionen. Lediglich an den *cours d'appel* (↑*Cour* 1.) sind noch *avoués* zugelassen, die bei Berufungsklagen in Anspruch genommen werden müssen. Die Anwälte sind im *barreau* (Anwaltskammer) zusammengeschlossen, deren Präsident *bâtonnier* heißt.

avocat général ↑Justiz.

aziminu. Kors. Version der ↑*bouillabaisse.*

B

baby-foot [babifut] *m.* Tischfußballspiel, das sich oft in ↑*cafés* u. Spielsalons findet.

baccalauréat *m,* fam. *bac,* argot: *bachot.* Abschlußexamen des Gymnasiums *(↑lycée)* mit schriftl. u. mündl. Teil; im Ggs. zum dt. „Abitur" stellt es den ersten Universitätsgrad dar *(bachelier)* u. verschafft direkten Zugang zum Studium. Die Prüfungsarbeiten werden in jedem einzelnen der 27 Schulbezirke *(↑Académie)* zentral gestellt u. anonym korrigiert. Die beste, fast unerreichbare Note ist 20, die schlechteste 0. Schüler mit einem Abiturdurchschnitt von 8–10 erhalten das *Certificat de fin d'études (CFES),* das nicht zum Hochschulstudium berechtigt.

An Gymnasien mit allgemeinbildendem *bac (lycées d'enseignement général)* stehen verschiedene, meist studienbezogene *bac*-Reihen *(séries)* zur Wahl, auf die sich die Schüler im Kursunterricht der *Première* bzw. *Terminale* vorbereitet haben: *A* – Philosophie-Literatur-Sprachen *(A 1 Lettres et Sciences, A 2 Lettres et Langues, A 3 Lettres et Arts); B* – Wirtschaft u. Soziales; *C* – Mathematik u. Physik (gilt als bes. anspruchsvoll u. ist eine der Voraussetzungen für das Medizinstudium u. die Zulassung zu den ↑*Grandes Écoles); D* – Naturwiss. u. Mathematik; *D'* – Agrarwiss. (nur an landwirtschaftlichen Gymnasien (*lycées agricoles,* ↑*lycée*); E – Mathematik u. Technik. Den mathem.-naturwiss. *bac-séries* C u. D entspricht in der *Première* die *Série* S (scientifique indifférenciée). Das Französisch-Examen findet als „Vor-Abitur" am Ende der *Première* statt. Das „Fachabitur" wird im Fachoberschulzweig des *lycée* abgelegt u. heißt *baccalauréat technologique (↑BTn).*

Badoit ↑Mineralwasser.

B.A.F.A. ↑centres de vacances et de loisirs.

baguette *f.* Frz. ‚Stab'; stangenförmiges Weißbrot, ca. 250 g schwer, 80 cm lang. Eine frische b. gehört zu jeder frz. Mahlzeit. Dünnere baguette-ähnliche Brote heißen *flûte* ‚Flöte' o. *ficelle* ‚Faden'. Daneben gibt es noch den *bâtard* (40 cm lang, doppelt so dick wie die *b.,* 250 g schwer) u. den ca. 400 g schweren Brotlaib, der je nach Gegend *parisienne, restaurant* o. einfach *pain* heißt (etwas kürzer, dicker u. im Innern gewöhnlich weicher als die *b.*).

Bahnhöfe (Paris) *(gares de Paris).* In Paris gibt es 6 große (Sack-)Bahnhöfe, die aus der Zeit um die Jahrhundertwende stammen: 1. *Gare d'Austerlitz* (13. Arr.), auch *Gare d'Orléans* genannt, für Züge nach Süd- u. Südwestfr., Spanien, Portugal; 2. *Gare de l'Est* (10. Arr.) für Züge nach Ostfr., Luxemburg, Süddeutschland, Nordschweiz, Österreich; 3. *Gare de Lyon* (12. Arr.) für Züge nach Süd-, Südost- u. Mittelfrankreich, nach Italien, in die Schweiz u. in die Alpen;

4. *Gare Montparnasse* (15. Arr.) für Züge nach Westfr., Bretagne; 5. *Gare du Nord* (10. Arr.) für Züge nach Nordfr., Belgien, Norddt., Holland, Großbritannien; 6. *Gare Saint-Lazare* (8. Arr.) für Züge in die Normandie u. nach Großbritannien.

Ausschließlich für den Vorortverkehr wichtig sind die ↑*RER*-Bahnhöfe *Gare de la Bastille* (nach Vincennes), *Gare du Luxembourg* (nach Sceaux), *Gare d'Orsay* (nach Etampes) u. *Gare (aérogare) des Invalides* (nach Versailles, Orly). Im Bahnhof *Paris-Bercy* werden Autoreisezüge abgefertigt. Die Bahnhöfe sind an das Pariser ↑*métro*-Netz angeschlossen.

baignoire *f.* Wörtl. ‚Badewanne'; zweisitzige Loge im Theater.

bal musette. Volkstümliches Tanzvergnügen mit typischer Musette-Musik (Hauptinstrument: Akkordeon), bis zum 2. Weltkrieg häufig vor allem am Stadtrand von Paris u. in Ausflugslokalen, z.T. auch von Elementen des ↑*Milieu* besucht. Vgl. ↑*guinguette.*

ballon *m. 1.* dt. Belchen, heißen die höheren Berge in den Vogesen, z.B. der *Grand Ballon d'Alsace,* dt. Großer Belchen; 2. *ballon(de rouge)* Glas Rotwein, nach der Glasform; 3. *b. d'Alsace* Typisches elsässisches Weinglas mit langem grünen Stiel u. verhältnismäßig kleinem Kristallkelch.

Banken ↑Banque de France; ↑caisse d'épargne; ↑nationalisation.

Banque de France. Französische Zentralbank, die auch das Monopol der Notenausgabe innehat, geleitet von einem *Gouverneur.* Ihm steht der *Conseil général,* der Zentralbankrat, zur Seite. Die B.d.F. ist nicht autonom wie die Deutsche Bundesbank, sondern an die Weisungen der Regierung gebunden. Sie überwacht das gesamte Kreditwesen, tätigt die Bankgeschäfte des Staates, legt Mindestreserven u. Rediskontsatz fest u. vertritt Fr. gegenüber den internationalen Währungs- u. Finanzorganisationen. Die Mitte-Rechts-Koalition unter Premierminister Chirac will die *Banque de France* in eine unabhängige Zentralbank nach dem Vorbild der Deutschen Bundesbank und der US-Federal Reserve Bank umwandeln, zumindest soll sie der Regierung gegenüber unabhängiger werden als bisher.

banlieue *f.* ‚Bannmeile', das engere Stadtumland, dessen Wirtschafts- u. Sozialstruktur unmittelbar mit der Stadt verknüpft ist. Man unterscheidet 1. das unmittelbare Umland *(banlieue immédiate),* das im Zusammenhang mit der Stadt bebaut ist u. oft die Kennzeichen eines ↑*faubourg* trägt, 2. das benachbarte Umland *(b. voisine),* dessen Bebauungsgebiet an das städtische angrenzt, aber mit diesem nicht zusammenhängt, 3. das übrige engere Umland *(b. éloignée* o. *externe).*

bar *m.* Stehkneipe mit Imbißmöglichkeit; nicht zu verwechseln mit der dt. Bar, die in Fr. etwa einer *boîte de nuit* entspricht, o. der Bar eines größeren Hotels, die in Fr. *bar américain* heißt.

barbaresques ↑Algerien.

barre *f.* Sandbank an der Küste des Bas-Languedoc, die die Bildung von

Lagunen (‚Teichen' ↑*étang*) begünstigt o. die Mündung eines Flusses bis auf einen schmalen Abfluß vom Meer trennt.

barreau ↑avocat.

basque o. *basquaise, à la* ~. ‚Nach baskischer Art' bedeutet in Verbindung mit Speisen, bes. Fleischgerichten, daß Paprikaschoten o. eine Tomaten-Knoblauch-Sauce bei der Zubereitung verwendet werden.

bastide *f.* 1. Stadttyp, der zwischen 1140 u. 1350 in SW-Fr. während der Auseinandersetzungen der frz. Könige mit dem Adel o. mit den engl. Königen entstand; die b.s waren mit bestimmten Privilegien versehene, befestigte Städte u. Dörfer, meist topographisch geschützt, mit regelmäßigem Grundriß angelegt; teilw. bestehen sie heute noch (z.B. *Fleurance* u. *Mirande* im Dép. Gers, *Lamontjoie* u. *Vianne* (engl. Gründung) im Dép. Lot-et-Garonne); 2. *reg* kleines Landhaus in der Provence.

bataillon d'Afrique ↑Algerien.

bat d'Af ↑Algerien.

bateaux-mouches *mpl.* Flache Aussichtsboote, die täglich auf der Seine in Paris verkehren.

bâtonnier ↑avocat.

baume *f.* Regionale Bez. für ‚Grotten' in Südostfr., in vielen Ortsnamen vorkommend, z.B. *Baume-les-Dames* (Dép. Doubs).

Bayard ↑chevalier sans peur et sans reproche.

B.C.B.G. *m/f* u. *adj., bon chic bon genre.* Unter das fam. Kürzel *BCBG* fällt alles, was ‚adrett, freundlich, geschmackvoll' ist, z.B. une femme *BCBG,* un jeune cadre *BCBG,* une boum *BCBG,* un restaurant *BCBG;* hervorgegangen aus der Jugendkultur der 80er Jahre (Kennzeichen: konservativ-elegante Kleidung, gepflegte Sprache, Snob-Appeal), in bewußtem Gegensatz zu Poppern und Punkern, vergleichbar mit den angelsächsischen *Preppies* u. *Sloane Rangers.*

B.D. *f, bande dessinée.* ‚Comic Strips'. Die „erste Generation" von *B.D.* entstand in Fr. um die Jahrhundertwende, z.B. „La Famille Fenouillard" (1889) von Christophe, ↑„Bécassine" (1905) von J. P. Pinchon o. „Les aventures des Pieds Nickelés" (1908) von Louis Foron. Bes. beliebte moderne frz.-sprachige Comic-Serien sind z.B. „Astérix" (1959) von Uderzo u. Goscinny (gest. 1978) u. „Tintin et Milou" (1929) von Hergé (gest. 1983), dt. „Tim und Struppi". Vgl. a. ↑*images d'Epinal.* Das Zentrum der frz. Comic-Kultur ist Angoulême (Dép. Charente) mit seinem in den 80er Jahren gegr. *Musée national de l'Illustration et de la Bande Dessinée* u. seinem *Salon international de la B. D.,* der jedes Jahr im Januar stattfindet.

Beaubourg. Wohn- u. Geschäftsviertel im 4. Pariser Arr., bekannt durch das ↑*Centre national d'art et de culture Georges Pompidou;* oft symbolisch auch für dieses gebraucht.

beaufort *m,* var. *gruyère de B.* Hartkäse aus Kuhmilch, der „Schweizer

Käse" der frz. Hochalpen, mit geschützter Herkunftsbez.

Bécassine *f.* Humoristische Personifizierung des etwas einfältigen, gutmütigen breton. Dienstmädchens; Hauptfigur der gleichnamigen ↑*BD*-Reihe (1905 ff.) von J. P. Pinchon (Zeichnungen) und Caumery (Texte).

beignets *mpl.* Beliebtes Schmalzgebäck, Faschingskrapfen ähnlich. In Lyon heißen sie *bugnes.*

B.E.L.C. *m, Bureau pour l'enseignement de la langue et de la civilisation françaises à l'étranger.* Institut für Didaktik u. Methodik des Französischen als Fremdsprache mit Sitz in Paris, eine Abteilung („section spécialisée") des Centre international d'Etudes Pédagogiques *(↑CIEP);* veröffentlicht Lehrmaterialien, Zeitschriften für Lehrer *(Le Français dans le Monde)* u. Schülermagazine *(Feu vert, Quoi de neuf?, Passe-Partout)* u. wirkt bei der Fortbildung ausländischer Französischlehrer mit. Enge Zusammenarbeit mit dem ↑*CREDIF.*

Belfort: Territoire de B. Die Festungsstadt Belfort, die zum Elsaß gehörte, wurde im dt.-frz. Krieg von 1870/71 von General Denfert-Rochereau heldenhaft u. erfolgreich verteidigt. Bei der Abtretung des Elsaß an das Deutsche Reich verblieb das *Territoire de Belfort* bei Fr. u. nimmt seitdem einen besonderen Platz neben den ↑*Departements* ein, da bisher niemand wagte, die Abschaffung einer so anachronistischen, aber traditionsreichen Gebietseinheit vorzuschlagen. Das *Territoire de Belfort* hat den Status eines Departements.

Belle Cordière, La ~~. Beiname der frz. Dichterin Louise Labé (1524–1566), berühmt durch ihre Liebessonnette.

Belle Epoque *f.* Die Zeit um die Jahrhundertwende (etwa 1890–1910); für viele Franzosen auch heute noch die „gute alte Zeit", gekennzeichnet durch äußeren Frieden, Wohlstand u. große technische Neuerungen (Weltausstellung u. Eröffnung der ↑*métro* in Paris 1900). Paris war damals in der Mode, den Künsten und den Vergnügungen weltweit tonangebend. Eines der Symbole der B.E. war das Nachtlokal *Moulin-Rouge,* in dem auch der Maler Toulouse-Lautrec verkehrte.

belons ↑Austernzucht.

belote *f.* In Fr. beliebtes Kartenspiel amerikanischer Herkunft.

bénédictine ↑Liköre, Schnäpse, Aperitifs.

B.E.P., *Brevet d'études professionnelles.* Abschlußzeugnis nach zweijähriger Ausbildung an einer Berufsschule *(↑LEP),* das zum Facharbeiter o. Angestellten qualifiziert; weniger fachspezifisch ausgerichtet als das vergleichbare ↑*CAP.* Landwirtschaftsschulen verleihen nach einem Jahr Ausbildung im Sekundarbereich II das *BAA (Brevet d'apprentissage agricole)* o. – nach zwei Jahren – das *BEPA (brevet d'études professionnelles agricoles),* entspricht dem Landwirtschaftsfacharbeiterbrief. Fortsetzung des Schulstudiums im verlängerten Sek. ber. II *(↑lycée)* mit den Abschlüssen ↑*BT* u. ↑*BTn* möglich.

B.E.P.C. ↑brevet des collèges.

bêtises de Cambrai *fpl.* Weiße Pfefferminzkaramellen, Spezialität der nordfrz. Stadt Cambrai.

beurs, beures *m/fpl.* u. *adj.* (Wortneuschöpfung aus *arabe* ↑*verlan*). Junge, in Fr. geborene Nordafrikaner. Vgl. ↑*SOS Racisme.*

B.F.C.E., *Banque française du commerce extérieur.* Halbstaatliche frz. Bank zur Finanzierung u. Förderung des Außenhandels.

B.H.V. *Bazar de l'Hôtel de Ville.* Traditionsreiches Warenhaus in Paris, seit 1975 mit Schwerpunkt auf Bau- u. Heimwerker-Bedarf. Vgl. ↑*grands magasins.*

B.I., *bouche d'incendie.* Hydrant.

Bibendum [bibɛ̃dɔm] *m.* Das Michelin-Männchen, das in den ↑*Guides Michelin* abgebildet u. en miniature oft am Führerhaus großer Lastwagen angebracht ist.

Bibliothèque nationale (**B.N.**) *f.* Frz. Nationalbibliothek in Paris; in ihren acht Abteilungen *(Département des Imprimés, D. des Entrées, D. des Périodiques, D. des Manuscrits, Cabinet des Etampes, D. des Cartes et Plans, D. de la Musique, D. des Médailles et Antiques)* lagerten Anfang der 80er Jahre zehn Millionen Bücher, 300 000 Titel laufender Zeitschriften, zwölf Millionen Drucke, 800 000 Karten u. Pläne sowie Plakat- u. Photo-, Manuskript- u. Musikaliensammlungen. Die Benutzung der B.N. ist an den Nachweis eines Universitätsdiploms u. einer Forschungsarbeit gebunden.

B.I.C., *Bénéfices industriels et commerciaux.* Die bei der Einkommensteuer *(impôt sur le revenu)* zu versteuernden Gewinne aus Gewerbetätigkeit.

bidonville *f.* Urspr. Bez. für die hpts. aus Blechkanistern aufgebauten Elendsviertel in der Randzone nordafrik. Großstädte; später übertragen auf alle Arten der aus Brettern, Wellblech, Pappe u. Reifen errichteten Notquartiere (Barackenstädte) am Rand großer städtischer Ballungsräume, z.B. auch um Paris u. Lyon.

B.I.L.D. *m, Bureau international de liaison et de documentation.* Gemeinnützige Vereinigung in Paris, gegr. 1945, die aus Mitteln des ↑*OFAJ/DFJW* gefördert wird u. deren Partnerorganisation in der BRD die *Gesellschaft für übernationale Zusammenarbeit e.V.* in Bonn ist. Die beiden Organisationen sind in ihrer dt.-frz. Zielsetzung eng miteinander verzahnt; Herausgabe der Zeitschriften *DOCUMENTS Revue des questions allemandes,* u. *DOKUMENTE Zeitschrift für den deutsch-französischen Dialog u. übernationale Zusammenarbeit,* Durchführung von Ausbildungstagungen, Themenprogrammen u. beruflichen Fortbildungsmaßnahmen im Rahmen der dt.-frz. Zusammenarbeit.

biniou *m.* Breton. Dudelsack.

Biribi ↑Algerien.

Bir-el-Hakeïm ↑France libre.

bise *f.* 1. *Faire la bise,* freundschaftliche(s) Küßchen auf die Wange(n), in Fr. unter Verwandten, Freunden u.

Bekannten häufiger als in Dt.; 2. ↑*Winde.*

Bison futé, Opération ~. 1975 von der *Direction des routes* des frz. Verkehrsministeriums gestartete Aktion, die in den Hauptreisezeiten die Autofahrer per Telefon- u. Rundfunk-Service über die Verkehrslage informiert u. mit allg. Reisetips versorgt. Eine spezielle Straßenkarte verzeichnet empfehlenswerte Reiserouten, stauträchtige Zonen u. Ausweichstraßen, sog. *itinéraires bis* o. *itinéraires de délestage,* die mit grünen Pfeilen ausgeschildert sind. Benannt ist die Aktion nach ihrem Maskottchen, einem kleinen, pfiffigen *(futé)* Indianer mit Büffelkopfschmuck.

bistouille *f.* Kaffee mit einem Schuß Alkohol (Nordfr.).

bistro(t) *m.* Kleines ↑*café* o. Weinkneipe, auch kleines Speiselokal, mit einigen, vom Chef *(patron)* meist selbst zubereiteten Tagesgerichten.

blanc de blancs *m.* Ausschließlich aus der weißen Chardonnay-Traube hergestellter Champagner *(↑champagne),* eine Besonderheit, da die meisten Champagner aus roten o. einer Mischung aus roten u. weißen Trauben „weiß" gekeltert werden. Im übrigen kann – freilich ohne bes. Informationswert – jeder Weißwein aus weißen Rebsorten als b. bezeichnet werden.

blanquette *f.* 1. *b. de veau (d'agneau)* Kalbs- bzw. Lammragout in weißer Sauce; 2. *b. de Limoux* leichter, weißer Schaumwein (nach der *méthode champenoise* ↑*champagne*) aus dem Languedoc.

bleu *m.* Mit dem Sammelbegriff „bleu" werden in Fr. alle aus Kuhmilch hergestellten Edelpilzkäse bezeichnet. Der *bleu de Bresse* (zylindr. Form) ist nach der Landschaft Bresse, nordöstl. von Lyon, benannt. Weitere *bleu*-Sorten mit geschützter Herkunftsbez. sind der *bleu d'Auvergne, bleu des Causses, bleu du Haut-Jura.*

Bloc national. Koalition frz. Parteien der Rechten u. der Mitte, die bei den ersten Wahlen nach dem Ersten Weltkrieg eine überwältigende Mehrheit erringen konnte. Sie wurde 1924 abgelöst durch eine Koalition der Linksparteien, das sog. *Cartel des gauches* (ohne Beteiligung der Kommunisten).

blocus continental [blɔkys...] *m.* Die von Napoleon I. 1806 gegen England verhängte Kontinentalsperre, die England zwar schadete, dann aber zu einer Koalition vieler Staaten gegen Napoleon führte.

Blooteland *m.* Fläm. ‚kahles Land'; frz.-flandrischer Küstenstreifen bei Dunkerque u. Calais; das Landesinnere *(la Flandre intérieure)* zwischen Lille u. Hazebrouck heißt *Houtland* ‚Waldland'.

blousons noirs *mpl* hießen in den 50er u. 60er Jahren die „Halbstarken", vor allem die aggressiv auftretenden, randalierenden Teenager.

B.N. ↑Bibliothèque nationale.

BNICo ↑Liköre, Schnäpse, Aperitifs.

B.N.P. *f, Banque nationale de Paris.* Größte der verstaatlichten frz. Großbanken.

B.O., *Bulletin officiel.* Amtsblatt, das jedes frz. Ministerium veröffentlicht. Vgl. ↑*Journal officiel.*

bocage *m.* 1. Heckenlandschaft; 2. *bocage clair* heißt die Landschaft südwestl. von Caen (Normandie), gekennzeichnet durch helle, durchsichtig gewordene Hecken, die eine parkartige Landschaft ergeben. Sie erhebt sich bis zu kleinen Bergen, daher auch die Bez. *Suisse normande.*

bock *m.* 1. Kleines Biermaß: die Hälfte eines frz. *demi,* das an sich schon die Hälfte eines dt. „Halben" darstellt; 2. *bière bock f,* leichtes Bier, das in Literflaschen verkauft wird, nicht zu verwechseln mit dem starken dt. *Bockbier.*

Bocuse, Paul ↑nouvelle cuisine.

bœuf à la mode, var. *bœuf-mode m.* Rinderschmorbraten in Rotwein; das bayerische Fleischgericht *Böfflamott* leitet sich davon ab.

bof génération, la ~. Etwa: ‚Null-Bock-Generation'.

bolée ↑cidre.

bombarde *f.* Oboenähnliches Instrument in der breton. Volksmusik.

bonapartisme *m.* 1. Politische Bewegung, die nach der zweiten Abdankung Napoleons u. der Restauration der Monarchie (1815) die Nostalgie nach Napoleon u. dem Empire verkörperte. Die Bonapartisten standen daher im Gegensatz zu den Monarchisten *(Orléanistes* u. *Légitimistes,* ↑*Monarchie).* Ihren größten Erfolg erreichten sie, als sich Louis Napoleon Bonaparte, ein Neffe Napoleons I., der 1848 Präsident der jungen II. Republik geworden war, durch einen Staatsstreich, der die politischen Gegner neutralisierte, nach einer für ihn erfolgreichen Volksabstimmung zum Präsidenten auf 10 Jahre machte (1851). Wenig später (1852) rief er das Zweite Kaiserreich *(Second Empire)* aus u. machte sich selbst zum Kaiser der Franzosen.

2. Politische Herrschaftsform o. auch autoritärer Regierungsstil von Napoleon III., der sich auf einen starken Staatsapparat stützte, es aber gleichzeitig verstand, die Gunst der Massen zu gewinnen u. das Parlament durch Plebiszite weitgehend auszuschalten.

bonbonne ↑Flaschenformen.

bonnet phrygien [...friʒjɛ̃] ↑Jacobins.

Bonnets rouges. Breton. Bauern, die 1675 gegen die horrenden Steuerabgaben unter Ludwig XIV. revoltierten. Der sich aus dem gleichen Grund in Bordeaux u. Rennes ausbreitende Protest der Städter ging als „révolte du ↑*papier timbré*" in die Geschichte ein. Die Aufstände wurden blutig niedergeschlagen. – *Bonnets rouges* nannte man spöttisch auch die Jakobiner *(*↑*Jacobins)* wegen ihrer roten Kopfbedeckung *(bonnet phrygien).*

borde *f,* span. *borda.* Die in den Pyrenäen gelegenen Almhütten o. Sommerscheunen, z. T. mit Stallungen.

bordelaise, à la ~. ‚Nach Bordeaux-Art' heißt bei einem Fleischgericht in der Regel, daß es mit einer *sauce bordelaise* gereicht wird, deren Hauptzutaten roter Bordeaux-Wein, Schalotten, Rindermark, Petersilie u. Thymian sind; bei Fisch: in Weißwein gedünstet, mit Madeira o. Cognac.

bordigue *f.* 1. Fischreuse in den Wasserläufen, die den *Etang de Berre* (Dép. Bouches-du-Rhône) mit dem Meer verbinden; 2. kleine Fischerhütte aus Schilf am *Bassin de Thau* (bei Sète).

borie *f.* Hausform in der Provence, insbes. auf dem *Plateau de Vaucluse* u. im *Lubéron,* fensterlos, mit meist quadratischem Grundriß, mörtellosem Mauerwerk aus flachen Steinen u. falscher Kuppel. Die b. diente lange als Wohnhaus, heute fast nur als Hirtenhütte o. Scheune.

Bottin *m.* Urspr. Bez. für das Adreßbuch *(annuaire)* von Paris, nach dem Namen seines ersten Verfassers Sébastien Bottin (1764–1853); heute allg. Bez. für ‚Adreßbuch, Telefonbuch'.

bougnat [buɲa] *m.* Bes. in Paris *fam:* 1. Auvergnate; 2. kleines Café o. Ausschank; 3. Kohlenhändler.

bouillabaisse *f.* Berühmte Marseiller Fischsuppe. Eine „Charta für die Bouillabaisse" schreibt vor, daß zur Bouillon aus Felsenfischen mit Knoblauch, Fenchel, Tomaten, Safran, u. Olivenöl mind. vier Mittelmeerfische vor dem Gast am Tisch zerteilt werden sollen: Drachenkopf *(rascasse)* o. Wittling *(merlan),* Knurrhahn *(rouget grondin),* Petersfisch *(vive),* Seeteufel *(baudroie)* o. Meeraal *(congre).* In die Fischbrühe werden Weißbrotscheiben getaucht, die man mit ↑*ailloli* u. der durch Safran u. Piment gefärbten *rouille* bestreicht. Daneben wird der Fisch mit Kartoffeln gereicht, während die Bouillon neben dem Gast kochend heiß gehalten wird. Der Name der Speise kommt von der Kochmethode: „Wenn's kocht *(bouillir),* herunterstellen *(abaisser).*" „Der Gast muß auf die Bouillabaisse warten, u. nicht umgekehrt", lautet die Regel.

boulangisme *m.* Die von General Georges Boulanger (1853–1891), der 1886 Kriegsminister war, geleitete antirepublikanische Bewegung, die zum Sammelbecken aller unzufriedenen Elemente, vor allem der Rechten, aber auch anderer Gruppen wurde. Boulanger versuchte, 1889 die noch junge, aber offensichtlich doch gefestigte III. Republik durch einen Staatsstreich zu stürzen, der aber mißlang. Daraufhin flüchtete er nach Belgien. Vgl. ↑*Republiken.*

boulbène *m.* Schwemmland (sand-, ton- u. kieselhaltig) in SW-Fr.

boules *fpl.* Das Boule-Spiel gehört zu den populärsten Spielen Fr.s. Es ist dem ital. Boccia-Spiel ähnlich u. wird mit Metallkugeln gespielt. Partien werden im allg. zwischen je zwei *(doublettes),* drei *(triplettes)* o. vier Spielern *(quadrettes)* ausgetragen. Die Angreifer *(pointeurs)* müssen ihre Kugeln möglichst nahe bei der zuerst ausgeworfenen kleinen Holzkugel *(cochonnet)* plazieren, die einige Meter von den Spielern entfernt liegt. Die Verteidiger *(tireurs)* versuchen, die gegnerischen Kugeln mit den eigenen wegzuschlagen. Bei der wettkampfmäßig ausgetragenen Spielart *la lyonnaise* mißt das Spielfeld *(boulodrome)* 2,50 m × 27,50 m (frz. Meisterschaften seit 1924). Die wohl beliebteste Spielart ist die in Südfr. beheimatete *pétanque*. Dabei wird über eine relativ kurze Strecke gespielt; die Kugel wird aus dem Stand geworfen. Bei Entfernungen von 10 m u. mehr nehmen die Spieler bis zu einer Markierung Anlauf u. werfen ihre Kugel dort aus *(pétanque à la longue)*; frz. Meisterschaften seit 1946.

boulevard périphérique *m*, kurz *le périphérique*, fam. *le périf*. 36 km lange Ringstraße für den Schnellverkehr um Paris.

Boul'Mich *m, fam*. Der Boulevard Saint-Michel in Paris *(↑Quartier latin)*.

boulonnais ↑Pferderassen.

bouquiniste *m*. Die Bouquinisten mit ihren alten Klappläden an den Pariser Seine-Quais zwischen *Pont-Neuf* u. *Notre-Dame* verkaufen hpts. antiquarische Bücher *(bouquins)*, daneben aber – je nach Spezialisierung – noch Zeichnungen, Lithographien, Poster, Postkarten, Musiknoten u. kleine Antiquitäten. Der Ursprung dieser ‚Straßenbuchhändler' geht auf die Anfänge des Buchdrucks in Paris zurück (1469). Ihre ersten Standplätze hatten sie nach Fertigstellung des *Pont-Neuf* (1606) in unmittelbarer Nähe dieser Brücke. Z.Z. gibt es etwa 250 B.

bourrée *f*. Alter auvergnatischer Volkstanz, traditionell von einem Orchester mit *cabrette* (↑*biniou*-ähnlicher Dudelsack), *vielle* (Drehleier) u. Violine begleitet. Von 1650–1750 war die b. Gesellschaftstanz, beliebt in Oper, Ballett (Lully) u. Instrumentalmusik (Bach/Händel).

bourride *f*. Provenzalisches Fischgericht aus pikant gekochten Seefischen (z.B. *baudroie* ‚Seeteufel', *loup de mer* ‚Wolfsbarsch') u. einer separat servierten Brühe *(court bouillon)*, die mit ↑*ailloli* zubereitet u. über Weißbrot-Croutons gegossen wird. Nicht so aufwendig wie die ↑*bouillabaisse*.

bourrine *f*. In den Küstengegenden der Vendée u. südl. Bretagne ebenerdiges, schilfgedecktes Bauernhaus, dessen Wände aus Häksellehm *(bourre)* bestehen. Die b. gehört zu dem in Fr. weitverbreiteten „Einhaustypus", bei dem Wohnhaus, Stall u. Scheune nebeneinander gereiht unter einem Dach sind.

B.P., *boîte postale*. Postfach.

B.P.I. ↑Centre national d'art et de culture Georges Pompidou.

braderie *f*. 1. Traditioneller Trödelmarkt in Lille u. anderen Städten im Dép. Nord; 2. allg. öffentlicher Verkauf von billigen Waren, meist in Ständen auf Straßen u. Plätzen u. vor Ladengeschäften, oft bis zu 2 Wochen *(quinzaine commerciale)*.

brandade (de morue) *f*. Prov. Fischgericht, bei dem zerkleinerter Stockfisch *(morue séchée)* unter Verwendung von Milch, Knoblauch u. Olivenöl im Schmortopf überbacken wird (insbes. in Nîmes u. in der ↑*Camargue*).

brande *f*. Mit trockenen Pflanzen, bes. Besenheide, Ginster u.ä. bewachsene Heidelandschaft (Poitou).

brasserie *f.* 1. Brauerei; 2. urspr. Bez. für ein Bierlokal, heute meist ein größeres ↑*café* mit Restaurant (*café-brasserie*).

Bravade *f.* ‚Kühne Tat'; Volksfest in Saint-Tropez (Dép. Var) vom 16. bis 18. Mai zur Feier des Ortsheiligen Torpes, mit Kampfspielen u. Festbeleuchtung. *Bravade*-Feste gibt es auch in *Riez* (Dép. Alpes-de-Haute-Provence) an Pfingsten mit historischem Kampfspiel zwischen Christen u. Sarazenen, in *Aix-en-Provence* am 24. Juni zur Erinnerung an die Rückkehr Karls v. Anjou aus dem Heiligen Land, mit einem Preisschießen auf eine Vogelattrappe, u. in *Bras* (Dép. Var) am 6. August zu Ehren des Hl. Etienne (Stephan) mit einer karnavalesken Prozession.

Brazzaville ↑Kolonien.

bréjaude *f.* Specksuppe mit Kohlgemüse u. Roggenbrot (Limousin).

breton 1. ↑Pferderassen; 2. ↑Regionalsprachen.

bretonne, à la ~. Fleischgerichte ‚nach breton. Art' haben als Beilage weiße Bohnen, die mit Kräutern, Knoblauch, Tomatenmark etc. zubereitet werden.

brevet des collèges *m.* Abschlußzeugnis der Sekundarstufe I (↑*collège*), das bis 1981 *BEPC (brevet d'études de premier cycle)* hieß; im Ggs. zur dt. „Mittleren Reife" ist es auf dem Arbeitsmarkt kaum anerkannt.

B.R.G.M., *Bureau de Recherches Géologiques et Minières.* Amt für geologische und Bergbauforschung; wiss. Forschungszentrum, das dem *Ministère de la Recherche et de la Technologie* untersteht.

brie *m.* Weichkäse aus Kuhmilch in flacher Tortenform mit mind. 45% Fett i. Tr., benannt nach dem östl. von Paris gelegenen *pays de Brie* (Dép. Seine-et-Marne). Es gibt etwa sieben verschiedene Sorten Brie, die in Größe u. Geschmack leicht variieren; zu den bekanntesten zählt der *b. des Meaux* u. der *b. de Coulommiers.*

brouillis ↑Liköre, Schnäpse, Aperitifs: cognac.

brumaire: 18 brumaire ↑Geschichtsdaten.

brut [bryt] 1. ↑champagne; 2. ↑cidre.

B.T. *m, Brevet de technicien.* Technikerdiplom nach dreijähriger Fachoberschulausbildung, die meist nach der *Seconde spécifique* an einem ↑*lycée (technique)* absolviert wird. Das *B.T.* ermöglicht den Zugang zu den ↑*Sections de technicien supérieur* (↑*STS*), unter gewissen Bedingungen auch zum ↑*IUT* u. bestimmten ↑*classes préparatoires aux grandes écoles.* Nicht zu verwechseln mit dem ↑*BTn.*

B.Tn *m, Baccalauréat technologique,* bis 1986: *b. de technicien.* Etwa ‚Fachabitur', das nach Abschluß eines spezialisierten technischen Ausbildungsgangs an einem ↑*lycée (technique)* abgelegt wird u. zum Studium an den ↑*IUT,* ↑*STS,* ↑*Classes préparatoires* u. an den entsprechenden Fakultäten der ↑*Universität* berechtigt. Man unterscheidet 15 Fachrichtungen: *F 1–11* (Maschinenbau – Elektronik – Bauingenieurwesen – Physik – Chemie – biologische Wiss. (= Biologie u. Biochemie) – medizinisch-soziale Wiss. – Baumaschinen – Feinmechanik – Musik u. Tanz), *G 1–3* (Verwaltungslehre – quantitative Wirtschaftslehre – Handelslehre), *H* (Informatik). Die durchschnittliche Erfolgsquote liegt bei 60–70%.

B.T.S. *m, Brevet de technicien supérieur.* Höheres technisches Fachdiplom, das nach einer Prüfung im Anschluß an eine zweijährige Ausbildung an den ↑*STS* verliehen wird u. etwa einem dt. Fachhochschulabschluß entspricht. Das entsprechende landwirtschaftliche Diplom heißt *BTSA.*

bûche de Noël ↑Feiertage: Noël.

buffet *m.* Schnellgaststätte, bes. auf Bahnhöfen u. Flughäfen. Vgl. ↑*buvette.*

bugnes ↑beignets.

Bulletin officiel ↑B.O.

B.U.M.I.D.O.M. *m, Bureau des Migrations pour les D.O.M.* Staatl. Stelle, die die Auswanderung von Bewohnern aus den überseeischen Departements *(DOM/TOM,* ↑*Überseeisches Frankreich)* nach Fr. organisiert.

buraliste ↑bureau de tabac.

bureau(x) ↑ministère.

bureau de tabac heißen in Fr., wo alle Tabakwaren einem Staatsmonopol unterliegen, die staatlich konzessionierten Verkaufsstellen für Tabakwaren, meist kleine Läden, in denen auch Gebühren- u. Briefmarken, Zeitungen, Zeitschriften usw. verkauft werden, ähnlich wie in Österreich *Trafik* u. in Spanien *estanco.* Der Inhaber eines b. heißt *buraliste.* Vgl. ↑*SEITA.*

Bürgerkönigtum ↑Monarchie.

buron *m.* Sennerei (Sommeralm) in der Auvergne, in der Butter u. Käse zubereitet werden; entspricht etwa dem ↑*chalet* im Jura.

Buttes Chaumont. 1. Park im Norden von Paris, 1864–67 von Haussmann angelegt; 2. Bez. für die in der Nähe des Parks gelegenen Filmstudios des frz. Fernsehens *(*↑*Rundfunk u. Fernsehen),* das Pariser Gegenstück zur *Bavaria Filmstadt Geiselgasteig* bei München.

buvette *f.* Stehausschank, bes. auf Bahnhöfen.

B.V.P. *m, Bureau de vérification de la publicité.* Freiwillige Selbstkontrollstelle der Werbewirtschaft, gegr. 1953.

BZH. Abk. von bret. *Breiz(h)* = Bretagne; inoffizielles, von Regionalisten propagiertes „Nationalitätskennzeichen" der Bretagne. Vgl. ↑*Regionalismus.*

C

C.A. ↑chambre.

cabanes *fpl.* In der ↑*Camargue* strohgedeckte Hirtenhäuser, die dem Wind eine apsisartig gerundete Rückseite zuwenden.

cabanettes *fpl.* Schilfgedeckte Fischerhütten am *Etang de Mauguio* bei Montpellier.

cabanon *m.* 1. Kleines prov. Landhaus; 2. Strandhäuschen; 3. Isolierzelle.

cabaret ↑chansonnier 3.

cabécou *m.* Kleiner, flacher Ziegenkäse aus dem Massif Central.

Cabinet *m.* Persönlicher Mitarbeiterstab eines Ministers; die Mitarbeiter werden vom Minister eingesetzt u. entlassen. Der *Chef de Cabinet* entspricht etwa dem ‚persönlichen Referenten' in der BRD. Auch der 1982 anstelle des Präfekten geschaffene *commissaire de la République (↑Departement, ↑Region u. Regionalisierung)* verfügt über ein *cabinet* wie vorher der Präfekt.

cabrette ↑bourrée.

C.A.F. 1. *Club Alpin Français,* frz. Alpenverein; 2. ↑Sécurité sociale.

café *m.* Lokal, meist mit Straßenterrasse, wo man trinken u. einige Kleinigkeiten (Frühstück, *sandwich, bifteck, frites)* essen kann. Hängt eine Speisekarte aus, ist es ein richtiges Speiselokal u. heißt *café-restaurant.* Vgl. ↑*bistro(t).* Dem dt. (Konditorei-)*Café* entspricht in Fr. der *salon de thé,* var. *tea-room (↑franglais).*

café-concert (caf'-conc') ↑Theater.

café-couette *m.* Frz. Variante der engl. *Bed & Breakfast*-Privatpension. Wer ein Gästezimmer reservieren lassen will, muß vorher Mitglied der gleichnamigen Vereinigung werden. Man bestellt die gewünschte Anzahl der Nächte und bezahlt später bei den jeweils gastgebenden Familien mit den sog. *café-chèques.*

café liégeois *m.* Eiskaffee.

café-théâtre ↑Theater.

cagouillards *mpl.* Spitzname der Bewohner der südwestfrz. Gegend Charente (von *cagouille* ‚große Weinbergschnecke').

cagoulards *mpl.* Mitglieder der *Cagoule,* die sich *Comité secret d'action révolutionnaire (CSAR)* nannte; eine faschistische Geheimorganisation, die einen Militärputsch anstrebte u. vor Terrorakten u. Morden nicht zurückschreckte. Der Name ist abgeleitet von *cagoule* ‚Kopfmaske mit Augenschlitzen zur Vermummung'. Ein Teil der *cagoulards* war unter dem ↑*Vichy-Regime* als Mitglieder faschistischer Parteien u. paramilitärischer Organisationen, wie der *Milice française (↑Vichy-Regime),* tätig.

caillebotte ↑jonchée.

Caisse des dépôts et consignations. 1816 errichtete staatliche Depositenkasse. Aufgaben: 1. Verwahrung strittiger Einlagen *(consignations)* u. von Geldern von Notaren; 2. Verwaltung der Gelder der Sparkassen, Sozialversicherungskassen, Vereine auf Gegenseitigkeit u. gewisser öffentlicher Körperschaften. Wichtige Funktion als Organ der Kreditpolitik u. dadurch der Wirtschaftspolitik.

Caisse nationale d'épargne (CNE). Französische Postsparkasse.

caisses d'épargne, offiziell: **caisses d'épargne et de prévoyance.** Private Sparkassen, im Gegensatz zur staatlichen Postsparkasse = *Caisse nationale d'épargne.* Das Symbol der Sparkassen ist ein Eichhörnchen *(l'Ecureuil).*

calanques *fpl.* Fjordartige kleine Felsbuchten an der Mittelmeerküste zwischen Marseille u. Toulon sowie an der Küste Korsikas.

calissons d'Aix *mpl.* Süßes, mit Zukkerguß überzogenes Mandelgebäck aus Aix-en-Provence.

calvados [kalvados] *m* ↑Liköre, Schnäpse, Aperitifs.

calvaire ↑enclos paroissial.

Camargue *f.* Wildromantische, von vielen Dichtern besungene Landschaft im Mündungsdelta der Rhône, westlich des Hauptarmes der Rhône *(grand Rhône)*, südlich von Arles u. östlich von Aigues-Mortes gelegen, mit Lagunen, Sümpfen, Dünen, Weideland für halbwilde Stiere u. die typischen C.-Pferde. Die C. wurde z.T. urbar gemacht, vor allem für den Reisanbau. Sie besitzt einen großen Naturschutzpark *(Réserve zoologique et botanique de l'Etang de Vaccarès)*, wo es noch Tausende von Flamingos, Schildkröten, Bibern u. anderen seltenen Tiere u. Pflanzen gibt. Berittene Hirten *(gardians)* begleiten die Herden *(manades)* durch die Landschaft, in der Fluß, Meer u. Land ineinandergehen. Ihre Feste sind sehr farbenprächtig. Die jungen Rinder werden mit Brandeisen markiert *(la ferrade)*. Mit den Stieren der C. *(bious)* werden ↑*Stierkämpfe* veranstaltet.

Cambronne. Frz. General, der in der für Napoleon vernichtenden Schlacht von Waterloo, als ihn die Engländer zur Kapitulation aufforderten, ausgerufen haben soll: *Merde* ‚Scheiße'. Um dieses tabuisierte Wort zu vermeiden, aber doch darauf anzuspielen, spricht der Frz. vom *mot de Cambronne,* ähnlich wie der Dt. auf das Zitat des Götz von Berlichingen verweist.

Camelots du Roi ↑Action française.

camembert *m.* Der nach der Ortschaft Camembert im Dép. Orne/Normandie benannte Käse ist ein flacher, runder Weichkäse (3–4 cm hoch, Ø 10 cm) mit einem Gewicht von 125–280 g. Verkauft wird der „echte" aus der Normandie in Spanschachteln mit dem Aufdruck „Véritable Camembert normand" *(V.C.N.);* seit 1983 mit geschützter Herkunftsbezeichnung „AOC" *(↑Ursprungsbezeichnungen)*.

camisards *mpl.* Kamisarden hießen die Calvinisten (Hugenotten) der Cevennen u. des Languedoc, die sich nach der Aufhebung des Edikts von Nantes (1685) gegen die religiöse Unterdrückung auflehnten (1702–1705). Die Kamisardenbewegung spielte, wie früher die Bewegung der ↑*Albigenser,* bei der Bildung des okzitanischen Geschichtsbewußtseins eine wichtige Rolle.

Canal Plus [...plys] ↑Rundfunk u. Fernsehen.

canard *m.* Eigtl. ‚Ente'. 1. ein Stück Zucker, das man in schwarzen Kaffee o. Cognac taucht u. dann auf der Zunge langsam zergehen läßt; 2. *fam.* ‚Tageszeitung'.

cancalaises ↑Austernzucht.

cancan *m.* Schneller Schautanz im 2/4 Takt (urspr. aus Algerien), der Mitte des 19. Jhs. in Paris bekannt wurde.

Zeitweise Gesellschaftstanz, wird der c. heute nur in Variétés u. Nachtlokalen von Tänzerinnen dargeboten.

Canebière *f.* Die bekannte Hauptverkehrs- u. Geschäftsstraße von Marseille (1 km).

caninette *f* heißen in Paris die grünweißen Motorräder mit speziellen Absaugvorrichtungen für Hundedreck auf Gehsteigen. Auch *chiraclette,* nach dem Pariser Bürgermeister Jacques Chirac, der sie 1986 eingeführt hat.

cantal *m.* Hartkäse aus der Auvergne mit geschützter Herkunftsbez. im Dép. Cantal, dem Hauptproduzenten dieses Käses, noch großenteils in ↑*burons* mit der Milch der Salers-Rinder hergestellt. Er ist auch unter der alten Bez. *fourme (du Cantal)* bekannt.

cantine scolaire *f.* Schulkantine, die wegen des Ganztagsunterrichts an den meisten frz. Primar- u. Sekundarschulen eingerichtet ist. Die Preise für das Mittagessen richten sich i.d.R. nach dem Einkommen der Eltern.

canton ↑Departement.

cantonnier *m* heißen in Fr. die für die Instandhaltung der Straßen verantwortlichen Straßenwärter.

canuts *(canuses)* heißen die Arbeiter(innen) in der Lyoner Seidenindustrie. Vgl. ↑*soyeux.*

C.A.P. *m, Certificat d'aptitude professionnelle.* ‚Berufsbefähigungszeugnis' nach Abschluß einer dreijährigen Berufsausbildung; stärker fachspezifisch ausgerichtet als das vergleichbare ↑*BEP.* Vorbereitet wird das *C.A.P.* nach Ablauf der Schulpflicht bei einem privaten Arbeitgeber mit begleitendem Unterricht an einem Lehrlingsausbildungszentrum *(Centre de formation d'apprentissage* ↑*CFA)* o. nach der *cinquième* des ↑*collège* an einem „berufsbildenden Gymnasium" *(*↑*LEP).* Es entspricht etwa dem Facharbeiterbrief *(*↑*OP).* Das entsprechende landwirtschaftliche Diplom heißt *CAPA (Certificat d'aptitude professionnelle agricole).* Unter bestimmten Voraussetzungen ist eine Fortsetzung der technischen Ausbildung an einem ↑*lycée (technique)* zur Erlangung des ↑*BT* o. ↑*BTn* möglich.

C.A.P.E.S. [kapɛs] *m, Certificat d'aptitude au professorat de l'enseignement du second degré.* ↑*Concours* u. Lehrbefähigungszeugnis für Sekundarschullehreraspiranten; entspricht etwa dem dt. *Staatsexamen.* Voraussetzung für die Bewerbung ist die ↑*licence.* Das *C.A.P.E.S.* besteht aus einer theoretischen Prüfung u. einem praktischen Teil, der nach einer einjährigen Probezeit abgelegt wird. Eine Ausbildung am pädagogischen Seminar, wie sie in der BRD üblich ist, findet in Fr. nach wie vor nicht statt. Der Befähigungsnachweis für das Lehramt an technischen Gymnasien oder Fachoberschulen heißt *CAPET (Certificat d'aptitude au professorat de l'enseignement technique).* Die Inhaber des *C.A.P.E.S.* o. *CAPET* („capésiens") sind *professeurs certifiés* (ca. 60% der Lehrkräfte an ↑*collège* u. ↑*lycée,* Lehrverpflichtung 18 Wochenstunden).

C.A.R. 1. ↑aménagement du territoire; 2. ↑Region u. Regionalisierung; 3. ↑Clubs politiques.

cargolada *f.* Traditionelles katalanisches Gericht aus Weinbergschnekken (katal. *cargol* ‚Schnecke'), auch gemeinschaftlich veranstaltetes Schneckenessen.

carnaval ↑Feiertage.

carnavalier *m.* Hersteller von großen Schauwagen, Masken u. Grotesken für die Karnevalsumzüge in Nizza am *Mardi gras (↑Feiertage).*

carte grise *f.* Zulassungsurkunde für Kraftfahrzeuge in Frankreich.

carte (nationale) d'identité *f.* Amtlicher Personalausweis (Kennkarte) der Franzosen.

Cartel des gauches ↑Bloc national.

carte orange *f.* Monatskarte für bestimmte Zonen auf den Linien der ↑*RATP,* den Pariser Vorortzügen der ↑*SNCF* u. einigen Autobuslinien der ↑*APTR.*

carte scolaire *f.* Die vom *Ministère de l'Education nationale* für schulplanerische Zwecke erstellte Schulsprengelkarte, die den jeweiligen Einzugsbereich eines ↑*collège (secteur)* u. eines ↑*lycée (district)* festlegt u. die Schüler zwingt, die in ihren Wohnbezirken geographisch nächstgelegene (staatl.) Schule zu besuchen. In der BRD gibt es eine ähnliche Regelung für den Besuch der Grund- u. Hauptschule.

carte vermeil *f.* Von der frz. Eisenbahn *(↑SNCF)* ausgestellter Ausweis, auf den Männer über 62 u. Frauen über 60 Jahre eine Fahrpreisermäßigung von 50% erhalten, ähnlich der Seniorenkarte in der BRD.

cassation ↑Rechtsmittel.

cassis [kasis] ↑Liköre, Schnäpse, Aperitifs.

cassoulet *m.* Aus Italien stammendes, heute typisch südwestfrz. ragoutartiges Gericht aus weißen Bohnen *(fayots),* mit Knoblauchwurst, eingemachtem Enten- o. Gänsefleisch bzw. Rind- o. Schweinefleisch u. anderen Zutaten. Am berühmtesten ist das c. von Castelnaudary (Dép. Aude).

catalan ↑Regionalsprachen.

catalane, à la ~. ‚Nach katalanischer Art' bedeutet, daß das betreffende Fleischgericht mit sehr viel Knoblauch zubereitet wird.

Catalogne française. Sammelbez. für die Landschaften katalanischer Sprache u. Kultur: *Roussillon, Capcir, Conflent, Cerdagne (française)* u. *Vallespir,* die 1659 durch den Pyrenäenfrieden von Spanien an Fr. abgetreten wurden. Heute: *Département des Pyrénées-Orientales,* Hauptort: Perpignan. Von den Katalanen in Spanien als *Catalunya-Nord* bezeichnet.

Cathares ↑Albigenser.

causse *m:* **les Causses.** Verkarstete Hochflächen aus Kalkgestein (durchschn. Höhe 800 m) im Rouergue u. in den Cevennen (Massif Central), reich an Höhlen *(↑avens),* Dolinen *(↑sotchs)* u. tief eingeschnittenen Flußtälern *(↑canyons).* Weitere geolog. Erscheinungen der Causses sind die *cloups (↑sotchs), ↑puechs, ↑lavognes*. Die größten c. sind der *causse de Sauveterre, c. Méjan, c. Noir* u. *c. de ↑Larzac*.

caves ↑Milieu.

C.C.C.E., *Caisse centrale de coopération économique*. Öffentliche Anstalt zur Finanzierung der frz. Entwicklungshilfe.

C.C.I. 1. ↑chambre; 2. ↑Centre National d'Art et de Culture Georges Pompidou.

C.C.P. *m. Compte courant postal*, Postgirokonto.

C.d.F., *Charbonnages de France*. Die 1946 verstaatlichten frz. Kohlengruben, eine staatliche Gesellschaft für die Förderung, Verwertung u. den Absatz der Kohle.

C.d.G. ↑Flughäfen (Paris).

C.D.I. *m, Centre de documentation et d'information*. An vielen frz. Schulen eingerichtetes pädagogisches Informations- u. Dokumentationszentrum, meist der Schüler- u. Lehrerbibliothek angegliedert; stellt Lehrern u. Schülern audiovisuelle Materialien, Texte usw. sowie Informationsmaterial zur Schullaufbahn- u. Berufsberatung zur Verfügung. Vgl. ↑*ONISEP*.

C.d.M. ↑chambre.

C.D.N. ↑Theater.

C.D.P. ↑Centre démocrate.

C.D.R., *Comités pour la défense de la République*. Unter dem Eindruck der ↑*événements de mai* von 1968 entstandene nationalistische Bewegung rechtsgaulistischer Prägung, die 1975 in *Rassemblement pour le civisme, le dialogue et le renouveau* umbenannt wurde u. seitdem einen etwas gemäßigteren Kurs verfolgt.

C.D.S. ↑Centre démocrate.

C.E. 1, C.E. 2 ↑école élémentaire.

C.E.A. *m, Commissariat à l'énergie atomique*. Frz. Atomenergiebehörde, gegr. 1945, Sitz in Paris, eine Anstalt des öffentl. Rechts u. zugleich Spitze einer Wirtschaftsgruppe mit 30 000 Mitarbeitern. Sie untersteht direkt dem Premierminister. Das *C.E.A.* fördert u. koordiniert – direkt o. über Tochtergesellschaften u. Beteiligungen – die Herstellung von kerntechnischen Stoffen, Entwicklung von Reaktoren, militärische Anwendung der Atomenergie u. den Strahlenschutz. Über die 1975 gegr. Tochtergesellschaft *COGEMA (Compagnie générale des matières nucléaires)* unterhält sie die Uranbergbauabteilungen in der Vendée, im Forez u. im Limousin, das Anreicherungswerk Pierrelatte (Dép. Drôme), die Wiederaufbereitungsanlagen u. die „Schnellen Brüter" *Phénix* (Prototyp, 250 Megawatt, seit 1973) in Marcoule (Dép. Gard) u. *Super-Phénix* (Groß-Brutreaktor, 1200 Megawatt) in Creys-Malville (Dép. Isère) sowie die Wiederaufbereitungsanlage in La Hague (Dép. Manche). Enge Zusammenarbeit mit der staatl. Elektrizitätsgesellschaft ↑*EDF*, die als „Architekt-Ingenieur" für Auslegung, Bau u. Betrieb der Kraftwerke verantwortlich ist. Die Firma *Framatome* liefert schlüsselfertig den gesamten nuklearen Teil unter Einschluß der ersten Brennstoffladung. – Für die Sicherheit und für den Katastrophenfall stehen mehrere Organisationen bereit: *Institut pour la protection et la sécurité nucléaires (IPSN),* untersteht dem *CEA; Inspection générale* der ↑*EDF; Service central pour la sécurité des installations nucléaires (SCSIN),* gehört zum Industrieministerium; *Service central pour la protection contre la radiation ionisante* (*SCPRI,* Gesundheitsministerium), zuständig für Messungen der Radioaktivität. – 1986 waren in Fr. 44 Kernreaktoren (Gesamtleistung 39000 MW = 70% des frz. Stroms) in Betrieb. Planziel bis 1990: 57 Reaktoren u. 80% der Stromerzeugung. Zum Vergleich: 1986 gab es in den USA 97 Reaktoren mit 82300 MW; Sowjetunion 51 R., 28600 MW; BRD 19 R., 16400 MW.

cédétistes ↑Arbeitnehmerorganisationen.

CEDEX, var. **cédex** [sedɛks] *Courrier d'entreprise à distribution exceptionnelle.* Verteilungssystem der ↑*PTT* für die Posteingänge von Großbetrieben (Selbstabholer). Die jeweilige *CEDEX*-Kodenummer ist in die Postleitzahl *(*↑*code postal)* integriert, die Abk. steht hinter dem Bestimmungsort, z.B. *75450* Paris *cédex 09* (= 9. Arr.) o. 4404*3* Nantes *CEDEX.*

C.E.D.T.C. ↑Regionalismus.

cédratine ↑Liköre, Schnäpse, Aperitifs.

C.E.G. ↑collège.

cégétistes ↑Arbeitnehmerorganisationen.

C.E.L.I.B. [selib] *Comité d'étude et de liaisons des intérêts bretons.* Bretonische Autonomiebewegung mit reformistischer Tendenz *(*↑*Regionalismus).*

C.E.M.E.A. ↑centres de vacances et de loisirs.

cense *f.* 1. Großer Bauernhof im frz. Flandern u. Artois (Nordfr.); 2. Geldabgabe, die von den Vasallen u. Pächtern an ihre Lehensherrn gezahlt wurde.

censeur ↑lycée.

Cent-Jours. ‚Hundert Tage', die zweite Periode napoleonischer Herrschaft. Napoleon I., nach seiner 1. Abdankung nach Elba verbannt, war über die Unzufriedenheit der Frz. mit dem Regime der Restauration informiert. Er landete am 1. März 1815 in Fréjus u. konnte, da die meisten Truppen zu ihm überliefen, seinen Siegeszug über die *route des Alpes, de clocher à clocher,* heute ↑*route Napoléon,* bis Paris antreten. Es kam zu einer neuen Koalition der Verbündeten u. Napoleon mußte nach der verlorenen Schlacht von Waterloo am 22. Juni 1815 zum 2. Male abdanken. Er wurde nun nach St. Helena verbannt, wo er 1821 starb.

centrale *f.* 1. *fam.* für *maison centrale,* Haftanstalt für längere Freiheitsstrafen, während Untersuchungshäftlinge u. zu kürzeren Freiheitsstrafen Verurteilte in die *maisons d'arrêt et de correction* eingewiesen werden;

2. *centrale électrique* Elektrizitätswerk, *centrale solaire* Sonnenkraftwerk *(↑Thémis)* o. *centrale nucléaire* Kernkraftwerk *(↑CEA); 3. centrale syndicale,* Gewerkschaftszentrale *(↑Arbeitnehmerorganisationen).*

Centre démocrate *m.* Von dem früheren Vorsitzenden des ↑*MRP* Jean Lecanuet gegr. politische Partei der Mitte, die wenig Wahlerfolg hatte. 1969 spaltete sich die Mehrheit der Abgeordneten ab u. gründete das *CDP, Centre démocratie et progrès;* das *Centre démocrate* unter Lecanuet bestand jedoch weiter. 1976 schlossen sich beide Parteien zu einer neuen Partei der Mitte, dem *Centre des démocrates sociaux (CDS),* zusammen.

Centre Georges Pompidou ↑Centre national d'art et de culture Georges Pompidou.

Centre Indépendant ↑Parteien.

Centre national d'art et de culture Georges Pompidou (C.N.A.C.), kurz *Centre Georges Pompidou* o. *(Centre) Beaubourg.* Vom ehem. Staatspräsidenten Pompidou (gest. 1974) angeregtes, ultramodernes Kunst- u. Kulturzentrum im Pariser Stadtteil *Beaubourg* am Rand des früheren Hallenareals *(↑Halles).* Seit seiner Eröffnung 1977 ist das *C.N.A.C.* zu einem Mittelpunkt des Pariser Lebens u. des Fremdenverkehrs geworden. Kernstück ist die neuartige Präsenzbibliothek u. Mediothek *(Bibliothèque publique d'information = BPI)* mit Hunderttausenden von Büchern u. audiovisuellen Materialien, die im großen Lesesaal, im Sprachlabor u. in der Kinderbuchabteilung für jedermann kostenlos zugänglich sind. Das *C.N.A.C.* beherbergt ferner das staatl. Museum für moderne Kunst *(Musée national d'Art moderne = MNAM),* das auf experimentelle Musik ausgerichtete *Institut de recherche et de coordination acoustique/musique (IRCAM),* das *Centre de création industrielle (CCI),* das eine Dokumentationsabteilung für Industrieprodukte führt u. Ausstellungen in Architektur u. Städteplanung veranstaltet, sowie verschiedene Säle für Ausstellungen, Konzerte, Dichterlesungen, Film- u. Theateraufführungen. Die ↑*Cinémathèque française* u. ein Selbstbedienungsrestaurant befinden sich auf der Dachterrasse (Blick auf Paris!). Auf der *Piazza,* dem Vorplatz des *C.N.A.C.,* produzieren sich Amateurkünstler, Musiker u. Gaukler aller Art vor vielen Schaulustigen. Dienstags ist das *C.N.A.C.* geschlossen.

Centre National des Indépendants et Paysans ↑Parteien.

Centre National des Républicains Sociaux ↑U.N.R.

centres d'action culturelle ↑Maison de la Culture.

centres dramatiques nationaux ↑Theater.

centres de vacances et de loisirs *mpl.,* auch *colonies de vacances,* fam. *colos.* In Fr. beliebte, mehrwöchige Ferienlager für Schulkinder von 6–14 Jahren. Daneben gibt es Ferienlager für Kleinkinder von 4–6 Jahren *(colonies maternelles)* u. für Jugendliche von 13–18 Jahren *(centres de vacances collectives d'adolescents).* Die

Ferienzentren stehen unter der Oberaufsicht des *Ministère de la Jeunesse et des Sports* u. werden unterhalten von der *Fédération des œuvres éducatives et de vacances de l'éducation nationale (FOEVEN)*, dem *Centre d'entraînement aux méthodes d'éducation active (CEMEA)*, der *Fédération des Francs et Franches Camarades (FFC*, „Francas"), dem *Comité protestant des centres de vacances (CPCV)* u. der *Union française des centres de vacances (UFCV)*. Diese u. eine Reihe weiterer Verbände führen – auch im Rahmen des dt.-frz. Jugendaustauschs *(↑OFAJ)* – eigene Aus- u. Fortbildungsprogramme für Jugendfreizeitberater *(animateurs)*, Betreuer *(moniteurs)* u. Gruppenleiter durch u. bieten die Möglichkeit, das für die Mitarbeit in Jugendferienlagern obligatorische staatl. Diplom *BAFA (Brevet d'aptitude aux fonctions d'animateur de centres de vacances)* zu erwerben. Die Leiter *(directeurs)* von Ferienzentren benötigen das *BAFD*.

centrisme *m*. Bez. für die politischen Bewegungen u. die Ideologie der *↑Parteien* der Mitte unter der IV. u. V. Republik, z.B. des *↑MRP* und des *↑Centre démocrate*. Zum *c*. gehören auch die *↑radicaux* (ohne deren abgespaltenen linken Flügel).

C.E.P. *m, Certificat d'études professionelles*. Berufsschulzeugnis (von geringerem Stellenwert als das *↑CAP*), das leistungsschwache Schüler, die mind. 15 Jahre alt sind, nach nur einjähriger Ausbildung an manchen *↑LEP*s erhalten können. Vgl. *↑enseignement professionnel*.

Cercle Michel-de-Swaen ↑Regionalismus.

Cercle René Schickelé ↑Regionalismus.

Cerdagne ↑Catalogne française.

C.E.R.E.S. [serɛs] *m, Centre d'études, de recherches et d'éducation socialistes*. Strömung innerhalb der frz. Sozialisten mit orthodox marxistischer Ausrichtung, vor allem Intellektuelle.

cers [sɛr] ↑Winde.

certificat de formation générale ↑enseignement professionnel.

C.E.S. [seøɛs] ↑collège.

César m. Frz. Filmpreis, der seit 1976 von Mitgliedern der *Académie des arts et techniques du cinéma* nach dem Vorbild der amerik. *Oscars* vergeben wird. Die C.-Verleihung findet jedes Jahr im Februar statt (sog. *Nuit des Césars*).

C.E.T. ↑L.E.P.

C.E.T.A. *mpl, Centres d'études techniques agricoles*. Landwirtschaftliches Ausbildungs- u. technisches Beratungszentrum.

C.F.A. *m, 1. Centre de formation d'apprentissage*. ‚Lehrlingsausbildungszentrum', eine die betriebliche Berufsausbildung begleitende Berufsschule, die nach Abschluß der allgemeinen Schulpflicht auf das *↑CAP* bzw. *CAPA* vorbereitet. Vgl. *↑enseignement professionnel;* 2. ↑Geld u. Währung 2.

C.F.C.E., *Centre français du commerce extérieur*. Öffentliche Anstalt zur Förderung des frz. Exports, vor allem durch Sammlung u. Weitergabe von Informationen.

C.F.D.T. ↑Arbeitnehmerorganisationen.

C.F.E.S. ↑baccalauréat.

C.F.L.N. ↑France libre.

C.F.P. *f, Compagnie française des pétroles.* Frz. Ölkonzern, der achtgrößte der Welt, mit eigenem Tankstellennetz (Marke *Total*). Vgl. ↑*nationalisation.*

C.F.T.C. ↑Arbeitnehmerorganisationen.

C.G.C. ↑Arbeitnehmerorganisationen.

C.G.E. *f, Compagnie générale d'électricité.* Fr.s größter Elektrokonzern, in 77 Ländern mit zahlreichen Produktionstöchtern vertreten (↑*nationalisation*).

C.G.L. ↑Verbraucherschutz.

C.G.P.M.E. ↑Arbeitgeberverbände.

C.G.T. ↑Arbeitnehmerorganisationen.

C.G.T.-F.O. ↑Arbeitnehmerorganisationen.

chabichou *m.* Ziegenkäse aus dem Poitou.

chacharia ↑pelote basque.

chaix [ʃɛks] *m.* Markenbez. für das amtl. Kursbuch *(indicateur)* der ↑*SNCF* nach dem Namen eines Pariser Druckers, der den „indicateur Chaix" herausbrachte; inzwischen kaum mehr gebräuchlich.

chalet *m.* 1. In der Schweiz u. im frz. Jura: Sennhütte, den auvergnatischen ↑*burons* vergleichbar; 2. heute allgemein: kleine, aus Holz o. unter Verwendung von Holz gebaute Villa.

chambre *f.* 1. Bez. für die Kammern o. Häuser des ↑*Parlaments;* 2. Bez. für öffentlich-rechtliche Berufskammern, z.B. die *chambre d'agriculture (CA,* dt. Landwirtschaftskammer); *chambre de commerce et d'industrie (CCI;* dt. Industrie- u. Handelskammer); *chambre des métiers (CdM,* dt. Handwerkskammer).

Chambre des députés ↑Parlament.

champagne *m.* Champagner, moussierender Wein aus den Traubensorten *Pinot noir* (rot) u./o. *Chardonnay* (weiß) der Landschaft Champagne (NO-Fr.) *(↑blanc de blancs).* Zentren der Champagnerherstellung sind Reims u. Epernay (Dép. Marne). Das Herstellungsverfahren ist gesetzlich festgelegt: Nach der Weinlese u. Weinbereitung wird aus Weinen verschiedener Lagen der Champagne die *Cuvée* (Verschnitt) gemischt, so daß jede Champagnermarke immer wieder denselben Geschmack erzielen kann. Die *Cuvée* wird mit in altem Wein aufgelöstem Rohrzucker u. Hefe vermischt u. zur zweiten Gärung auf Flaschen gezogen *(tirage).* Während dieser Zeit verwandelt sich der Zucker in Alkohol u. Kohlensäure. Es bildet sich ein feiner, anhaltender Schaum. Dann läßt man den Ch. mind. 1 Jahr, meist 3–4 Jahre lagern. In dieser Zeit stehen die Flaschen auf schrägen Rüttelpulten, mit dem Hals nach unten u. werden täglich, zwischen 6 Wochen u. 3 Monaten, von einem Spezialisten *(remueur)* von Hand leicht geschüttelt u. gedreht. Dabei gleitet der Bodensatz, der sich beim Gären bildet, nach unten u. setzt sich auf dem Korken ab. Um diesen Bodensatz vor dem Versand zu entfernen, wird der Flaschenhals in eine Gefrierkanne getaucht, bis sich ein Eisstückchen bildet. Dann wird der Korken mit dem Eisstöpsel entfernt. Der verbleibende Wein ist nun vollkommen klar. Je nach gewünschtem Ch.typ wird ein Gemisch von Rohrzucker u. altem Wein hinzugefügt *(dosage)*, für den trockensten Typ *brut de brut* u. *brut* bis 1,5% Zuckerlösung, *extra-sec* (sehr trokken) 1–2%, *sec* (trocken) 2–4%, *demisec* (halb-trocken) 4–6%, *doux* (süß) 8–10%, u. der endgültige (Natur-)Korken aufgesetzt. Der Ch. soll mit einer Temperatur von 6–8° C. aus schlanken, hohen Gläsern *(flûtes)* getrunken werden. Schaumweine aus anderen Gebieten Fr.s, die nach der gleichen Methode hergestellt werden, heißen *vin mousseux* mit dem Zusatz „méthode champenoise". Die Bez. „Champagner" ist durch den Versailler Vertrag (1919) u. das Madrider Abkommen (1932) in zahlreichen Ländern geschützt, u. Fr. hat zur Verteidigung dieser Bez. verschiedene Prozesse im Ausland geführt.

Chandeleur ↑Feiertage.

chansonnier *m.* 1. Liederbuch; 2. Coupletsänger, Kabarettist. Der Sänger eines selbstverfaßten frz. Chansons heißt *chanteur-compositeur-interprète;* 3. *théâtre de chansonniers,* auch: *cabaret m,* zeit- u. sozialkritische Kleinkunstbühne, Kabarett, z. B. der *Caveau de la République* in Paris. Dagegen: *cabaret* ‚Wirtshaus, Kneipe' (vgl. *cabaretier* ‚Schankwirt') ist heute veraltet.

Chantilly. 1. *crème Chantilly f.* In der Gastronomie übl. Bez. für Schlagsahne, sonst: *crème fouettée.* Auf Schloß Chantilly (Dép. Oise) soll bei einem Fest im Jahre 1720 zum erstenmal Schlagsahne serviert worden sein; 2. ↑*tiercé.*

chaource [ʃa-urs] *m.* Kleiner, ↑*brie*-ähnlicher Käse aus der Champagne, nach dem gleichnamigen Ort im Dép. Aube. Herkunftsbez. geschützt.

Charbonnages de France ↑C. d. F.

Charles-de-Gaulle (C. d. G.) ↑Flughäfen (Paris).

charolais *m.* Beste Rasse frz. Fleischrinder, nach dem Hochplateau *le Charol(l)ais* am Nordrand des Massif Central benannt.

chartreuse ↑Liköre, Schnäpse, Aperitifs.

château ↑Ursprungsbezeichnungen.

châtenage *m.* Eingezäunte Weide auf den Hochflächen des frz. Jura.

chaudrée *f.* Fischsuppe, Spezialität an der SW-Atlantikküste, wie die ↑*bouillabaisse* in Marseille.

chaumes *mpl.* Bergweiden in den Vogesen.

chef de Cabinet ↑Cabinet.

Chevalier sans peur et sans reproche. ‚Ritter ohne Furcht und Tadel', ehrenvoller Beiname des frz. Offiziers

Pierre du Terrail, seigneur de Bayard, kurz *Bayard* genannt, der unter drei frz. Königen diente (1476–1524).

chevreton, var. **chevrotin** *m.* Ziegenkäse aus der Auvergne u. dem Bourbonnais.

chiouli-chioula *m.* Rundtanz (Bordeaux, Landes).

chiraclette ↑caninette.

chistera ↑pelote basque.

Chouans *mpl.* Royalistische Gegner der Frz. Revolution in der Bretagne u. Vendée, benannt nach dem Beinamen ihres ersten Führers Jean Cottereau, der den Ruf eines Waldkauzes (frz. *chat huant,* reg. *chouan*) als Erkennungszeichen benutzte. Die Ch. führten seit 1792 einen Partisanenkrieg gegen das Revolutionsregime, 1797 wurden sie unterworfen. *Les Chouans,* Titel eines Romans von Balzac (1829).

C.H.R. *m, Centre hospitalier régional.* Etwa: Kreiskrankenhaus.

ch'timi, chti *m.* u. *adj.* Spitzname für Frz. aus dem Dép. Nord, eine Zusammensetzung aus den dialektalen Formen *ch'* ‚ce' (= pikardisch *le*), *ti* ‚toi', *mi* ‚moi'. Erkennungszeichen der „nordistes" ist meist das ↑*Autokennzeichen* mit der Dép.-Nummer 59.

C.H.U. *m, Centre Hospitalier (et) Universitaire.* Universitätsklinik, medizin. Fakultät an frz. ↑*Universitäten.*

C.I. ↑Parteien.

C.I.A.T.E.R., *Comité interministériel de l'administration territoriale.* Für Fragen der Dezentralisierung u. der Verwaltung auf der Ebene der Regionen, Departements u. Gemeinden 1982 geschaffener, interministerieller Ausschuß, dem wegen der Aufgabenverteilung zwischen Staat u. Gebietskörperschaften große Bedeutung zukommt.

C.I.D.J., *Centre d'Information et de Documentation Jeunesse.* Informations- u. Beratungsstelle für Jugendfragen, bes. für Sport, Freizeitgestaltung, Tourismus.

cidre *m.* Apfelwein, v.a. aus der Normandie u. Bretagne (seit dem 12. Jh.) mit vier Klassifikationen: *doux,* ‚süß', bis 3% Alkohol, mehr als 40 g Zucker pro Liter; *brut,* mit 4,5% Alkohol u. weniger als 30 g Zucker pro Liter; *demi-sec* o. *sec,* ‚trocken', bis zu 8% Alkohol mit sehr wenig Zukker; *bouché,* auf Champagnerflaschen gezogen, von hoher Qualität. Das traditionelle Trinkgefäß ist die *bolée,* eine große Tasse. Aus *cidre* wird der *calvados (*↑*Liköre, Schnäpse, Aperitifs*) gebrannt.

C.I.D.U.Na.T.I. ↑Arbeitgeberverbände.

C.I.E.P. *m, Centre international d'études pédagogiques.* Staatl. Studien- u. Fortbildungszentrum für ausländische Französischlehrer in Sèvres bei Paris. Das *C.I.E.P.* ist auch Sitz der *Fédération internationale des professeurs de français (*↑*FIPF).* Vgl. ↑*BELC,* ↑*CREDIF.*

C.I.I. ↑Plan Calcul.

C.I.L.F. ↑Sprachpflege.

cimetière marin. Berühmter Seemannsfriedhof bei der südfrz. Hafenstadt Sète (Dép. Hérault), mit dem Grab des Schriftstellers Paul Valéry (1871–1945), der ein berühmtes gleichnamiges Gedicht verfaßt hat. Der Dichter u. Sänger Georges Brassens (1921–1981) ist ebenfalls hier begraben.

ciné-club [...klœb] *m.* ‚Filmklub'; 1920 von L. Delluc initiierte, in Fr. sehr populäre Vereinigung von Filmfreunden, die auf Schul-, Universitäts-, Vereins- u. Gemeindeebene nicht-kommerzielle Vorführungen von künstlerisch wertvollen Filmen (Format 16 mm) mit anschließender Diskussion organisieren.

cinéma d'art et d'essai *m.* ‚Filmkunst-Kino', auf künsterisch wertvolle u. experimentelle Filme spezialisiertes Kino. Die in der *Association française des cinémas d'art et d'essai (AFCAE)* zusammengeschlossenen c. erhalten staatl. Zuschüsse; in ihrer Preisgestaltung sind sie frei. 1986 lag ihre Zahl in Fr. bei ca. 900.

Cinémathèque française *f.* Bedeutendste internationale Filmothek (Filmarchiv), gegr. 1936 von G. Franju, P.-A. Harlé u. H. Langlois. Der Kinemathek im Pariser *Palais Chaillot* sind ein Filmmuseum u. eine Fachbibliothek angeschlossen. Filme aus den Beständen der *C.F.* werden täglich meist in Originalfassung, im *Palais Chaillot* u. *Centre G. Pompidou* als Retrospektiven o. Filmreihen gezeigt. Der Etat der *C.F.* wird zu zwei Dritteln aus staatl. Mitteln bestritten. Ihre Funktion als staatl. Filmarchiv mußte sie 1969 an den staatl. *Service des Archives du Film* in Bois d'Arcy (Dép. Yvelines) abgeben.

C.I.O. *m, Centre d'Information et d'Orientation.* Bildungs- u. Berufsberatungszentrum, besteht in jedem Schulbezirk *(↑Académie).* Vgl. *↑ONISEP.*

C.I.R.A.C. *m, Centre d'information et de recherche sur l'Allemagne contemporaine.* Auf gemeinsamen dt.-frz. Regierungsbeschluß hin 1983 in Paris gegr. Einrichtung, die etwa dem Dt.-frz. Institut in Ludwigsburg vergleichbar ist. Arbeitsschwerpunkte sind deutschlandkundliche Forschung, Intensivierung der Information in beiden Ländern u. Koordinierung im Bildungsbereich. Herausgabe der „*Cahiers du CIRAC*".

circonscription d'action régionale ↑Region u. Regionalisierung.

cirque *m.* 1. Durch Erosion geformter Felsenkessel, in den Pyrenäen auch *oule* genannt. Am berühmtesten ist der *Cirque de Gavarnie* (1676 m) im Dép. Hautes-Pyrénées; 2. *Cirque de Baume (↑reculées).*

Cirque Gruss *m* heißt der frz. Nationalzirkus (Leitung: Alexis Gruss), eine staatl. Einrichtung, die dem *Ministère de la Culture* untersteht. Das Programm steht ganz im Zeichen alter Zirkustradition (*cirque à l'ancienne*).

cirs *mpl.* Schneestürme in den *↑Causses.*

cité des Papes *f.* ‚Stadt der Päpste', Beiname von Avignon (Dép. Vaucluse), wo von 1309 bis 1376 sieben frz. Päpste residierten (Avignonisches Exil). Der Papstpalast (*Palais des Papes*) ist heute neben dem berühmten

Pont d'Avignon die Hauptsehenswürdigkeit der Stadt.

cité fleurie *f.* ‚Blumenstädtchen', eine der letzten Pariser Künstlerkolonien, in der schon Gauguin u. Modigliani arbeiteten. Die c. f. entstand 1878 aus den Resten einer Weltausstellung u. liegt auf einem 4000 m^2-Grundstück am Boulevard Arago in der Nähe des Gefängnisses *La Santé.*

cité universitaire *f.* Studentenwohnheim bzw. „Studentenstadt".

clafoutis [klafuti] *m.* Süßer Auflauf, meist mit Kirschen; am bekanntesten ist der *c. limousin.*

clairet *m.* Leichter, junger roter Bordeauxwein, der kühl getrunken wird. Nicht zu verwechseln mit ↑*clairette,* ↑*claret.*

clairette *f.* Weiße Rebsorte, vorwiegend in Südfr.; bes. bekannt sind die *AOC*-Weißweine *clairette de Bellegarde* (Dép. Gard) u. *clairette du Languedoc.* Die *clairette de Die* ist ein trockener Schaumwein mit Flaschengärung aus dem Drôme-Tal.

claret *m.* In Großbritannien gebräuchliche Bez. für rote Bordeaux-Weine.

classes de découverte *fpl.* In die Lehrpläne der Grundschule einbezogene, vierwöchige Schulfreizeit im Gebirge (*classes de neige*), am Meer (*classes de mer*) o. auf dem Land (*classes vertes*). Die eine Hälfte des Tages ist dem Unterricht, die andere dem Sport u. Freizeitaktivitäten gewidmet.

classes préparatoires aux grandes écoles (C.P.G.E.) *fpl.* An bestimmten ↑*lycées* eingerichteter, ein- bis zweijähriger Unterricht zur Vorbereitung besonders begabter Abiturienten (↑*baccalauréat)* auf die Aufnahmeprüfungen (↑*concours)* der ↑*Grandes Ecoles.* Die Vorbereitungsklassen für die technisch-naturwiss. Studiengänge heißen im ersten Jahr fam. *hypotaupe,* im zweiten *taupe* („Maulwurf"), die für die geisteswiss. Studiengänge entsprechend *hypokhâgne* u. *khâgne* (von frz. *cagne* ‚Faulheit'). Die Schüler einer *c.p.* heißen *prépas.*

classes préprofessionnelles de niveau ↑C.P.P.N.

clavelin ↑Flaschenformen.

C.L.D.P. ↑C.N.D.P.

C.L.E.F. ↑Studentenverbände.

clochards *mpl.,* argot: *cloches fpl.* Bez. für Stadtstreicher, die am Rande der Gesellschaft leben, sich nicht integrieren wollen, ein bescheidenes Dasein führen u. z.B. auf Parkbänken o. in U-Bahn-Schächten schlafen. Viele sind Alkoholiker, die meisten von ihnen harmlos.

Clochemerle. Roman von Gabriel Chevallier (1895–1969) aus der Zwischenkriegszeit (1934; dt. 1951), der teils humorvoll, teils beißend satirisch das Leben u. die Intrigen eines Weindorfes in Burgund schildert. *C.* ist zum Begriff für lokal-patriotische Kurzsichtigkeit u. Schildbürgertum geworden (frz. ‚Schilda').

clos ↑Ursprungsbezeichnungen.

cloups ↑sotchs.

C.L.O.U.S. ↑C.N.O.U.S.

Clubs (politiques) *mpl.* Aus der Tradition der „Salons" (↑*salons littéraires)* im 18. Jhdt. u. der Reflexionszirkel *(sociétés de pensée)* im 19. Jhdt. hervorgegangene politische Zirkel, die mehr als Foren der Meinungsbildung *(carrefours)* denn als organisierte politische ↑*Parteien* operieren. Die Clubs rekrutieren sich durch Fürsprache u. freundschaftliche Verbindungen, ihre Mitglieder kommen vornehmlich aus gehobenen Schichten, unter ihnen viele ↑*énarques,* Intellektuelle, Wirtschaftsführer, ehem. Minister u. Abgeordnete. Zu den bekanntesten *C.* zählen der *Club de l'Horloge* (*RPR*-nah), der *C. Perspectives et Réalités (UDF)* mit 150 Filialklubs, *Club Espaces '89 (PS), Club Echanges et Projets (PS-nah).* Die anti-sozialistischen *Comités d'action républicaine (CAR)* gingen 1986 ein Bündnis mit dem ↑*Front national* ein. Vgl. a. ↑*nouvelle droite.*

Club Méditerranée [klœb...] *m.* Frz. Touristikunternehmen, das den sportlich-legeren Cluburlaub kreierte. Der „Club" bietet seinen Gästen (*gentils membres = GM*) in eigenen meist exotischen Feriendörfern unter Anleitung von Animateuren (*gentils organisateurs = GO*) Aktiv-Urlaub für gehobene Ansprüche.

clue ↑gorges.

cluse *f.* Dt. ‚Kluse, Klause', enger Taldurchbruch (Quertal), bes. im frz. u. Schweizer Jura (*cluse du Rhône*).

C.M. 1, C.M. 2 ↑école élémentaire.

C.N.A.C. ↑Centre national d'art et de culture Georges Pompidou.

C.N.A.F. ↑Sécurité sociale.

C.N.A.J.E.P. *m, Comité national des Associations de Jeunesse et d'Education populaire.* Dachverband von ca. 80 Jugend- u. Erwachsenenbildungsorganisationen, gegr. 1968. Auf internationaler Ebene wird der *C.N.A.J.E.P.* seit 1974 durch das *Comité pour les relations internationales des Associations françaises de Jeunesse et d'Education populaire (CRIF)* vertreten.

C.N.A.L. *m, Comité national d'action laïque.* Für laizistisch-republikanische Ziele (↑*laïcisme*) im Bildungswesen eintretende Vereinigung, der u. a. der Schülerelternverband ↑*FCPE* u. die Lehrergewerkschaft *FEN* (↑*Arbeitnehmerorganisationen)* angehören.

C.N.A.M. 1. *f* ↑Arbeitgeberverbände; 2. *m Conservatoire national des arts et métiers,* 1811 in Paris gegr., öffentl. u. gebührenfreie Hochschule mit 55 region. Außenstellen für die Aus- u. Weiterbildung (↑*formation continue*) von Technikern, Ingenieuren u. höheren Angestellten, die in Abend- o. Wochenendkursen das *DUT* (↑*IUT*) o. das Ingenieurs- o. Betriebswirtdiplom erwerben wollen. Dem *C.N.A.M.* sind zahlreiche Unterrichts- u. Forschungsinstitute sowie das *Musée national des Techniques* (Gewerbemuseum) angegliedert.

C.N.A.P.F.S. ↑Verbraucherschutz.

C.N.C. *m.* 1. *Centre national de la cinématographie.* Staatl. Filmförderungsstelle; seit 1968 ist ihr der *Service des Archives du Film* in Bois d'Arcy bei Paris angegliedert, der weitgehend die frühere Funktion der ↑*Cinémathèque française* als nationales Filmarchiv u. Filmdokumentationszentrum übernommen hat. 2. *Comité national de la consommation*. Staatl. Komitee für Verbraucherfragen (mit beratender Funktion). Vgl. ↑*INC*.

C.N.C.L. ↑Rundfunk u. Fernsehen.

C.N.D.P. *m, Centre national de documentation pédagogique* (bis 1976: *OFRATEME, Office français des techniques modernes d'éducation*). Staatl. pädagogisches Dokumentationszentrum mit 27 regionalen, 77 departementalen u. 5 lokalen Außenstellen (*CRDP, CDDP, CLDP*). Seine Aufgaben sind die Ausarbeitung u. Verteilung von Dokumentationen für Schule u. Lehrerschaft, die Planung, Herstellung u. Verbreitung von audiovisuellen Materialien (Schulfunk- u. Schulfernsehprogramme) sowie die Durchführung des Fernunterrichts über das angegliederte *Centre national de télé-enseignement (↑CNTE)*.

C.N.E.C. *m. 1. Centre national d'enseignement par correspondance*, seit 1986 offiziell: *C.N.E.D.* (*...à distance*). Staatl. Fernlehrinstitut mit sechs Zentren in Vanves, Grenoble, Lille, Lyon, Rouen u. Toulouse, Zentralstelle in Paris. Der Unterricht erfolgt im allg. durch einen Verbund von Studienbrief u. individuellem Brief. Durch die Namensänderung wird die Einbeziehung „neuer Medien" wie Videotext dokumentiert. Vgl. a. ↑*CNTE*; 2. *Comité national de l'enseignement catholique*. Zusammenschluß kath. Lehrer-, Eltern- u. Schulleiterverbände, organisierte 1984 erfolgreich Massendemonstrationen gegen die von der sozialistischen Regierung Mitterrand/Mauroy geplante Eingliederung der Privatschulen (↑*école libre*) in das öffentlich-laizistische Schulwesen.

C.N.E.F. ↑Studentenverbände.

C.N.E.S. *m, Centre national d'études spatiales*. Die frz. Raumfahrtbehörde in Paris mit Außenstellen in Toulouse (techn. Zentrum) u. in Kourou/Frz.-Guyana (Raketenstartgelände). Entwicklung u. Erprobung der *Diamant*-Raketen-Serie sowie, u.a. in europ. dt.-frz. Kooperation, von Nachrichten-, Fernseh- u. Wettersatelliten. Mehrheitsbeteiligung am europäischen Raketenprogramm ↑*Ariane*, Entwicklung u. Bau der Raumfähre *Hermès* mit ↑*Aérospatiale* u. *Avions Marcel Dassault*.

C.N.E.S.E.R. *m, Conseil national de l'enseignement supérieur et de la recherche*. Der nationale Hochschul- u. Forschungsrat – eine Art Hochschulparlament unter Vorsitz des Staatssekretärs für die Universitäten bzw. des Erziehungsministers (seit 1981) – wurde durch das Hochschulrahmengesetz von 1968 geschaffen. Seine 90 Mitglieder (54 Universitätsvertreter, 6 Vertreter anderer Hochschulen u. 30 außeruniversitäre Persönlichkeiten des öffentlichen Lebens) beraten über allg. Hochschulplanung, geben Stellungnahmen ab u. prüfen die Haushalte der ↑*Universitäten*. – Ein weiteres konsultatives Organ im Hochschulbereich ist die frz. Rektorenkonferenz (*Conférence des Présidents des Universités françaises.*).

C.N.E.T. *m, Centre national d'études des télécommunications.* Forschungszentrum für Fernmeldeverbindungen der ↑*PTT,* seit 1960 in Lannion (Dép. Côtes-du-Nord/Bretagne); in der Nähe befindet sich die Erdfunkstelle von Pleumeur-Bodou. Die Verlegung des *CNET* von Issy-les-Moulineaux bei Paris nach Lannion, die eine Reihe von Firmen der elektronischen Industrie veranlaßte, nach West-Fr. nachzuziehen, gilt als Musterbeispiel staatl. Raumordnungspolitik (↑*aménagement du territoire*).

C.N.E.X.O. *m, Centre national pour l'exploitation des océans.* Forschungszentrum des *Ministère de la Recherche et de la Technologie* zur Nutzung des Meeres, das sich mit der Aufzucht von Meerestieren, der Nutzung der Mineralien u. Kohlenwasserstoffe, der Entwicklung von Tiefseetauchgeräten (*bathyscaphes*) u. der Bekämpfung der Meeresverschmutzung beschäftigt. Dem *C.N.E.X.O.* ist das *Centre océanique* von Brest angegliedert.

C.N.I.L. *f., Commission nationale de l'informatique et des libertés.* Die nationale frz. Datenschutzkommission (gegr. 1978) mit 17 Mitgliedern.

C.N.I.P. ↑Parteien.

C.N.I.T. ↑Défense.

C.N.J.A. ↑Arbeitgeberverbände.

C.N.L. ↑Verbraucherschutz.

C.N.O.U.S. [knus] *m, Centre national des œuvres universitaires et scolaires.* Frz. Studentenwerk mit regionalen Zweigstellen (*CROUS*) in jeder ↑*académie* u. 12 lokalen Filialen *(CLOUS);* es bewirtschaftet u.a. die Mensen (*restaurants universitaires,* fam. *Resto-U*) u. Studentenheime (*cité universitaire*) u. organisiert Zimmer- u. Arbeitsvermittlung, Beratungs- u. Sozialhilfedienst für Studenten.

C.N.P.F. ↑Arbeitgeberverbände.

C.N.R. ↑Résistance.

C.N.R.S. *m, Centre national de la recherche scientifique.* Staatl. Zentrum für wiss. Forschung, dem *Ministère de la Recherche et de la Technologie* unterstellt. Das *C.N.R.S.* hat die Aufgaben wie in Dt. die Max-Planck-Gesellschaft u. die großen bundesdt. Stiftungen. Etwa ⅔ der Forscher sind Hochschullehrer, daher enge Zusammenarbeit mit den ↑*Universitäten.* Die Hierarchie gliedert sich in die *attachés de recherche,* junge Wissenschaftler mit 8-Jahres-Verträgen, die festangestellten *maîtres de recherche, chargés de recherche* u. *directeurs de recherche.*

C.N.T.E. *m, Centre national de télé-enseignement.* Staatl. Fernlehrinstitut, das dem ↑*CNDP* angegliedert ist u. sich im Ggs. zum ↑*CNEC (1.)* v.a. audiovisueller Methoden (Schulfunk, Schulfernsehen) bedient; bereitet u.a. auf die Sekundar-, Berufs- u. Hochschuldiplome sowie auf die Einstellungsprüfungen der Ministerien (↑*concours*) vor.

cobla ↑sardane.

cocardier ↑Stierkampf.

C.O.D.E.F.I., *Comité départemental des problèmes de financement des* *entreprises.* Durch die Regionalreform von 1982 geschaffener Ausschuß; befaßt sich mit Fragen der Unternehmensfinanzierung.

Code Napoléon *m.* Das von Napoleon I. 1804 geschaffene, seitdem häufig abgeänderte frz. Zivilgesetzbuch (*Code civil*).

code postal *m.* Postleitzahl, die seit 1972 aus 5 Ziffern besteht, z. B. 59300: die ersten beiden Ziffern bezeichnen das Dép. (59 = Nord), die letzten drei das Zustellpostamt (300 = Valenciennes), in Paris das jeweilige Arrondissement (z. B. 75006 = 6. Arr.; Ausnahme: *c. p.* mit ↑*CEDEX*-Kodenummer, z. B. *75450* Paris *Cédex 09* = 9. Arr.).

C. O. D. E. R. ↑Region u. Regionalisierung.

C. O. E. A. ↑Regionalismus.

coexistence ↑cohabitation.

C. O. F. A. C. E., *Compagnie française d'assurance pour le commerce extérieur.* Frz. staatliche Versicherungsgesellschaft für Kreditversicherungen für den Außenhandel.

C. O. G. E. M. A. ↑C. E. A.

cognac ↑Liköre, Schnäpse, Aperitifs.

cohabitation *f.* Die Verfassung der V. Republik ist im Grunde genommen so konzipiert, daß sie voraussetzt, daß der Staatspräsident und der Premierminister als Regierungschef der gleichen Mehrheit angehören, was seit dem Bestehen der V. Republik (1958) bis zum März 1986 immer der Fall gewesen war. Infolge des Wahlsieges der Mitte-Rechts-Koalition unter Jacques Chirac wurde am 20. März 1986 eine neue Regierung gebildet, während Staatspräsident François Mitterrand weiter im Amt blieb. So kam es zu dem von frz. Politologen befürchteten Nebeneinander eines sozialistischen Staatspräsidenten und eines gaullistischen Premierministers. Hierfür hat sich seit einiger Zeit der Ausdruck *cohabitation* eingebürgert, wenn offiziell auch von *coexistence politique* gesprochen wird. In der ersten Zeit funktionierte dieses Nebeneinander mehr oder weniger, aber bald kam es zu Meinungsverschiedenheiten, vor allem wegen der von der Regierung Chirac eingeleiteten Privatisierung *(privatisation).* ↑*nationalisation;* ↑*Rundfunk u. Fernsehen.*

coiffe *f.* Weiße Haube aus glattem, gefälteltem o. besticktem Leinen o. feiner Klöppelspitze in örtlich mannigfaltigen Formen u. Größen (Gupfhauben, Flügel-, Bänder-, Radhauben), die in der Bretagne, bes. im Finistère u. im Morbihan, zur weiblichen Volkstracht gehört. Am bekanntesten ist die auffallend hohe u. spitze *coiffe bigouden* aus der Gegend von Pont-l'Abbé (Dép. Finistère).

colbertisme *m.* Unter Ludwig XIV. entstandene, nach ihrem Schöpfer Jean-Baptiste Colbert benannte Form des Merkantilismus; sie beruhte auf staatlicher Lenkung der Wirtschaft, im Gegensatz zur liberalen *physiocratie,* die im 18. Jh. von François Quesnay begründet wurde u. deren berühmter Leitsatz war: *„laissez faire, laissez aller".*

collaborateurs, collaborationnistes ↑Vichy-Regime.

collège *m,* bis 1975: *C.E.S., Collège d'enseignement secondaire.* Weiterführende Schule der Sekundarstufe I für alle 11–16jährigen; das c. schließt an die Grundschule (↑*école élémentaire*) an, dauert vier Jahre – die Klassen *6ᵉ – sixième, 5ᵉ – cinquième, 4ᵉ – quatrième, 3ᵉ – troisième* entsprechen etwa den dt. 6.–9. Jahrgangsstufen – und schließt mit dem ↑*brevet des collèges* (etwa: ‚Mittlere Reife') ab. Das urspr. kooperative System mit den Leistungsgruppen I, II, III u. einer Förderstufe für II (II u. III entsprechen etwa dem früheren *CEG = Collège d'enseignement général,* einer Art Realschule) wurde durch die Réforme Haby 1975 in einen integrierten Gesamtschultyp umgewandelt. Das c. gliedert sich in eine Beobachtungsstufe (*cycle d'observation*) in der 6ᵉ u. 5ᵉ, wo der Unterricht für alle Schüler der gleiche ist, u. eine Orientierungsstufe *(cycle d'orientation)* in der 4ᵉ u. 3ᵉ, wo ein Wahlfach *(option)* hinzukommt u. die Möglichkeit besteht, in ein- bis zweijährige Berufsvorbereitungsklassen *(classes préprofessionnelles de niveau* ↑CPPN), Berufseinführungsklassen unter Ableistung einer Lehre *(classes préparatoires à l'apprentissage* ↑*CPA)* o. – mit 14 Jahren – an ein *lycée d'enseignement professionnel* (↑*LEP*) überzutreten. Zum c. gehört in der Regel eine Sonderschulabteilung für geistig behinderte Kinder (*sections d'éducation spécialisée* ↑*SES*). Der Unterricht dauert im allg. von 8 bis 16/17 Uhr bei zwei Stunden Mittagspause (↑*cantine scolaire*). Von der 5ᵉ bis zur 3ᵉ werden als Noten neben den traditionellen Punkten 20 bis 0 auch die Buchstaben A bis E o. die Ziffern I bis V (*excellent* bis *faible*) verwendet. An den c. unterrichten *professeurs certifiés* (↑*CAPES*), *agrégés* (↑*agrégation*), ↑*PEGC* (etwa: Realschullehrer), ↑*AE,* u.U. auch *instituteurs* (↑*école normale*) u. ↑*maîtres-auxiliaires* mit unterschiedlicher Lehrverpflichtung. Der Leiter eines c. heißt *principal* bzw. *directrice,* sein Stellvertreter *sous-directeur/trice.* Vgl. ↑*lycée.*

Collège de France *m.* Hochangesehene wissenschaftliche Lehr- u. Forschungsstätte, 1530 außerhalb u. gegen den Willen der traditionalistischen ↑*Sorbonne* in Paris von François Iᵉʳ auf Anregung des Humanisten G. Budé gegr. Das C.d.F. untersteht unmittelbar dem *Ministère de l'Education nationale.* Die 52 Mitglieder werden ungeachtet akad. Titel u. Grade allein aufgrund herausragender wiss. Qualifikation auf natur- o. geisteswiss. Gebiet berufen. Sie brauchen sich in ihren Vorlesungen an kein vorgeschriebenes Studienprogramm zu halten, haben keine regelmäßigen Lehrverpflichtungen (etwa 20 Vorlesungen pro Jahr) u. nehmen keine Examina ab. Im jährlich erscheinenden *Annuaire du Collège de France* legen sie über ihre Lehrtätigkeit Rechenschaft ab. Nach der Gründungsdevise „Docet omnia" hat zu den Vorlesungen jedermann freien Zutritt. Die Liste der Dozenten enthält Persönlichkeiten wie den Historiker J. Michelet (1798–1874), den Philosophen H. Bergson (1859–1941), den Schriftsteller P. Valéry

(1871–1945), den Soziologen R. Aron (1905–1983) u. den Ethnologen Cl. Lévi-Strauss (* 1908).

Colombey-les-deux-Eglises. Ort im Dép. Haute-Marne, langjähriger Wohnsitz General de Gaulles, der dort auch begraben ist. Häufig zitiert als Symbol für die Perioden der Zurückgezogenheit des Generals, auch für seine Einsamkeit an der Spitze der Macht.

colonies de vacances ↑centres de vacances et de loisirs.

cols *mpl* heißen die Gebirgspässe im Jura, in den Vogesen, den Alpen u. übrigen frz. Gebirgen, mit Ausnahme der Pyrenäen, wo sie *ports* heißen.

combe, *f.* Durch Gewölbebruch eingefallener Bergsattel im frz.-schweizer. Jura. Die an beiden Seiten hochragenden steilen Wände heißen *crêts.*

Comédie française ↑Theater.

Comité constitutionnel ↑Conseil constitutionnel.

Comité consultatif de la langue française ↑francophonie.

Comité économique et social ↑Region u. Regionalisierung.

comité d'entreprise. Frz. Form des Betriebsrates, 1945 geschaffen, in allen Betrieben mit über 50 Beschäftigten obligatorisch, besteht aus Vertretern der Beschäftigten (nach Betriebsgröße 3–11) u. einem Vertreter der Betriebsleitung.

Comité d'étude et de la défense des intérêts corses ↑Regionalismus.

Comité d'étude et de liaison des intérêts bretons ↑Regionalismus.

Comité occitan d'études et d'action ↑Regionalismus.

Comité de salut public. Dt. meist ‚Wohlfahrtsausschuß'. 1. Unter der frz. Revolution (dem Nationalkonvent) geschaffenes Exekutivorgan (1793–1795), das die exekutive Gewalt mit dem 1792 geschaffenen *Comité de sûreté générale* teilte, das vor allem Polizeiaufgaben wahrnahm u. unter der ↑*Terreur,* der Schreckensherrschaft der Jakobiner, berüchtigt u. gefürchtet war.

2. Gegen Ende der IV. Republik, als sich diese in einer tiefen Krise befand, erhoben sich die Militärs in Algerien (13. Mai 1958) u. forderten, General de Gaulle solle die Macht übernehmen. Gleichzeitig entstanden *comités de salut public,* vor allem in Algerien u. Korsika. Die Krise endete damit, daß General de Gaulle legal letzter Ministerpräsident der IV. Republik wurde u. so den Übergang zur V. Republik, deren erster Präsident er wurde, einleiten konnte.

Comité secret d'action révolutionnaire ↑Cagoulards.

Comité de sûreté générale ↑Comité de salut public.

Commandeur ↑Orden u. Ehrenzeichen.

commissaire adjoint ↑Region u. Regionalisierung.

Commissariat à l'Energie Atomique ↑C. E. A.

Commissaire de la République. 1. ↑Departement; 2. ↑Region u. Regionalisierung.

Commissariat au Plan ↑plans économiques.

Commission nationale de la communication et des libertés ↑Rundfunk u. Fernsehen.

Communauté européenne de défense ↑Plan Pleven.

Communauté française ↑Kolonien.

Communauté urbaine ↑district 1.

commune ↑Gemeinde.

Commune de Paris ↑Revolutionen.

commune-dortoir, var. *cité-dortoir, ville-dortoir*. ‚Schlafstadt' im unmittelbaren Einflußbereich einer Großstadt, von deren zentralörtlichen Funktionen weitgehend abhängige (Trabanten-)Stadt mit hohem Auspendleranteil. Als Negativbeispiel einer c. wird häufig Sarcelles (Dép. Val d'Oise) im Norden von Paris angeführt, das 1958–1961 ohne Raumordnungsplan aus dem Boden gestampft wurde, inzwischen aber die positiven Merkmale einer ↑*ville nouvelle* trägt.

Compagnie des Indes Orientales ↑Kolonien.

Compagnons de la Libération ↑Orden u. Ehrenzeichen.

Compiègne. Ort im Dép. Oise. Symbol für zwei dt.-frz. Waffenstillstände, den von 1918 nach dem für Fr. siegreichen 1. Weltkrieg u. den von 1940 nach dem siegreichen Frankreichfeldzug der dt. Wehrmacht.

comté *m*. Hartkäse, der noch weitgehend in den ↑*fruitières* des frz. Jura (Franche-Comté) aus der Milch der Montbéliard-Rinder hergestellt wird. Er erinnert an den Schweizer Käse (daher die Bez. *Gruyère de Comté*), hat jedoch wenige o. sehr kleine Löcher. Herkunftsbez. geschützt.

comtois ↑Pferderassen.

conches *fpl*. Kleine, windgeschützte Buchten an der Gironde-Mündung.

concierge *m* u. *f*, offiziell: *gardien(ne) d'immeuble*, der frz. Hausmeister bzw. seine Frau (früher *fam*. auch *pipelet, pipelette*). Dieser ist eine wichtige Persönlichkeit in den Mietshäusern der Großstädte. Er überwacht von seiner Portiersloge aus, wer ins Haus kommt u. wer das Haus verläßt, nimmt Aufträge u. vielfach auch die Post entgegen u. gibt Besuchern Auskünfte. Er hat auch eine wichtige Vermittlerrolle zwischen Mietern und Hauseigentümer. Er erhält nicht nur zum neuen Jahr, sondern auch das ganze Jahr über reichlich Trinkgelder und Geschenke. Unzufriedene *concierges* können zu wahren Tyrannen werden. Bei Liebesaffairen und in politisch brisanten Zeiten *(résistance, collaboration)* ist die Verschwiegenheit des *concierge* für den einzelnen Mieter oder seine Besucher von größter Bedeutung, was dessen ohnehin schon wichtige Position noch stärkt.

Concorde *m*. Frz.-britisches Überschallflugzeug mit Deltaflügeln; Herstellerfirmen *British Aircraft Corpo-*

ration u. ↑*Aerospatiale.* Bilaterales Regierungsabkommen 1962, erfolgreiche Erprobung 1969, Liniendienst für ↑*Air France* u. *British Airways* seit 1976. Mit der Seriennummer 16 mußte die Produktion mangels weiterer Aufträge eingestellt werden. Die C. hat eine Reichweite von 6500 km u. kann 100 bis 128 Passagiere aufnehmen. Da sie in 17 km Höhe mit doppelter Schallgeschwindigkeit (2,2 Mach) fliegen kann, verkürzt sich die Flugzeit, etwa auf der Nordatlantik-Route von 7 auf 4 Std. Chronische Betriebsdefizite machen die C. zu einem umstrittenen u. hochsubventionierten Prestigeobjekt für Fr. u. GB. Erst Mitte der 80er Jahre einige Erfolge auf dem Charterflugmarkt.

concours *m.* Strenge Wettbewerbsprüfung, die in Fr. auf allen Ebenen des öffentlichen Dienstes als Beförderungsprüfung sowie im Schul- u. Hochschulwesen als Aufnahmeprüfung *(↑Grandes Écoles)* u. Staatsprüfung *(↑CAPES, ↑agrégation)* üblich ist. Die national einheitl. u. anonyme Durchführung soll größtmögliche Chancengleichheit gewährleisten. Das Bestehen der Prüfung hängt auch von der Anzahl der freien Stellen ab.

Conférence administrative régionale ↑Region u. Regionalisierung.

Confrérie des Chevaliers du Tastevin ↑tastevin.

Conseil constitutionnel. Verfassungsrat, wurde durch die Verfassung der V. Republik von 1958 geschaffen u. trat an die Stelle des *Comité constitutionnel,* des Verfassungsausschusses der IV. Republik. Aufgaben: Kontrolle der Verfassungsmäßigkeit der Gesetze, Wahlprüfung bei Präsidentschafts- u. Parlamentswahlen u. Referenda sowie Feststellung der Vakanz des Staatspräsidenten. Im Gegensatz zur BRD (Bundesverfassungsgericht, BVG) ist Popularklage beim C.C. nicht möglich. Dieser kann nur vom Staatspräsidenten, Premierminister o. einem der Präsidenten der beiden Kammern des Parlaments angerufen werden. Alle sog. *lois organiques,* grundlegende Gesetze über Aufgaben der Staatsorgane, müssen vom C.C. vor Verkündung geprüft werden, denn im Gegensatz zur BRD kann der Verfassungsrat ein einmal verkündetes Gesetz nicht mehr aufheben.

Conseil économique et social. Wirtschafts- u. Sozialrat, von der IV. Republik geschaffen, 1958 mit geänderten Aufgaben von der V. Republik übernommen; er soll gewährleisten, daß die Vertreter der wichtigsten Berufsgruppen zu wichtigen wirtschaftlichen u. sozialen Fragen angehört werden. Die Mitglieder werden z.T. von der Regierung, z.T. von berufsständischen Organisationen ernannt. Der Rat kann Berichte vorlegen u. Stellungnahmen abgeben, hat aber keine Entscheidungsbefugnis.

Conseil d'Etat. Staatsrat, von Napoleon I. 1799 geschaffenes Organ (193 Mitglieder) mit 2 Hauptaufgaben: 1. er ist Beratungsorgan der Regierung bzw. einzelner Ministerien für alle mit Gesetzen u. Verordnungen zusammenhängenden Fragen. Gesetzesvorlagen *(projets de loi)* des Ministerrates können erst nach Anhörung des Staatsrates beschlossen werden;

2. er ist das oberste Verwaltungsgericht, das zunächst Berufungsinstanz für die Urteile des Verwaltungsgerichts in erster Instanz ist u. in vielen Fällen unmittelbar zuständig ist.

Conseil général ↑Departement.

Conseil national de langues et cultures régionales. Von der sozialistischen Regierung Mitterrand/Fabius 1985 geschaffener Rat, der sich mit regionalen, aber auch mit anderen Minderheiten (Armeniern, Juden, Nordafrikanern, Sinti u. Roma) beschäftigt. Der Premierminister ist Präsident des Rates, dem neben Vertretern des Staates auch der Vizepräsident des *Comité consultatif de la langue francaise* (↑*francophonie*), 37 Wissenschaftler, Parlamentarier u. Kulturschaffende angehören.

Conseil National de la Résistance ↑Résistance.

Conseil National du Crédit ↑Geld u. Währung.

Conseil de préfecture ↑tribunal administratif.

Conseil de prud'hommes. Bez. der frz. Arbeitsgerichte, die paritätisch aus Vertretern der Arbeitgeber u. Arbeitnehmer zusammengesetzt sind. Bei wichtigem Streit ist Berufung zur *cour d'appel* (↑*Cour* 1.) möglich.

Conseil régional ↑Region u. Regionalisierung.

Conseil de la République ↑Parlament.

Conseil supérieur de la Magistrature. Oberster Rat für den Richterstand, durch die Verfassung der IV. Republik von 1946 geschaffen, um die Unabhängigkeit des Richterstandes zu gewährleisten, 1958 mit wesentlichen Änderungen von der V. Republik übernommen. Seine 9 Mitglieder werden vom Staatspräsidenten auf 4 Jahre ernannt. Der C. kann Vorschläge für die Besetzung der Richterämter machen, die Entscheidung darüber liegt jedoch beim Justizminister. Der Rat ist gleichzeitig oberstes Disziplinargericht *(Conseil de discipline)* für Amtsvergehen der Richter.

Conseil supérieur des Français de l'étranger (CSFE) *m.* Oberster Rat der Auslandsfranzosen. 1948 geschaffene Beratende Versammlung zur Wahrnehmung der Interessen der im Ausland lebenden Franzosen unter Vorsitz des Außenministers, bestehend aus 137 direkt gewählten Mitgliedern, 20 vom Außenministerium ernannten Persönlichkeiten u. 10 Senatoren, die sich dem Votum der ordentlichen Mitglieder gestellt haben.

Conservatoire national d'art dramatique de Paris. Schauspielschule in Paris, 1946 vom ↑*Conservatoire national supérieur de musique* abgespalten.

Conservatoire national des arts et métiers ↑C. N. A. M. 2.

Conservatoire national supérieur d'art dramatique *(C. N. S. A. D.) m.* Aus dem *Conservatoire impérial de musique et de déclamation* (1808) hervorgegangene Hochschule für Darstellende Kunst in Paris.

Conservatoire national supérieur de musique. 1795 geschaffene Musikhochschule mit Sitz in Paris; seit 1979 auch in Lyon.

Constituante ↑Revolutionen.

Consulte des comités nationalistes (CCN) ↑Regionalismus.

Consulte di i studenti corsi ↑Regionalismus.

Contentieux de la sécurité sociale. Bei den *Tribunaux de grande instance* (↑*Justiz* 2.) bestehende *Commissions de première instance du Contentieux de la Sécurité Sociale* (Ausschüsse erster Instanz für Streitigkeiten auf dem Gebiet der sozialen Sicherheit) sind wie die Sozialgerichte in der BRD zuständig für alle Streitigkeiten im Bereich der Sozialversicherung, z.B. Grad der Arbeitsunfähigkeit, Invalidität.

Contrex(**éville**) ↑Mineralwasser.

Convention nationale ↑Revolutionen.

coopérant *m.* Entwicklungshelfer, der im Rahmen der *coopération,* der wirtschaftlichen u. kulturellen Zusammenarbeit Frankreichs insbes. mit den frankophonen Ländern Afrikas, vor Ort tätig ist. Viele c. sind Wehrpflichtige (keine Wehrdienstverweigerer *objecteurs de conscience!*), die für zivile Zwecke eingesetzt werden. Diese Zivildienstleistenden heißen *volontaires du service national actif (VSNA).* Die meisten arbeiten in Nordafrika.

C.O.P.R.A.S. *m, Comité parisien pour la recherche de l'action sociale.* Bürgerinitiative in Paris für die Verbesserung der Lebensqualität.

coq gaulois ↑Staatssymbole.

corail [kɔrɑj] *m.* Klimatisierter u. geräuschisolierter Großraumwagen der ↑*SNCF.* Die *trains „Corail"* sind komfortable Inter-City-Züge.

corniches *fpl.* Kurvenreiche (Höhen-)Straßen entlang der Côte d'Azur (↑*côtes*)*: c. des Maures* (von Le Lavandou bis La Croix-Valmer), *c. de l'Estérel* (St-Raphaël – Cannes), *corniches de la Riviera* (Nizza – Menton).

coron *m.* Bergarbeiterhaus o. ganze -siedlung im Dép. Nord.

corps: les grands corps de l'Etat. Gesamtheit der Beamten, die den gleichen Sonderstatus u. Zugang zu den gleichen Ämtern haben. Der öffentliche Dienst ist in Fr. in *corps* aufgeteilt; ein junger Anwärter auf eine Beamtenstelle, meist ein Absolvent der *ENA* (↑*Grandes Ecoles*), tritt in ein *corps* ein, z.B. die ↑*Inspection générale des finances,* u. durchläuft hier seine Laufbahn; er kann aber auch in ein anderes *corps* überwechseln. Zu den *grands corps* gehören neben der ↑*Inspection générale des finances* der ↑*Conseil d'Etat,* die *Cour des comptes* (↑*Cour* 5.), die *Affaires étrangères* (Auswärtiger Dienst), das *corps préfectoral* (Regionalverwaltung.).

C.O.R.R.I., *Comité régional de restructuration industrielle.* Durch die Regionalreform von 1982 geschaffener Ausschuß für Strukturfragen der Wirtschaft auf der Ebene der Region. Vgl. ↑*Region u. Regionalisierung.*

C.O.S. *m, Coefficient d'occupation des sols.* ‚Koeffizient der Bebauungsdichte' (Städtebau); der 1975 in Ergänzung zum ↑*POS* festgelegte *C.O.S* entscheidet, was wo neu gebaut werden darf, überprüft die genehmigte Büro-, Wohn- und Handelsfläche in jedem Bezirk u. soll damit u.a. einer zu einseitigen Spezialisierung der Stadtviertel entgegenwirken.

côtes *fpl.* (Küstenbezeichnungen). Die frz. Küstenlinie erstreckt sich über etwa 3200 km an Mittelmeer, Atlantik u. Ärmelkanal. Die einzelnen Küstenstreifen haben fast lückenlos werbeträchtige, assoziative Namen: *Côte d'Azur* (blaue Küste), die frz. Riviera zwischen Menton u. Marseille, i. engeren S. zwischen Menton u. Cannes. Für den westl. Teil der „Côte" finden sich auch Bez. wie *Côte de l'Estérel* (Cannes – St-Raphaël), *Côte des Maures* (St-Raphaël – Hyères) u. *Côte des* ↑*Calanques* (Toulon – Marseille). *Côte Vermeille* (Rote Küste): der von den Ostpyrenäen geprägte, buchtenreiche Küstenstreifen des Roussillon zwischen Collioure u. Cerbère. *Côte basque:* die baskische Atlantikküste; *Côte d'Argent:* der dünengesäumte Abschnitt zwischen Adour- u. Gironde-Mündung; weiter nördl. folgt die *Côte de Beauté* (K. der Schönheit) zwischen Gironde u. Vendée; die *Côte de Jade* liegt zwischen Les Sables d'Olonne u. der Loiremündung. *Côte d'Amour:* zwischen St-Nazaire u. Le Croisic; *Côte sauvage* (wilde K.), die zerklüftete Westküste der Halbinsel Quiberon; *Côte des* ↑*Abers* o. *Côtes des Légendes* (Märchenk.) im NW der Bretagne zwischen Le Conquet u. Brignogan; *Côte de Granit Rose* zwischen Morlaix u. Saint-Brieuc; *Côte d'Emeraude* (Smaragdk.) zwischen Cap Fréhel u. Saint-Malo. Die normannische Kanalküste zwischen den Flüssen Vire u. Orne hat den Namen *Côte de Nacre* (Perlmuttk.), daran anschließend zwischen Cabourg u. Deauville: *Côte fleurie* (Blumenk.) u. *Côte d'Albâtre* (Alabasterk.) zwischen Fécamp u. Dieppe; die *Côte d'Opale* erstreckt sich zwischen der Somme-Mündung u. der belgischen Grenze bei Dunkerque.

cotriade *f.* Die breton. ↑*bouillabaisse,* mit Makrelen, Thunfisch, Heringen etc.

coup de Jarnac ↑Jarnac.

Cour *f.* Bez. der höheren Gerichte in Fr. 1. *Cour d'appel,* Berufungsgericht, bei dem Berufung *(appel)* gegen die Urteile der Zivil- u. Strafgerichte sowie anderer Gerichte, z.B. der Arbeits-, Sozial- u. Handelsgerichte eingelegt werden kann. Die territoriale Zuständigkeit der *cours d'appel* fällt mit den *régions judiciaires* zusammen, von denen es in Fr. 28 gab. Daher ist für mehrere Departements jeweils eine *cour d'appel* zuständig.

2. *Cour d'assises,* Schwurgericht, Aburteilung schwerer Straftaten *(crimes),* besteht aus drei Berufsrichtern u. neun durch das Los bestimmten Geschworenen (*jurés,* Kollektivbezeichnung: *le jury*). Eine Berufung *(appel)* gegen die Urteile der *cour d'assises* ist nicht möglich, wohl aber Revisionsantrag *(pourvoi en cassation)* bei der *cour de cassation.*

3. *Cour de cassation,* Kassationsgerichtshof, oberste Instanz der Justiz in Fr., aber nur für Revisionsanträge *(pourvois en cassation),* nicht für Be-

rufung *(appel)*. Die C. prüft, ob in einem Verfahren formelles Recht verletzt wurde. Ist dies der Fall, so wird das Urteil aufgehoben *(cassé)* u. auf ein anderes Gericht der gleichen Kategorie verwiesen.

4. *Haute Cour de Justice,* Hoher Gerichtshof, durch die Verfassung der V. Republik von 1958 geschaffen, ist für die Aburteilung des Staatspräsidenten bei Hochverrat sowie der Regierungsmitglieder, die Delikte in Ausübung ihres Amtes begangen haben, zuständig. Die H. C. besteht aus 24 Mitgliedern, die je zur Hälfte von der Nationalversammlung u. dem Senat aus deren Mitte gewählt werden.

5. *Cour des Comptes,* Oberster Rechnungshof, zuständig für die Rechnungsprüfung der Haushalte der öffentlichen Verwaltung.

6. *Cour de sûreté,* Gerichtshof für Staatssicherheit, 1963 nach den Ereignissen in Algerien (Generalsputsch) errichtet, zuständig für Vergehen u. Verbrechen gegen die Staatssicherheit, unter Mitterrand 1981 abgeschafft.

Cour des Miracles. Altes Pariser Stadtviertel, wo im Mittelalter Gauner u. Bettler lebten u. sich kaum ein Gesetzeshüter hineinwagte.

cours [kur] *m (Singular!)* heißen, vor allem in Südfr., breite Straßen *(avenues),* wie in Aragonien (z. B. Saragossa) *coso,* in Italien *corso.*

course à la cocarde ↑Stierkampf.

course landaise ↑Stierkampf.

couvert *m.* Fester Betrag, der in frz. Restaurants für jede Mahlzeit (jedes Gedeck) berechnet wurde, 1966 abgeschafft.

C. P. ↑classes préparatoires aux grandes écoles; ↑école élémentaire.

C. P. A., *Classes préparatoires à l'apprentissage.* An ↑*collèges* o. ↑*LEP* eingerichtete, einjährige ‚Berufseinführungsklassen' mit Teilzeitunterricht u. begleitender Lehre in einem Betrieb, für Schüler, die nach zwei Jahren *collège* einen starken Schulrückstand aufweisen (Mindestalter: 15 Jahre) u. das ↑*CAP* anstreben. Viele Schüler sitzen in den C. P. A. jedoch nur die Pflichtschulzeit ab (16 Jahre) u. treten ohne qualifizierten Abschluß als ungelernte Arbeiter (*manœuvres,* ↑*OS*) ins Berufsleben.

C. P. C. V. ↑centres de vacances et de loisirs.

C. P. P. N. *f, Classes préprofessionnelles de niveau.* Seit 1971 an ↑*collèges* o. ↑*LEP* eingerichtete, ein- bis zweijährige ‚Berufsvorbereitungsklassen' mit Vollzeitunterricht für mind. 14jährige Schüler mit Schulrückstand, die nach der Beobachtungsstufe des *collège* das ↑*CAP* an einem *LEP* o. ↑*CFA* anstreben.

Crac: le baron de Crac. Symbolisch für aufschneiderische Geschichtenerzähler, dem Baron von Münchhausen vergleichbar.

C. R. A. P. *m, Cercle de recherche et d'action pédagogique.* Der Freinet-Pädagogik (↑*école Freinet*) nahestehende Lehrervereinigung mit Sitz in Paris. Zeitschrift: *Cahiers pédagogiques.*

crèches ↑Kindergarten.

C. R. E. D. I. F. *m, Centre de recherche et d'études pour la diffusion du fran-*

çais. Sprachdidaktisches Studien- u. Forschungsinstitut, gegr. 1951 als *Centre d'étude du français élémentaire* in Saint-Cloud, heute der *Ecole normale supérieure* von Saint-Cloud *(↑Grandes Écoles)* angeschlossen. Mitarbeiter des *C.R.E.D.I.F.* haben die erste, wiss. fundierte Erfassung des frz. Grundwortschatzes *(Français fondamental I + II)* herausgegeben u. die ersten audiovisuellen Unterrichtswerke für Französisch als Fremdsprache (z.B. *Voix et Images de France, De vive Voix, Bonjour Line*) entwickelt. Der *C.R.E.D.I.F.* befaßt sich heute vornehmlich mit der Erarbeitung neuer Lehrmethoden. Durchführung von Kursen für Französisch als Fremdsprache. Enge Zusammenarbeit mit dem ↑*BELC.*

crémant *m.* Gesetzl. geschützte Bez. für ↑*AOC*–Schaumweine mit Flaschengärung, die außerhalb der Champagne hergestellt werden, zur Abgrenzung von Schaumweinen mit Tankgärung. Es gibt einen *c. d'Alsace, c. de Bourgogne, c. de Loire.*

crêperie *f.* Auf hauchdünne Pfannkuchen *(crêpes)* spezialisiertes Lokal, bes. häufig in der Bretagne.

C.R.E.P.S. *m, Centre régional d'Education physique et sportive.* Staatl. Ausbildungsstätte für Übungsleiter u. Sportlehrer im höheren Schuldienst.

crêt(s) ↑combe.

crevettes *fpl.* Kleine Garnelen von der frz. Kanal- u. Atlantikküste; beliebte Vorspeise *(hors d'œuvre).*

C.R.F. *f, Croix rouge française.* Das frz. Rote Kreuz, 1940 hervorgegangen aus drei unabhängigen Gesellschaften, der *Société de secours aux blessés militaires* (gegr. 1864), der *Association des dames françaises* (1879) u. der *Union des femmes de France* (1881).

Croisette: Boulevard de la ~. Berühmte Strandpromenade von Cannes mit doppelten Palmenreihen u. vielen Luxushotels.

croissant *m.* 1. Hörnchen aus Hefeblätterteig, traditionelles frz. Frühstücksgebäck; 2. sprachl. Übergangszone zwischen der südfrz. *langue d'oc* u. der nordfrz. *langue d'oïl* (↑*Regionalsprachen*). Unter dem Druck der *langue d'oïl* hat sich die Nordgrenze der *langue d'oc* von der Loire weiter nach Süden verschoben; sie beginnt an der Gironde, macht einen Bogen nördl. über dem Zentralmassiv u. erreicht die Rhône zwischen Valence u. Vienne. Hier geht sie in die Nordgrenze zum Frankoprovenzalischen über, während der südl. Teil des Dauphiné zum provenzalischen Gebiet gehört. Vgl. Karte S. 205.

Croix de Feu. Dt. ‚Feuerkreuzler'; vor dem 2. Weltkrieg aktive, rechtsextreme Organisation, die Krawalle organisierte u. am Putschversuch des 6. Februar 1934 maßgeblich beteiligt war; gegr. von Oberst de la Rocque. ↑*Geschichtsdaten: 6 février.*

cromlech [krɔmlɛk] ↑Megalithdenkmäler.

croque-monsieur *m.* Getoastetes Käse-Schinken-Sandwich, in Fr. beliebter Imbiß.

C.R.O.S.S. *m, Centre régional opérationnel de surveillance et de sauvetage.* Regionale Leitstelle für Rettungsdienste (Seenot, Bergnot usw.).

crottin de Chavignol *m.* Kleiner runder Ziegenkäse aus dem Berry (Loire-Gebiet).

C.R.O.U.S. [krus] ↑C.N.O.U.S.

C.R.S. [se-ɛr-ɛs] *fpl, Compagnies républicaines de sécurité.* Mobile Bereitschaftspolizei. Keine Polizeieinheit Fr.s ist so umstritten, keine so vielseitig wie die 15 000 Mann starken *C.R.S.,* deren Beamte *(les C.R.S.)* an ihren schwarzen Helmen mit zwei gelben Streifen, dunkelblauen Overalls u. schwarzen Schnürstiefeln zu erkennen sind. 61 *C.R.S.*-Kompanien sind über ganz Fr. verteilt u. werden je nach Bedarf eingesetzt. Sie fungieren auch als Verkehrspolizisten u. stellen die Rettungswacht an den Badestränden der *Côte d'Azur* u. der Atlantikküste; hpts. werden sie zur Aufrechterhaltung der öffentlichen Ordnung, meist an besonders gefährdeter Front, eingesetzt. Wegen ihres harten Vorgehens sind die *C.R.S.* für viele Frz. zum Symbol repressiver Staatsgewalt geworden. Vgl. ↑*Polizei.*

cru ↑Ursprungsbezeichnungen.

C.S.C. ↑Regionalismus.

C.S.C.V. ↑Verbraucherschutz.

C.S.F.E. ↑Conseil Supérieur des Français de l'étranger.

C.S.L. ↑Arbeitnehmerorganisationen.

C.T.A.C. *m, Comité des transporteurs aériens complémentaires,* ehem. *ATAR (Association des transporteurs aériens régionaux).* Zusammenschluß regionaler Fluglinien, z.B. *Air Alsace* (Colmar-Houssen), *Air Guadeloupe* (Pointe-à-Pitre – Raizet), *Air Littoral* (Montpellier-Fréjorgues), *Air Polynésie* (Papeete-Tahiti), *Europe Aéro Service* (Perpignan-Rivesaltes), *Touraine Air Transport* (Saint-Symphorien).

C.U.M.A. [kyma] *f, Coopérative d'utilisation de matériel agricole.* Produktionsmittelgenossenschaft für landwirtschaftliches Gerät, „Maschinenring".

cuvée ↑champagne.

CV [ʃvo] *„Chevaux-vapeur"* heißen die frz. Steuer-PS, nicht identisch mit der deutschen PS-Definition. 1 *CV* entspricht etwa 8 PS.

cycle court *m* heißt in Fr., wo man sich oft über die vielen Zwischenhändler *(intermédiaires)* u. ihre hohen Gewinnspannen *(marges de bénéfices)* beklagt hat, der möglichst kurze Weg eines Erzeugnisses vom Erzeuger zum Verbraucher.

cycle d'observation/d'orientation ↑collège.

cygne de Cambrai. Beiname des frz. Prälaten u. Schriftstellers Fénelon (1651–1715), der lange Zeit in Cambrai (Dép. Nord) wirkte.

D

D + Nummer, *chemin départemental.* Departementstraße, z.B. *D 23,* der dt. *Staatsstraße* o. *Landstraße 1. Ordnung* vergleichbar.

dame Jeanne ↑Flaschenformen.

D.A.T.A.R. [datar] ↑aménagement du territoire.

dauphinoise, à la ~, auch *à la savoyarde*. ‚Nach Art der (Alpenlandschaften) Dauphiné bzw. Savoyen' bedeutet, daß ein Gericht mit Sahne o. Käse zubereitet wird.

D.C.D. Abk. für *décédé(e)* ‚verstorben' auf Formularen.

D.E.A. *m, diplôme d'études approfondies*. Forschungsdiplom, das nach der ↑*maîtrise* u. einem anschließenden Spezialstudium im dritten Studienzyklus (*3ᵉ cycle,* ↑*Universität*) erworben wird. Es ist Voraussetzung für das ↑*doctorat.*

Débâcle ↑Weltkriege: 2. Weltkrieg.

Débarquement ↑Libération.

décadi ↑Revolutionskalender.

décentralisation ↑Region u. Regionalisierung.

décorations ↑Orden u. Ehrenzeichen.

Défense, La ~. Hypermodernes Büro-, Geschäftszentrum u. Wohnviertel am westlichen Pariser Stadtrand, das nach einem Denkmal für die Verteidigung von Paris 1871 benannt ist. Aufgrund seiner zahlreichen Hochhäuser *(tours),* in denen sich v.a. große Computer- u. Erdölkonzerne etabliert haben, erhielt es den Beinamen *Le Manhattan de Paris*. Hier befindet sich auch die architektonisch extravagante, 90000 m^2 große Messehalle des *CNIT (Centre national des Industries et des Techniques).*

déjeuner *m*. Die Hauptmahlzeiten in Fr. heißen: *petit déjeuner* ‚Frühstück', *déjeuner* ‚Mittagessen', *dîner* ‚Abendessen'. Das *souper* ist ein Imbiß zu vorgerückter Stunde, oft nach einem Theaterbesuch. Bis Mitte des 19. Jhs. bestand noch die Reihenfolge *déjeuner – dîner – souper,* die sich in Belgien, der frz. Schweiz, in Québec u. manchen Gegenden Fr.s, z.B. Südfr., erhalten hat.

demi-sec ↑champagne.

demoiselles de Cherbourg *fpl*. Kleine Hummerart aus der Gegend von Cherbourg (Dép. Manche).

denier des cultes ↑Kirche, Konfessionen.

Departement, frz. *département*. 1790 an Stelle der historischen Provinzen *(provinces* o. *gouvernements)* geschaffene Gebietskörperschaft. Namen u. Zahl der Departements haben sich seitdem wiederholt geändert. Heute gibt es 96 *D.* (vgl. Karte S. 202). Ursprünglich als Gebietseinheit in einer föderalistischen Struktur geschaffen, wurden die *D.* bald zum Ausdruck des frz. Zentralismus, besonders als Napoleon I. das Amt des Präfekten *(préfet)* schuf, der nicht nur Vertreter der örtlichen Interessen, sondern vor allem der Zentralgewalt sein sollte. Das *D.* ist trotz aller Neuerungen *(*↑*Region u. Regionalisierung)* nach wie vor die wichtigste Gebietskörperschaft im frz. Staat. Seine Organe: bis 1982 gab es neben dem Präfekten den in allgemeiner, direkter Wahl auf sechs Jahre gewählten *Conseil général* (Generalrat), dessen Mitglieder, jeweils eines für jeden *canton, Conseillers généraux* heißen. Die Aufgaben des Generalrates waren u.a.: die Beziehung zwischen Staat u. Gemeinden, Verabschiedung u. Vollzug des Haushaltes des *D.*, Wahrung der wirtschaftlichen Interessen des *D.*, Schaffung u. Überwachung öffentlicher Dienste, z.B. im Gesundheits- u. Bildungswesen, Fremdenverkehr, Wohnungsbau. Durch die zur Dezentralisierung (↑*Region u. Regionalisierung)* durchgeführte Verwaltungsreform unter Mitterrand wurden die Präfekten abgeschafft. Die Exekutive im *D.* wird seitdem vom Präsidenten des Generalrates ausgeübt. Als Vertreter der Zentralgewalt traten an die Stelle der Präfekten die *commissaires de la République* (März 1982), offizieller Titel: *Préfet, Commissaire de la République du département de* ... Das Amtsgebäude des *Commissaire de la République* heißt *préfecture,* das der neuen Departementsverwaltung *hôtel du département.* Die Abgrenzung der Befugnisse von Exekutive u. Legislative im *D.* sowie das Funktionieren einer vierstufigen Gliederung auf den Ebenen: Staat, Region *(*↑*Region u. Regionalisierung),* Departement u. ↑*Gemeinde* bedürfen noch einer Klärung.

Die *Arrondissements* sind Untergliederungen des Departements, sie sind keine Gebietskörperschaften mit eigener Rechtspersönlichkeit. Ihre Hauptfunktion ist die Entlastung der Departementsbehörden. An ihrer Spitze steht der *Commissaire adjoint de la République* (bis 1982: der *sous-préfet,* dt. Unterpräfekt), dessen Amtsgebäude *sous-préfecture* heißt. Bezüglich der *Arr.* in Paris vgl. ↑*arrondissement.* Die Kantone *(cantons),* die als kleine Verwaltungseinheit eine Zwischenstellung zwischen den Arrondissements u. den Gemeinden einnehmen, sind

1. Wahlbezirk für die Mitglieder des Generalrates (s.o.);

2. Sitz einer Reihe von unteren Behörden (Gendarmerie, Finanzamt) u. anderer Institutionen wie Schulen, Krankenhäuser usw.

député-maire *m* heißen in Frankreich die Politiker, die gleichzeitig Bürgermeister und Abgeordnete in der frz. Nationalversammlung sind. Diese in der BRD nicht mögliche Ämterhäufung *(cumul des mandats)* hat in Frankreich seit der III. Republik eine lange Tradition. Bürgermeister und Abgeordnete gleichzeitig waren u.a. Edouard Herriot (Lyon), Pierre Pflimlin (Straßburg), Jacques Chaban-Delmas (Bordeaux), Pierre Mauroy (Lille), Gaston Defferre (Marseille) und Jacques Chirac (Paris). Es gibt übrigens auch den *sénateur-maire.*

‚der des der', la ~~~ [ladɛrdedɛr] Gegen Ende des 1. Weltkrieges – u. kurz danach – übliches Schlagwort, das sagen wollte, daß dieser Krieg der letzte sein sollte: *la dernière des dernières.*

D.E.S.S., *Diplôme d'études supérieures spécialisées.* Praxisorientiertes Universitätsdiplom nach dem ersten Jahr des dritten Studienabschnitts *(3e cycle,* ↑*Universität),* im Ggs. zum ↑*DEA,* das für die Promotion *(*↑*doctorat)* erforderlich ist.

D. E. U. G. [døg] *m, Diplôme d'études universitaires générales.* Universitätsdiplom in 9 verschiedenen Fachrichtungen *(mentions),* mit dem das zweijährige Grundstudium *(premier cycle,* ↑*Universität)* abschließt. An der ↑*école normale* beschließt es mit der *mention* „enseignement du premier degré" die pädagogische Ausbildung. Für die Zulassung sind im allg. 20 Seminarscheine *(UV,* ↑*Universität)* erforderlich. Inhaber des *D. E. U. G.* sind für das Hauptstudium *(deuxième cycle)* zugelassen. Im Gegensatz zur vergleichbaren dt. Zwischen- o. Vordiplomprüfung gilt das *D. E. U. G.* auch als staatl. anerkannter Universitätsabschluß, der die gleichen Berufschancen wie das ↑*baccalauréat* eröffnet. Seit 1984 gibt es ein *D. E. U. G. rénové,* das sich durch eine einsemestrige Orientierungsphase u. verstärkte pädagogische Betreuung in den Anfangssemestern auszeichnet.

D. E. U. S. T. *m, Diplôme d'études universitaires scientifiques et techniques.* Durch das Hochschulgesetz v. 26. 1. 1984 (↑*Universität*) zusätzlich zum ↑*DEUG* geschaffenes Universitätsdiplom mit stärker berufsbezogener Komponente. Voraussetzung: 2 Jahre Studium + Berufspraktika. Die *DEUST*-Studiengänge sind weitgehend mit den Bedürfnissen des jeweiligen regionalen/lokalen Arbeitsmarktes abgestimmt.

Deuxième Bureau *m.* Frühere amtl., heute noch fam. gebräuchliche Bez. für die frz. Spionageabwehr.

D. G. R. C. S. T. *f, Direction générale des relations culturelles, scientifiques et techniques.* Abteilung des frz. Außenministeriums, die auf Botschaftsebene die Verbreitung der frz. Sprache u. Kultur im Ausland fördert; unterhält Kulturzentren u. frz. Gymnasien. Vgl. ↑*francophonie.*

D. G. S. E., *Direction générale de la sécurité extérieure,* bis 1982: *S. D. E. C. E. [ɛzdɛk], Service de documentation extérieure et de contre-espionnage.* Der frz. Geheimdienst, der im Ggs. zur *DST* (↑*Polizei*), einem weiteren Nachrichtendienst, vor allem im Ausland operiert. Er ist dem *Ministère de la défense nationale* unterstellt.

D. G. T. ↑Plan Câble.

diabolo *m.* Limonade aus Sirup u. ↑*Mineralwasser,* z. B. *d. menthe* ‚Pfefferminz', *d. fraise* ‚Erdbeer' usw.

Dialekte des Französischen *(dialectes français).* Die wichtigsten ‚regionalen Sprachformen' o. Dialekte des Französischen, der ↑*langue d'oïl,* sind nach mittelalterlicher Überlieferung das Normannische *(normand),* Pikardische *(picard),* Champagnische *(champenois),* Burgundische *(bourguignon),* Lothringische *(lorrain),* Wallonische *(wallon)* u. Franzische *(francien),* die sich i. d. R. durch bestimmte phonetische, morphologische, syntaktische u. lexikalische Merkmale voneinander unterscheiden. Diese sprachliche Uneinheitlichkeit erklärt sich aus dem territorialen, sozialen u. wirtschaftlichen Partikularismus Nordfr.s im Mittelalter. Damals gab es noch kein Zentrum, dessen Sprache nachahmenswert gewesen wäre. Zusammen mit der politischen Zentralisierung schob sich allmählich das Franzische, die Sprachform von Paris und der Ile-de-France, in den Vordergrund u. gewann um 1300 immer mehr an Ansehen. Auch die geographische Lage begünstigte die Entwicklung des Franzischen zur frz. Nationalsprache. Für die anderen Sprachformen bedeutete dies einen zunehmenden Prestigeverlust; sie wurden zum *dialecte,* bei mehr lokalen Sprachformen zum *parler,* o., allgemeinsprachlich u. meist pejorativ ausgedrückt, zum ↑*patois.* Noch da und dort lebendig sind im ländlichen Raum das Normannische im W, das Pikardische u. Wallonische im N u. das Lothringische im O. Infolge der Entdialektalisierung weiter Teile des Landes widmet sich die frz. Dialektforschung heute mehr dem Regionalfranzösischen *(français régional),* d.h. der *Hochsprache,* die sich durch *geographische Unterschiede* (z.B. Akzent, Dialektreste) vom Französischen um Paris unterscheidet. Im Ggs. zu den Dialekten gibt es zwischen Sprechern der Hochsprache u. des Regionalfrz. i.d.R. keine Verständigungsbarrieren. Der Stand der Dialekte u. des Regionalfrz. ist für jede Region auf Sprachatlanten *(Nouveaux atlas linguistiques de la France par régions = NALF)* festgehalten, die seit den 50er Jahren vom ↑*CNRS* als Aktualisierung u. Erweiterung des 1902–1910 erschienenen *Atlas linguistique de la France (ALF)* von J. Gilliéron herausgegeben werden. Vgl. ↑*Regionalsprachen.*

D.I.D.E.M. *f, Association de Défense des intérêts des divorcés et de leurs enfants mineurs.* Verband zum Schutz der Interessen geschiedener Männer u. ihrer minderjährigen Kinder (Nantes).

digestif ↑Liköre, Schnäpse, Aperitifs.

Directeur général. Höherer Ministerialbeamter, der eine Hauptabteilung in einem Ministerium leitet, dt. etwa Ministerialdirektor.

direction (**générale**) ↑ministère.

Direction générale de la sécurité extérieure ↑D.G.S.E.

Direction générale des relations culturelles, scientifiques et techniques du Ministère des Affaires Étrangères ↑D.G.R.C.S.T.

Directoire ↑Revolutionen.

dissidents ↑France libre.

district [distrikt] *m.* 1. *district urbain,* dt. etwa ‚Stadtregion', 1959 geschaffene Form kommunaler Zusammenarbeit von Gemeinden einer Agglomeration. Ein ähnlicher, mehr aufgabenbezogener Gemeinde-Zweckverband ist das *Syndicat intercommunal à vocation multiple (SIVOM).* Kleinere Gemeinden, die sich zu einer Einheitsgemeinde zusammenschließen *(fusion),* erhalten bevorzugt staatl. Zuschüsse; die Fusion kann aber von Staats wegen nicht verordnet werden. Der Zusammenschluß größerer Städte in Ballungsräumen zu einer losen Verwaltungsgemeinschaft heißt *Communauté (urbaine);* eine solche besteht z.B. in Lille, Bordeaux u. Lyon; 2. *district scolaire* ↑*carte scolaire.*

divine surprise ↑Action française.

Division SS Charlemagne ↑Légion des volontaires français.

doctorat *m.* Der dt. Promotion entspricht das *doctorat de troisième cycle,* das – nach dem ↑*DEA* u. mind. zweijähriger Forschungsarbeit – durch eine der dt. Dissertation vergleichbare *thèse de 3ᵉ cycle* erworben wird. Dieses d. gilt neben der ↑*agrégation* als Voraussetzung für eine Einstellung in den Hochschuldienst. Den Doktortitel dürfen nur Inhaber des *doctorat d'Etat* führen, das etwa der dt. Habilitation entspricht (*thèse d'Etat* u. mind. fünfjährige Forschungsarbeit). Ausländische Studenten können sich um das staatl. nicht anerkannte *doctorat d'Université* bewerben. Statt des in der BRD üblichen Rigorosums müssen sich die Doktoranden vor der Benotung ihrer Doktorarbeit vor einer öffentlichen Kommission zu den Ergebnissen ihrer Arbeit äußern *(soutenance publique).* Das Hochschulgesetz vom 26. 1. 1984 *(↑Universität)* hat nicht zuletzt unter dem Gesichtspunkt der internationalen Vergleichbarkeit eine Vereinheitlichung u. Neuregelung akademischer Grade u. Befähigungen geschaffen. Statt der bisher möglichen Promotionsabschlüsse gibt es nun einen einheitlichen Doktorgrad als Befähigung zur wiss. Forschung, dem ferner der Name der jeweiligen Universität hinzuzufügen ist. Die Leitung von wiss. Forschungsvorhaben erfordert einen besonderen Befähigungsnachweis *(habilitation),* dessen Bedingungen noch zu regeln sind.

Documentation française, La ~ (D.F.). Offiziell verwendete Kurzform für die dem Premierminister unterstellte *Direction de la documentation et de la diffusion du secrétariat général du gouvernement.* Regierungsamtliches Verlagshaus u. Dokumentationszentrum für alle Fragen des öffentlichen Lebens in Fr. Zu den bekanntesten eigenen Periodika, die die *D.F.* neben ministeriellen Publikationen u. den Regierungsberichten herausgibt, zählen: *Notes et études documentaires, Problèmes politiques et sociaux, Problèmes économiques, Les Cahiers français, La Documentation photographique.* Das monatliche Bulletin *DF Actualités* führt alle Neuheiten der *D.F.* auf.

dolmen [dɔlmɛn] ↑Megalithdenkmäler.

D.O.M.-T.O.M. ↑Überseeisches Frankreich.

domaine ↑Ursprungsbezeichnungen.

domaine réservé ↑Parlament.

dôme *m.* Vulkankegel in der Auvergne, vgl. die *Monts Dômes,* die granitische Felskette zwischen Sioule u. Allier im Zentralmassiv, die aus etwa 60 vulkanischen Hügeln besteht; darunter der *Puy de Dôme* (1465 m) bei Clermont-Ferrand.

‚douce France'. Dt. etwa ‚liebliches Frankreich'. Häufig gebrauchter Topos, um die Schönheit der frz. Landschaft, das milde frz. Klima u. das angenehme Leben in Fr. hervorzuheben. Erstmalig im Rolandslied *(Chanson de Roland)* im 12. Jh. belegt.

D.P.L.F., *Défense et promotion des langues de France.* Nationaler Verband für die Verteidigung u. Förderung der (Minderheiten- o. ↑*Regional-)Sprachen* Fr.s, gegr. 1969 in der Nachfolge des *Conseil national de défense des langues et cultures régionales* (1962); angeschlossen sind 8 Vereinigungen für die Interessen der kulturellen u. sprachlichen Minderheiten Fr.s: *Ikas* (Basken), *Emgleo Breiz* (Bretonen), *Cercle René Schikkele* (Elsässer), *Institut d'études occitanes = IEO* (Okzitanen), *Cercle Michel-de-Swaen* (Flamen), *Cercle d'études roussillonnaises* (Katalanen), *Scola scorsa* (Korsen). Vgl. ↑*Félibrige,* ↑*Regionalismus.*

D.P.L.G., *diplômé par le gouvernement.* Etwa ‚staatl. geprüft'.

dragonnades *fpl.* Zwangseinquartierungen u. Plünderungen unter Ludwig XIV., um Protestanten zur Bekehrung zu zwingen.

draille *f.* Viehtriften in den Alpen u. der Auvergne. Vgl. ↑*transhumance.*

drôle de guerre, dt. *Sitzkrieg,* engl. *phony war,* hieß die Zeit zu Beginn des 2. Weltkrieges (zwischen dem 4. Sept. 1939 u. dem sog. Frankreichfeldzug im Mai 1940), wo es kaum zu Kampfhandlungen zwischen dt. u. frz. Streitkräften an der dt.-frz. Grenze kam.

D.S.T. ↑Polizei.

ducasse ↑kermesse.

D.U.T. *m, Diplôme universitaire de technologie.* Abschlußdiplom der Fachhochschule *(↑IUT).*

dyke [dajk] (engl.) Ehem., mit verfestigtem Stoff gefüllter vulkanischer Eruptionskanal in der Auvergne u. im Bas-Vivarais. Später wurde der Kanal zerstört u. der Lavaklotz freigelegt. Vulkanische Bergspitzen, die auf ähnliche Weise entstanden sind, heißen *necks* (engl.).

E

Eaux et Forêts, Les ~. Kurzbez. der *Administration des Eaux et Forêts,* staatl. Wasser- u. Forstbehörde, die in Fr. etwa die Aufgaben der bundesdt. staatl. Forstverwaltung, der Wasserwirtschaftsämter (Landesebene) u. – teilw. – der Wasser- u. Schifffahrtsdirektionen (Bundesebene) wahrnimmt.

Eclaireurs de France ↑Scoutisme.

Eclaireurs unionistes ↑Scoutisme.

école. Vgl. a. ↑Grandes Ecoles.

école élémentaire, var. *école primaire f.* Die frz. Grundschule für Kinder von 6 bis 11 Jahren ist in drei Stufen gegliedert: 1. die einjährige Vorstufe *(cycle préparatoire = CP),* 2. die zweijährige Elementarstufe *(cycle élémentaire = CE 1 + CE 2)* u. 3. die zweijährige Mittelstufe *(cycle moyen = CM 1 + CM 2).* Am Ende der Mittelstufe treten i.d.R. alle Schüler ohne Aufnahmeprüfung in die Anfangsklassen *(sixième)* des ↑*collège* über, das dadurch den Charakter einer integrierten Gesamtschule erhält. Drei Beratungsgremien sind an der e. institutionalisiert: der *Conseil des Maîtres* (Lehrerrat), das *Comité des Parents* (Elternbeirat) u. der von beiden gebildete *Conseil d'Ecole.* An der e. unterrichten *instituteurs* bzw. *institutrices* u. ggf. ↑*maîtres-auxiliaires.*

Der Leiter einer e. heißt *directeur.* Vgl. ↑ *école normale.*

Ecole Freinet. Kurzbez. für das *Institut coopératif de l'école moderne (ICEM);* fortschrittliche pädagogische Erneuerungsbewegung auf Vor- u. Grundschulebene, in den 20er Jahren initiiert von Célestin Freinet (1896–1966). Der politisch-pädagogisch engagierte Landschullehrer trat für Kreativität u. Spontaneität, Improvisation u. Sozialisation im Unterricht ein. Zu den didaktischen Grundprinzipien der E. zählen der vom Schüler freigewählte Arbeitsgegenstand *(texte libre),* das auf der Klassendruckerei gefertigte eigene Lesebuch, die Werkstättenarbeit, die Förderung aller Schüler nach ihren Fähigkeiten sowie die Einbeziehung außerschulischer Erfahrungen in den Unterricht. Gegenwärtig gibt es in Fr. etwa 20 000 aktive Anhänger.

Ecole des hautes études en sciences sociales (E.H.S.S.) *f.* Angesehene sozialwiss. Universität (Paris) mit etwa 50 Forschungsinstituten.

école libre *f,* var. *école privée.* Konfessionelle o. berufsorientierte Privatschule, seit 1951 *(Loi Barangé)* mit öffentl. Zuschüssen. 2 Millionen Schüler von rd. 11 Millionen besuchen die etwa 10 000 privaten Schulen, die zu über 90% von der kathol. Kirche geführt werden u. meist einen guten Ruf genießen. Seit 1977 *(Loi Guermeur)* sind Lehrer an Privatschulen den Lehrern an staatl. Schulen hinsichtl. Beförderung u. Pension gleichgestellt. Ein Gesetzentwurf der sozialistischen Regierung Mitterrand/Mauroy, der die Einbeziehung der Privatschulen in das laizistische öffentliche Schulsystem vorsah, wurde nach Massendemonstrationen in Paris u. in der Provinz im Jahre 1984 wieder zurückgezogen. Vgl. ↑*CNEC 2.,* ↑*laïc,* ↑*laïcisme.*

école maternelle *f.* Freiwillige, stark frequentierte (kostenlose) Ganztagsvorschule für Kinder von 2 bis 6 Jahren (seit 1886). Man unterscheidet drei Stufen: 1. *Petite section* (2–4-jährige), 2. *Section moyenne* (4–5-jährige), 3. *Grande section* (5–6-jährige). Seit Mitte der 70er Jahre nehmen 100% der 4-jährigen, 80% der 3-jährigen u. etwa 30% der 2-jährigen an der Vorschulerziehung teil. Für Bau u. Instandhaltung der e. sind die Gemeinden zuständig, die Lehrer(innen) werden vom Staat bezahlt, Ausbildung u. Laufbahn wie bei Grundschullehrern *(↑école normale).* Statt einer e.m. können die Kinder auch direkt an die Grundschule *(↑école élémentaire)* angeschlossene *classes enfantines* besuchen. Vgl. ↑*Kindergarten.*

Ecole nationale d'Administration (ENA) ↑Grandes Ecoles.

Ecole nationale des Chartes ↑Archives nationales.

Ecole normale *f.* ‚Pädagogische Hochschule'. Urspr. nach dem Modell der dt. Lehrerbildungsanstalt geschaffene Ausbildungsstätte für Vor- u. Grundschullehrer (*instituteurs, institutrices*). Nach einem Gesetz aus dem Jahr 1879 (*Loi Jules Ferry*) mußte jedes Departement 2 *é.* unterhalten, je eine für männliche u. weibliche Studenten. 1986 wurde die *e.* in das frz. Hochschulwesen (*enseignement supérieur*) eingegliedert u. ein neuer Studiengang geschaffen: ↑*baccalauréat* + 2 Jahre wiss. Studium an einer ↑*Universität,* Abschluß ↑*DEUG* + 2 Jahre praktische Ausbildung an den *é.* Die Studenten einer *e.* bekommen das Gehalt von Anfangslehrern, müssen sich aber verpflichten, zehn Jahre im Staatsdienst zu bleiben.

Ecoles normales supérieures (E. N. S.) ↑Grandes Ecoles.

Ecole polytechnique ↑Grandes Ecoles.

écologistes ↑Umweltbewegungen.

E. D. F., *Electricité de France.* 1946 verstaatl., dem *Ministère de l'Industrie* unterstellte Elektrizitätsgesellschaft, die von wenigen Ausnahmen (z. B. ↑*SNCF*) abgesehen, das Monopol der Elektrizitätsversorgung hat. Zusammenarbeit mit ↑*Gaz de France* u. ↑*CEA.*

E. D. F. *mpl.* ↑scoutisme.

éducation permanente *f.* Dt. etwa ‚lebenslange Ausbildung', Sammelbez. für Erwachsenenbildung, Berufsfortbildung *(↑formation continue).*

E. H. A. S. ↑Regionalismus.

ELF-Aquitaine. Zweitgrößter Ölkonzern Fr.s, der von der staatl. *Entreprise de recherches et d'activités pétrolières (ERAP)* kontrolliert wird. Tankstellen: *ELF* u. *ANTAR.*

Elysée ↑Palais de l'Elysée.

Empereur. Der E. (ohne Zusatz) ist für die Frz. nur Napoleon I., so wie der *Emperador* für die Spanier Karl V. ist.

Empire *m.* 1. *Premier Empire,* das Erste Kaiserreich Napoleons I. (1804–1814 bzw. während der ↑*Cent-Jours* 1815). 2. *Second Empire,* zweites Kaiserreich unter Louis Napoleon Bonaparte, der als Napoleon III. herrschte (1852–1870); nach der Niederlage gegen die dt. Invasionstruppen (Sedan, 2. Sept. 1870) gestürzt. Vgl. ↑*Geschichtsdaten: 4 septembre.*

Empire colonial ↑Kolonien.

E. N. A. [enɑ] ↑Grandes Ecoles.

énarchie [enarʃi] *f* heißt in Frankreich der starke Einfluß der ↑*énarques* in Politik und Wirtschaft.

énarque *m, fam.* Bez. für die Absolventen der sehr angesehenen *Ecole Nationale d'Administration (ENA)* ↑*Grandes Ecoles.*

Enbata ↑Regionalismus.

enclos paroissial *m.* In der Bretagne: umfriedeter Pfarrbezirk (15.–17. Jh.), in dem sich der Friedhof, die Pfarrkirche, das Beinhaus u. der ‚Kalvarienberg' *(le calvaire)* befinden. Mittelpunkt des e. ist der *calvaire,* eine Bildhauerarbeit, deren Steinplastiken auf einem hohen Sockel meist die Passionsszene u. die Kreuzigungsgruppe darstellen. Die bekanntesten *calvaires* befinden sich in Guimiliau, Pleyben u. Plougastel-Daoulas (Dép. Finistère).

Encyclopédie *ou dictionnaire raisonné des sciences, des arts et des métiers, par une société de gens de lett-*

res. Erstes frz. Universallexikon, das zwischen 1751 u. 1780 unter der Herausgeberschaft von Diderot u. d'Alembert (bis 1758) erschien; es umfaßt insges. 35 Bände (17 Foliobände, 11 Bände mit Kupferstichtafeln, 5 Supplement- u. 2 Registerbände). Urspr. als Übersetzung der „Cyclopaedia" des Engländers E. Chambers gedacht, gilt es dank der Mitarbeit von über 100 führenden Philosophen u. Wissenschaftlern der Zeit *(encyclopédistes)*, darunter neben Diderot u. d'Alembert Rousseau (Musik), Voltaire (Elégance, Histoire), Montesquieu (Goût), Turgot (Volkswirtschaft), als Standardwerk der frz. Aufklärung u. geistiger Wegbereiter der Frz. Revolution 1789.

Enghien [ɑ̃gɛ̃] ↑tiercé.

E.N.I., *Ecoles nationales d'ingénieurs.* Staatl. Ingenieursschulen; für die Zulassung genügt i.d.R. das ↑*baccalauréat.*

E.N.S. ↑Grandes Ecoles.

enseignement élémentaire *m,* auch *e. du premier degré,* das Grundschulwesen ↑*école élémentaire.*

enseignement pré-élémentaire, auch *e. préscolaire m.* Vorschulerziehung ↑*école maternelle.*

enseignement privé *m,* das Privatschulwesen ↑*école libre.*

enseignement professionnel *m.* Im Unterschied zum dt. Bildungssystem sind in Fr. berufsqualifizierende Ausbildungsgänge mit in die Sekundarstufe einbezogen. Bereits im Anschluß an die 5e *(↑collège)* führt eine dreijährige Ausbildung an einem *Lycée d'enseignement professionnel (↑LEP)* zu einem Berufsabschluß *(↑CAP).*

Das *CAP,* das etwa der Gesellen- o. Facharbeiterprüfung entspricht, kann auch über Berufsvorbereitungskurse *(↑CPPN)* o. Berufseinführungskurse *(↑CPA)* an ↑*collèges,* ↑*LEPs,* den *Centres de formation d'apprentissage (↑CFA)* u. über eine Lehre erworben werden. Bes. leistungsschwache Schüler über 15 Jahre können ferner noch an manchen *LEPs* im Anschluß an eine einjährige Kurzausbildung das *CEP (Certificat d'études professionnelles)* erhalten, das einen geringeren Stellenwert als das *CAP* hat.

Auf der Sekundarstufe II führt der kurze Bildungsweg nach zwei Jahren in einem ↑*LEP* zu einem berufsqualifizierenden Abschluß *(↑BEP).* Der lange Bildungsweg führt nach drei Jahren an einem ↑*lycée (technique, agricole)* zum Techniker-Diplom *(↑BT)* o. Fachabitur *(↑BTn).*

Jugendliche zwischen 16 u. 18 bzw. 25 Jahren, die am Ende der allgemeinen Schulpflicht keinen berufsqualifizierenden Abschluß nachweisen o. ihre Berufsausbildung erfolglos abgebrochen haben, können in besonderen Kursen, den sog. *stages de formation alternée* (½ bis 2 Jahre) o. den *stages d'insertion sociale et professionnelle* (3 bis 10 Monate), ein seit 1983 staatl. anerkanntes Diplom, das *Certificat de formation générale,* ablegen. Vgl. ↑*formation continue.*

enseignement secondaire *m,* das Sekundarschulwesen ↑*collège,* ↑*lycée.*

enseignement supérieur *m,* das Hochschulwesen. Für Fr. typisch ist der seit 200 Jahren bestehende Dualismus zwischen ↑*Universitäten* u. ↑*Grandes Ecoles.* Vgl. a. ↑*école normale,* ↑*IEP,* ↑*IUT,* ↑*Sorbonne,* ↑*STS,* ↑*UPA.*

E.N.S.E.P.S. ↑Grandes Ecoles.

E.N.S.E.T. ↑Grandes Ecoles.

E.N.S.I. ↑Grandes Ecoles.

Entente cordiale. Nach verschiedenen Konflikten, die zwischen England u. Fr. wegen des Erwerbs neuer Kolonien ausgetragen wurden – ihr Höhepunkt war die *Faschoda-Affaire,* wo eine frz. Expedition unter Marchand die Ortschaft Faschoda im Sudan einer englischen Truppe unter Lord Kitchener überlassen mußte (1898) –, gelang es dem frz. Ministerpräsidenten Delcassé, sich mit England zu einigen u. ein Bündnis zu schließen, das den Namen *Entente cordiale* erhielt.

épargne-logement *m,* **comptes d' ~, plans d' ~.** Bausparverträge, die in Fr. bei Geschäftsbanken, Spar- u. Postsparkassen abgeschlossen werden können.

épicier du coin. Volkstümliche Bez. für den kleinen Lebensmittelladen mit überwiegender Stammkundschaft, dt. etwa: Tante-Emma-Laden.

époisses *m.* Stark würziger Käse aus Kuhmilch, der dem elsässischen ↑*munster* ähnelt u. v.a. im burgundischen Dép. Côte d'Or, in dem auch die kleine Gemeinde Epoisses liegt, hergestellt wird.

épuration ↑Libération.

E.R.A.P. ↑ELF-Aquitaine.

Erster Weltkrieg ↑Weltkriege.

espadrilles *fpl.* Urspr. aus den Pyrenäen stammende, leichte Sommerschuhe; das Obermaterial ist aus grobem Leinenstoff, die Sohlen sind aus Esparto-Gras o. Hanf.

E.S.S.E.C. [ɛsɛk] ↑Grandes Ecoles.

estaminet *m.* In Nordfr. u. Belgien gebräuchliche Bez. für ein kleines ↑*café.*

Etablissements français ↑Kolonien.

étang *m.* 1. Teich; 2. Strandsee o. Haff (Lagune); hat sich durch die von Dünen versandeten Mündungen der Binnengewässer längs der *Côte d'Argent (↑côtes)* (z.B. *Etang de Biscarosse)* u. an der Mittelmeerküste zwischen Marseille u. Perpignan gebildet (z.B. *Etang de Berre,* bei Marseille; *Etang* o. *Bassin de Thau,* bei Sète).

Etat français ↑Vichy-Regime.

Etats associés ↑Kolonien.

Etats-Généraux ↑Ancien Régime.

étrennes ↑Feiertage: Jour de l'An.

Europe No 1 ↑Rundfunk u. Fernsehen.

Euskal Herri alderdi sozialista ↑Regionalismus.

Evêchés, Les trois ~. Im 16. u. 17. Jh. Bez. für die drei Bistümer Toul, Metz, Verdun (seit dem Westfälischen Frieden frz.).

événements de mai. Dt. Maiunruhen, revolutionäre Bewegung von Studenten u. Arbeitern, die Fr. 1968 stark erschütterte u. an den Rand des Chaos brachte. Im März hatten Studenten der bei Paris gelegenen Universität Nanterre ein Gebäude derselben besetzt u. eine Reihe von Forderungen gestellt. Als diese nicht erfüllt wurden, griffen die Unruhen auf die Sorbonne über, die geschlossen wurde. Am 11. Mai errichteten die Studenten 60 Barrikaden in Paris, es kam zu Straßenschlachten mit der Polizei. Auch die Arbeiter, die hohe Lohnforderungen stellten, schlossen sich der Bewegung an. Am 13. Mai wurde ein Generalstreik ausgerufen u. ein Protestmarsch von Studenten u. Arbeitern durch Paris organisiert. Am 14. Mai wurden zahlreiche Fabriken besetzt. Am 20. Mai gab es bereits 10 Millionen Streikende. Staatspräsident de Gaulle, der die Bewegung als *chienlit,* dt. wörtl. ‚Karneval', auch ‚Saustall' u. ‚Pöbelherrschaft' bezeichnete, u. seine Regierung standen der Bewegung zunächst ohnmächtig gegenüber. Die kommunistische Partei u. die Gewerkschaften, die sie ursprünglich abgelehnt hatten, schlossen sich ihr an, um nicht von dieser Bewegung, vor allem von den *gauchistes,* den Angehörigen der neuen Linken, links überholt zu werden. Einer der Führer der Bewegung war der Student Daniel Cohn-Bendit. Am 25. Mai begannen Verhandlungen zwischen Regierung u. Gewerkschaften im Arbeitsministerium, in der rue de Grenelle in Paris, die zum Abschluß der sog. *Accords de Grenelle* führten, in denen die Regierung einer erheblichen Erhöhung der Mindestlöhne zustimmte. De Gaulle verließ am 29. Mai demonstrativ Paris u. begab sich ins Hauptquartier der frz. Streitkräfte in D. nach Baden-Baden, vermutlich um einerseits die Möglichkeit seines Rücktritts, aber auch seiner Unterstützung durch die Armee anzudeuten. Am 30. Mai kehrte er zurück u. wandte sich in einer Rundfunkansprache an das frz. Volk. Nun wendete sich das Blatt. In Paris kam es zu Sympathiedemonstrationen für de Gaulle, an denen eine ungeheure Menschenmenge teilnahm, die zum *Arc de Triomphe* in Paris marschierte. Pompidou empfahl die Auflösung der Nationalversammlung, wie es die Verfassung vorsieht, was de Gaulle auch tat. Bei den darauffolgenden Wahlen schnitten die Gaullisten mit dem besten Ergebnis in ihrer Geschichte ab, die Kommunisten mußten erhebliche Stimmverluste hinnehmen. Die Bewegung hatte eine tiefe Malaise der frz. Gesellschaft ausgedrückt; so kam es im Anschluß an die Maiunruhen zu wichtigen Reformen im Bildungswesen, zur Begnadigung vieler wegen Beteiligung am Algerienputsch Verurteilter; weitere Reformen wurden angekündigt. Pompidou wurde als Premierminister durch Couve de Murville ersetzt, die Regierung umgebildet. Die Teilnehmer an den *événements de mai* heißen *soixante-huitards.*

Evian 1. ↑Algerien; 2. ↑Mineralwasser.

Exode *m.* Bez. für die Massenflucht der frz. Zivilbevölkerung nach Süden vor den rasch aus O. u. N. vordringenden dt. Streitkräften im Mai u. Juni 1940.

exode rural *m.* Landflucht. Vgl. ↑*aménagement du territoire.*

F

F. ↑Geld u. Währung.

F2 *m.* Kurzbez. f. eine Zweizimmerwohnung, analog gibt es F3, F4. Eine Ein-Zimmerwohnung heißt *studio* o. etwas iron. *garçonnière.*

F.A.C. *m, Fonds d'aide et de coopération.* 1959 per Dekret geschaffener Sonderfonds für Entwicklungshilfe u. Zusammenarbeit; finanziert die frz. Beiträge zu den Investitionen der Entwicklungsländer, bes. Madagaskars u. der französischsprachigen Länder Afrikas *(↑zone franc);* hat den *FIDES (Fonds d'investissements et de développement économique et social des territoires d'outre-mer)* abgelöst. Für die Durchführung der beschlossenen Programme werden öffentliche o. halböffentliche Organisationen u. Einrichtungen herangezogen. Einige der wichtigsten sind das ↑*BRGM,* das *BDPA (Bureau pour le développement de la production agricole),* die *SEDES (Société d'études pour le développement économique et social),* das *ORSTOM (Office de la recherche scientifique et technique d'outre-mer),* das *BEPTOM (Bureau d'études des postes et télécommunications d'outre-mer)* u. das *OFEROM (Office central des chemins de fer d'outre-mer).*

F.A.F. ↑formation continue.

fagnes *fpl.* Kleine morastige Kessel in den Ardennen, bes. im Vallée de l'Helpe Majeure.

F.A.R. [far] *f, Force d'action rapide.* Die ‚schnelle Eingreiftruppe' der frz. Streitkräfte, mit 5 Divisionen (47000 Mann) stationiert in Toulouse, Nîmes, St.Malo, Grenoble, Nancy.

farandole *f.* Alter prov. Rundtanz im 6/8 Takt, bei dem eine lange Reihe von Paaren in Schlangenlinien durch den Ort o. einen Saal tanzt.

farigoule *f.* Südfrz. ‚Thymian' (frz. *thym*), daher heißt bei Gerichten *à la f.* o. *à la farigoulette* ‚mit Thymian zubereitet'. Vgl. ↑*provençale, à la ~.*

F.A.S. *m, Fonds d'action sociale pour les travailleurs migrants.* 1958 geschaffener Sozialhilfefonds für ausländische Arbeitnehmer.

F.A.S.A.S.A. *m, Fonds d'action sociale pour l'aménagement des structures agricoles.* Sozialfonds zur Verbesserung bzw. Neuordnung der Agrarstrukturen, geschaffen 1962 als Unterabteilung des *Centre national pour l'aménagement des structures des exploitations agricoles (CNASEA),* bewilligt die *indemnité viagère de départ (↑IVD).* Vgl. ↑*SAFER.*

Faschoda-Affäre ↑Entente cordiale.

fast-food *m.* Offiziell: *prêt-à-manger,* auch: *restaurant de cuisine rapide,* Hamburger-Schnellgaststätte, Art Schnellimbiß. Nach zögernden Anfängen haben *fast-food*-Ketten in Fr. im Vergleich zu anderen europ.

Staaten erst relativ spät Fuß gefaßt, finden heute aber zunehmend Anklang.

FATAC ↑Force de frappe.

faubourg *m.* ‚Vorstadt', Teil eines Stadtgefüges, früher o. (seltener) noch heute jenseits der administrativen o. geographischen Stadtgrenze gelegen, z.B. *f. Montmartre, f. Saint-Denis* in Paris; heute noch häufig in Straßennamen. Der Übergang zur ↑*banlieue* ist oft fließend.

F.C.P.E., *Fédération des conseils de parents d'élèves de l'enseignement public.* Einflußreicher Verband von Schülereltern, ehem. *Fédération Cornec,* nach seinem Gründer u. langjährigen Vorsitzenden Jean Cornec, seit 1980 unter Führung von Jean Andrieu, daher auch *Fédération Andrieu.* Zeitschrift: *Pour l'Enfant ... Vers l'Homme. Vgl.* ↑*P.E.E.P.*

Fédération Cornec ↑F.C.P.E.

Fédération Nationale des Républicains Indépendants ↑Parteien.

Fédération Schléret ↑P.E.E.P.

F.D.E.S. ↑aménagement du territoire.

Feiertage *(fêtes religieuses et fêtes civiles).* In Fr. gibt es eine Reihe von Feiertagen, die sich in Brauchtum u. Tradition von den dt. unterscheiden. *Noël m (la fête de Noël, la Noël),* Weihnachten (25. Dezember), ist in Fr. traditionell ein fröhliches, geselliges Fest („Joyeux Noël"), in dessen Mittelpunkt *le réveillon,* das ausgiebige Weihnachtsmenü am Heiligen Abend (frz. ebenfalls: *le réveillon),* steht. Bestandteil dieses Essens ist u.a. die *bûche de Noël* (‚Weihnachtsklotz'), eine mit Schokolade- o. Mokkacreme gefüllte Biskuitroulade; sie erinnert an einen alten Weihnachtsbrauch, bei dem am Heiligen Abend ein Holzklotz im Kaminfeuer verbrannt wird. Das Holz soll von einem Obstbaum sein, damit es im kommenden Jahr viele Früchte gebe. Das Übergießen des brennenden Holzblocks mit Wein o. Öl soll eine gute Wein- u. Olivenernte sichern. Weihnachtsbaum *(arbre de N., sapin de N.)* u. Weihnachtsmann *(père N.)* haben sich erst in neuerer Zeit, ausgehend vom Elsaß (erster Weihnachtsbaum in Turckheim 1597 nachgewiesen), über ganz Fr. verbreitet. Geschenke wurden urspr. nur am Neujahrstag *(le Jour de l'An)* gegeben. Diese Neujahrsgaben, oft *bonbonnières* u. Rosen, heißen *étrennes.*

Das Fest der Hl. Drei Könige *(Le Jour des Rois, Epiphanie)* am 6. Januar wird zunehmend am 1. Sonntag des Jahres gefeiert. An diesem Tag gibt es die *galettes des Rois,* runde Blätterteigkuchen, von denen einer ein winziges Porzellanpüppchen enthält. Wer es bekommt, ist „König" o. „Königin" des Tages.

An *La Chandeleur* (Mariä Lichtmeß, 2. Februar) werden gern *crêpes* (Pfannkuchen) als Glücksbringer gegessen („A la Chandeleur qui mange la crêpe a du bonheur").

Karneval o. Fasching *(carnaval)* ist in weiten Teilen Fr.s unbekannt. In einzelnen Orten finden am Faschingsdienstag *(mardi gras)* große Umzüge statt, so in Dunkerque (Dép. Nord) *(carnaval de la bande des pêcheurs),* Solesmes (Dép. Nord) (c. *des Serin-*

gueux), Granville (Dép. Manche), Prats-de-Mollo (Dép. Pyrénées-Orientales), Pézenas (Dép. Hérault) *(fête du Poulain).* Am berühmtesten ist der Karneval von Nizza; dessen Höhepunkt ist ein großer Umzug *(corso carnavalesque)* mit blumengeschmückten Festwagen u. berittenen Gruppen in Kostümen des 18. Jhs., Blumenschlachten (batailles de fleurs) u. einem Feuerwerk. Die urspr. Bed. des Karnevals als Fest des Jahresanfangs zeigt sich auch in den Feuerbräuchen des ersten Fastensonntags *(Dimanche des Brandons).* An *mi-carême,* der Mitte der Fastenzeit, werden oft fröhliche Feste gefeiert. Karfreitag *(Vendredi Saint)* ist in Fr. kein arbeitsfreier Tag (Ausnahme: Elsaß/Lothringen, in Gemeinden mit evang. Kirche).

An Ostern *(Pâques)* bekommen die Kinder süße Ostereier. Osterhase u. Ostereiersuchen sind nicht bekannt. Der Ostermontag *(lundi de P.),* der 1. Mai *(la Fête du Travail),* Christi Himmelfahrt *(Ascension)* u. Pfingstmontag *(lundi de la Pentecôte)* sind in ganz Fr. offizielle Feiertage. Charakteristische Frühlingsbräuche, die sich meist um den 1. Mai u. Pfingsten *(la Pentecôte)* gruppieren, sind in Fr. weniger ausgeprägt als in Mittel- u. Osteuropa. In manchen Gegenden Nordfr.s sind Maibaumsetzen u. Umzüge mit grünen Maskengestalten noch üblich. Am Abend des Johannisfestes (*La Saint-Jean,* 24. Juni) finden noch in vielen Orten (v.a. im Roussillon u. in den Vogesen) Johannisfeuer u. Tanzveranstaltungen unter freiem Himmel statt.

Der frz. Nationalfeiertag *(la Fête nationale)* wird am 14. Juli, dem Tag der Erstürmung der Bastille 1789, begangen. Im ganzen Land finden Militärparaden, Tanzveranstaltungen unter freiem Himmel u. Feuerwerke statt. Mariä Himmelfahrt *(L'Assomption)* am 15. August *(= la mi-août)* ist in Monaco u. manchen Städten Anlaß für große Sommerfeste mit faschingsähnlichen Umzügen u. folkloristischen Veranstaltungen.

Weitere (staatl.) Feiertage sind der 11. November, der Waffenstillstandstag von 1918 *(Fête de la Victoire)* u. der 8. Mai *(Jour V),* der Jahrestag der dt. Kapitulation 1945 in Reims, der nach einem Erlaß der Regierung Mitterrand/Mauroy seit 1982 wieder begangen wird.

Félibrige *m.* 1854 gegr. Bund junger prov. Schriftsteller, sog. *„félibres"*, unter ihnen J. Roumanille, Th. Aubanel u. F. Mistral, die für die Erneuerung der provenz. Sprache u. Literatur eintraten. Sie machten das Provenzalische (↑*Regionalsprachen*) wieder literaturfähig. Großes Verdienst hatte F. Mistral (1830–1914), dessen bekannteste Werke das Versepos „Mirèio" (1859) u. ein großes zweibändiges Wörterbuch der neuprovenzalischen Sprache („Lou Tresor dóu Felibrige ou dictionnaire provençal – français", 1879–86) sind. 1904 erhielt er den Literaturnobelpreis.

F.E.N. ↑Arbeitnehmerorganisationen.

feria ↑Stierkampf.

ferrade ↑Camargue.

Festival d'Avignon ↑Theater.

Festival de Nancy ↑Theater.

Fest-Noz [fɛstnɔs] *m.* Breton. ‚fête de la nuit', breton. Volksfest mit Jahrmarktunterhaltung u. Tanz am offenen Feuer.

Fête de la Victoire ↑Feiertage.

fête du village *f.* Das traditionelle Dorffest, fällt meist mit dem Fest des örtlichen Kirchenpatrons *(fête patronale* o. *fête votive)* zusammen u. hat den Charakter einer Kirchweih (↑*kermesse).*

Fête nationale ↑Feiertage.

Feuerkreuzler ↑Croix de feu.

Feuillants hießen z. Zt. der *Assemblée nationale constituante* (↑*Revolutionen)* die Anhänger der konstitutionellen Monarchie.

février: 6 février ↑Geschichtsdaten.

F.F.A. 1. *Forces françaises en Allemagne;* die in Rheinland-Pfalz, Baden-Württemberg u. im Saarland stationierten frz. Streitkräfte, das 2. französische Armeekorps mit Hauptquartier in Baden-Baden. Ihr Statut ist in den Pariser Verträgen vom 23. 10. 1954 festgelegt; 2. *Fédération française de l'agriculture,* 1969 aus einer Spaltung der *FNSEA* (↑*Arbeitgeberverbände)* hervorgegangene Bauernvereinigung.

F.F.C., *Les Francs et Franches Camarades,* fam. *Francas.* ‚Verband der freien Kameraden', Ausbildungsorganisation für die Freizeitgestaltung von Kindern in Ferienzentren (↑*centres de vacances et de loisirs).*

F.F.F. *f.* 1. *Fédération française de football,* frz. Fußballbund; 2. ↑Verbraucherschutz.

F.F.I. ↑Résistance.

F.F.L. ↑France libre.

F.G.D.S., *Fédération de la gauche démocrate et socialiste.* Zusammenschluß der nichtkommunistischen Linken von 1965–1969, vor allem von Sozialisten u. Radikalen; gegen den Gaullismus gerichtet u. von François Mitterrand geführt, der 1968 zurücktrat.

F.I.A.N.E. *m, Fonds d'intervention et d'action pour la nature.* Fonds für Natur- u. Umweltschutz, geschaffen durch Dekret vom 3. 2. 1971.

F.I.A.P. *m, Foyer international d'Accueil de la Ville de Paris.* Großes, für Gruppen bes. geeignetes Jugendhotel im 14. Pariser Arrondissement.

F.I.A.T. ↑aménagement du territoire.

F.I.C. *m, Fonds d'intervention culturelle.* 1971 geschaffener staatl. Kulturhilfefonds.

ficelle ↑baguette.

F.I.D.E.S. ↑F.A.C.

fillette ↑Flaschenformen.

fine ↑Liköre, Schnäpse, Aperitifs: cognac.

F.I.P. ↑Rundfunk u. Fernsehen.

F.I.P.F., *Fédération internationale des professeurs de français.* Intern. Verband der Französischlehrer, gegr. 1959, in Sèvres bei Paris.

F.J.T. *m, Foyer de jeunes travailleurs.* Wohnheim für junge Arbeitnehmer, entspricht in der BRD etwa den Kolpinghäusern.

Flaschenformen u. -größen. Seit 1978 haben alle Weinbaugebiete einheitliche Flaschen mit 75 cl Inhalt, mit Ausnahme des Champagners, der normalerweise auf 80 cl-Flaschen gezogen wird. Manche Flaschen haben bes. Bez.: *bonbonne* o. *bombonne,* eine große bauchige Weinflasche, Korbflasche; *clavelin:* ↑*vin jaune*-Flasche; *dame Jeanne* o. *Marie-Jeanne,* Bordeaux: entspricht mehr als 3 Flaschen (etwa 2,5 l), wird heute nicht mehr verwendet; *fillette,* kleine Weinflasche, ⅓ l; *flûte,* Elsaß: schlanke 1/1 Flasche (0,75 l); *Impériale,* Bordeaux: = 8 Flaschen (6 l); *Jéroboam,* Bordeaux: = 6 Flaschen (4,5 l), Champagne: = 4 Flaschen; *Magnum,* Bordeaux bzw. Champagne, Burgund: = 2 Flaschen (1,5 l bzw. 1,6 l); *roteuse,* pop. Bez. einer 1/1 Champagner-Flasche. Champagner gibt es ferner in den großen Formaten *Réhoboam* (= 6 Fl.), *Mathusalem* (8 Fl.), *Salmanazar* (12 Fl.), *Balthazar* (16 Fl.) u. *Nabuchodonosor* (20 Fl.). *Major* o. *pot* heißt eine altertümlich aussehende, länglich-bauchige Spezialflasche für Beaujolais-Wein.

F.L.B. ↑Regionalismus.

flic *m, fam.* Spitzname für Polizisten *(agent de police).*

F.L.N. ↑Algerien.

F.L.N.C. ↑Regionalismus.

Fluctuat nec mergitur. Dt. etwa ‚Es wird von den Wellen hin- u. hergeworfen, aber geht nicht unter'. Wappenspruch der Stadt Paris, der die seit alters große Bedeutung von Paris als Binnenhafen unterstreicht. Das Stadtwappen zeigt neben den bourbonischen *fleurs de lys (↑Staatssymbole)* eine Karavelle mit silbernen Segeln, die auf das Siegel der *marchands de l'eau* (‚Kaufleute zu Wasser'), der einflußreichsten Kaufmannsgilde im 12. Jh., zurückgeht.

Flughäfen (Paris) *(aéroports de Paris).* Paris hat drei große Flughäfen, die von der staatl. Gesellschaft *L'Aéroport de Paris* betrieben werden: 1. *Le Bourget* (15 km nördl., Dép. Seine-Saint-Denis), kleinster u. ältester (1914–18) Pariser Flughafen. Er wird heute nur von kleineren Linien u. Geschäftsflugzeugen angeflogen u. spielt für den intern. Verkehr keine Rolle; v.a. bekannt für seinen alljährlichen Luft- u. Raumfahrtsalon *(Salon de l'aéronautique et de l'espace);* 2. *Charles-de-Gaulle/Roissy (CdG)* (25 km nördl., Dép. Val d'Oise), der größte u. modernste Flughafen Europas, seit 1974 in Betrieb. Zwischen Gare du Nord *(↑Bahnhöfe (Paris))* u. Roissy besteht eine permanente Zugverbindung („Roissy-Rail"). 3. *Orly-Sud, Orly-Ouest* (14 km südl. von Paris), eröffnet 1961 bzw. 1971. *Orly-Ouest* ist Heimatflughafen von ↑*Air Inter* u. wird auch von der Lufthansa angeflogen. *Orly-Sud* fertigt v.a. Langstreckenflüge afrik., asiat., südamerik. Gesellschaften ab. Orly ist mit der Innenstadt durch die ↑*RER*-Linie C („Orly-Rail") verbunden.

F.L.N.K.S. ↑Überseeisches Frankreich.

flûte ↑1. baguette; 2. Champagne; 3. Flaschenformen.

F.N. ↑Front National.

F.N.A.C. [fnak] *f, Fédération nationale d'Achats des Cadres.* 1954 aus einem „Photo-Ciné"-Einkaufsmarkt für leitende Angestellte u. Einzelhändler entstandene, auf Photo, Hi-Fi, Schallplatten u. Bücher spezialisierte u. für jedermann zugängliche Warenhauskette mit Häusern in allen frz. Großstädten.

F.N.A.F.R. ↑Verbraucherschutz.

F.N.A.G.E. ↑Grandes Ecoles.

F.N.C.C. ↑Verbraucherschutz.

F.N.E.F. ↑Studentenverbände.

F.N.P.A. ↑Arbeitgeberverbände.

F.N.R.I. ↑Parteien.

F.N.S. ↑Force de frappe.

F.N.S.E.A. ↑Arbeitgeberverbände.

F.O. = C.G.T.-F.O. ↑Arbeitnehmerorganisationen.

Fondation de France *f.* 1969 gegr. gemeinnützige Stiftung mit 7 Einzelunterstützungsfonds für alte Menschen, Körper- u. Geistesbehinderte, Jugendliche, dritte Welt, kulturelle Entwicklung, Landschaftsschutz u. wiss. Forschung. Einzelpersonen u. -unternehmen können innerhalb der F. eine eigene Stiftung einrichten. Die Zahl dieser Stiftungen nimmt ständig zu, es gibt z.B. eine Arthur Honegger-, Louise Weiss-, Rank Xerox-Stiftung o. die *Fondation du Prêt d'Honneur aux Jeunes* (Hochbegabtenförderung).

fondue bourguignonne. Burgunder Fleischfondue mit verschiedenen Saucen.

fontaines Wallace *fpl.* Etwa 100 über ganz Paris verteilte immersprudelnde, mit grüner Ölfarbe gestrichene Trinkwasserbrunnen aus Gußeisen, die 1875 von dem Engländer Sir Richard Wallace gestiftet wurden.

Force de frappe *f,* offiziell *force de dissuasion* (Abschreckungsstreitmacht). Bez. für die von de Gaulle vorangetriebene strategische Atomstreitmacht Fr.s. (Explosion der ersten frz. Atombombe am 13. 2. 1960). Die *F.* gliedert sich in die 1. *forces nucléaires stratégiques (FNS)* mit den *forces aériennes stratégiques* (*FAS;* Luftwaffe, *Mirage IV*-Bomber, Mittelstreckenraketen auf dem *Plateau d'Albion*) u. der *force océanique stratégique* (FOST; Atom-U-Boote); 2. *Arme nucleaire tactique (ANT),* nukleare Einheiten zu Lande (*Pluton*-Raketen), zu Wasser (*Super-Etendard*) u. in der Luft *(Forces aériennes tactiques = FATAC; Mirage IIIE).* Die *F.* soll Fr.s Verteidigung von den USA unabhängig machen u. seine nationale Größe u. Unabhängigkeit garantieren.

Forces françaises de l'Intérieur ↑Résistance.

Forces françaises libres ↑France libre.

forêt domaniale *f.* Bez. der frz. Staatsforste.

F.O.R.M.A., *Fonds d'orientation et de régularisation des marchés agricoles.* Frz. Ausgleichsfonds für den Agrarmarkt.

formation continue, auch *formation professionnelle des adultes (FPA).* Berufsbezogene Erwachsenen- u. Weiterbildung, Teil der ↑*éducation permanente.* Man unterscheidet zwischen der *action de promotion sociale,* der Berufsbildung außerhalb der Arbeitszeit in Abend- u. Fernkursen *(↑CNAM, ↑CNTE, ↑CNEC 1.),* u. der *formation professionnelle continue* innerhalb der Arbeitszeit, durchgeführt u.a. in den Fortbildungszentren des *Ministère du Travail (Associations pour la formation professionnelle des adultes = AFPA),* des *Ministère de l'Education Nationale (Groupements d'établissements = GRETA)* u. des Arbeitgeberverbands *CNPF (Associations patronales de formation = As.Fo)* sowie der Handelskammern *(Fonds d'assurance formation = FAF).* Jeder Arbeitnehmer hat Anspruch auf bezahlten Fortbildungsurlaub bis zu 1 Jahr. Die Unternehmer sind verpflichtet, jährlich mind. 1% der Lohnsumme für die *f.* aufzuwenden. Der dt. Volkshochschule vergleichbare Einrichtungen haben in Fr. keine Tradition; sog. *universités populaires* finden sich nur in wenigen Städten, z.B. in Mulhouse (Dép. Haut-Rhin). Für ältere Menschen entstehen seit den 70er Jahren zunehmend sog. *Universités du ↑troisième âge.*

fortifs' *fpl, fam* für *fortifications.* Reste des alten Festungsgürtels von Paris, lange Tummelplatz von Halbwüchsigen.

Forum des Halles [forɔmdeal] *m.* An der Stelle der früheren Pariser Markthallen *(↑Halles)* entstandenes, modernes Geschäfts-, Kino- u. Kulturzentrum. Auf vier unterirdischen Ebenen *(niveaux)* mit 46000 m^2 Fläche liegen bis zu 200 Geschäfte u. Boutiquen, 16 Fußgängerstraßen von 1,7 km Länge, 15 Cafés u. Restaurants, 16 Kinosälen, eine Dependance des Wachsfigurenkabinetts *Musée Grévin* u. das Theater *Petit Forum.* Direkte Zugänge zu ↑*métro* u. ↑*RER* im unterirdischen Knotenpunkt Châtelet-Les Halles.

Fos [fɔs]. In den 70er Jahren mit staatl. Milliardenkrediten aufgebauter Komplex von Hafen- u. Industrieanlagen in der Nähe der kleinen Gemeinde Fos-sur-Mer (Dép. Bouches- du-Rhône), Kopfstation für Ölleitungen, Erdölhafen für Großtanker, Erdölraffinerie. Die Stahlkonzerne ↑*Sacilor* u. ↑*Usinor* betreiben in Fos die *Société lorraine et méridionale de laminage continu (SOLMER),* die seit 1973 Walzstahlbleche produziert u. wichtigster Arbeitgeber von Fos ist (70% aller Arbeitnehmer). Auf dem 5500 ha großen Industriegebiet haben sich etwa ein Dutzend großer Unternehmen angesiedelt, z.B. ↑EDF (Elektrizität), *Société du Pipe-line sud-européen, Esso, ↑GdF, ICI (Imperial Chemical Industries), ↑PUK, Shell* (alle Chemie), ferner *Ugine- Acier* (Stahl). Die damit verbundene Zerstörung der ursprünglichen Landschaft wird von Naturfreunden u. Umweltschützern scharf kritisiert.
Die Verlegung großer Stahlkapazitäten nach Fos schwächte die alte Stahl-

landschaft Lothringen nachhaltig, doch auch die in Fos gesetzten hohen wirtschaftlichen Erwartungen wurden bis heute nicht erfüllt. Die 1983/84 ausgebrochene Stahlkrise, der die frz. Regierung mit einem einschneidenden Rationalisierungsplan (u. a. Abbau von 25 000 Arbeitsplätzen in der Stahlindustrie) begegnet, stellt zudem auch Fos vor Existenzprobleme.

FOST ↑Force de frappe.

four solaire *m.* Sonnenofenanlage des frz. Physikers Félix Trombe in Odeillo-Font-Romeu (Dép. Pyrénées-Orientales). Dieser größte Sonnenofen der Welt besteht aus einem 40 m hohen Parabolspiegel mit einer Fläche von 2500 m^2 u. 63 gegenüberliegenden Richtspiegeln mit einer Fläche von je 45 m^2. Seine thermische Leistung beträgt etwa 1000 Kilowatt. Vgl. a. ↑*Thémis.*

fourme ↑cantal.

fourme d'Ambert *f.* Aus Kuhmilch hergestellter mild-aromatischer runder Schimmelpilzkäse *(↑bleu)* aus der Landschaft Forez (Auvergne). Vgl. ↑*cantal.*

Fourrière, auch *fourrière f.* Sammelplatz der verkehrswidrig geparkten u. abgeschleppten bzw. gestohlenen Wagen in Paris u. anderen Städten. Früher auch Hort herrenloser Tiere.

Foyer socio-éducatif *m.* Schulische Einrichtung, die auf freiwilliger Basis u. außerhalb der Schulstunden Bildungs- u. Freizeitaktivitäten (Sport, ↑*ciné-club,* Laienspiel usw.) organisiert.

F.P.A. ↑formation continue.

F.P.C.L. ↑Regionalismus.

FR 3 ↑Rundfunk u. Fernsehen.

Framatome ↑C. E. A.

Franc ↑Geld u. Währung.

Franc CFA ↑Geld u. Währung.

Franc CFP ↑Geld u. Währung.

France Inter ↑Rundfunk u. Fernsehen.

France libre. ‚Freies Frankreich'. Nach der militärischen Niederlage Fr.s im Mai-Juni 1940, die durch den Waffenstillstand von ↑*Compiègne* besiegelt wurde, u. nach der Ablösung der III. Republik durch das ↑*Vichy-Regime* schien der Krieg zwischen Fr. u. D. entschieden u. Fr. einer autoritären Staatsform verfallen. Doch schon am 18. Juni 1940 wandte sich General de Gaulle, der nach England fliehen konnte, von London aus in einem historischen Aufruf, dem *appel du 18 juin,* an die Franzosen u. forderte sie zur Fortsetzung des Kampfes auf. Dies geschah dann auf verschiedene Weise: 1. durch die allmählich wachsende Widerstandsbewegung *(↑Résistance)* in Fr.; 2. durch die Gründung eines politischen Organs, des sog. *Comité de la France Libre,* in London; 3. durch die Aufstellung gaullistischer Streitkräfte aus Einheiten, die aus Norwegen zurückgekommen o. nach der Niederlage von Dünkirchen (Dunkerque) nach England übergesetzt waren u. aus den damaligen frz. Kolonien kamen, den sog. *Forces françaises libres (FFL).* De Gaulle wurde vom Vichy-Regime in Abwesenheit zum Tode verurteilt, seine Anhänger als *dissidents* bezeichnet. Die *FFL* kämpften zunächst gegen vichytreue frz. Streitkräfte in Syrien; ihr Landungsversuch vor Dakar (Sept. 40), den sie mit englischer Flottenunterstützung unternommen hatten, scheiterte. Bald fielen in Zentralafrika der Tschad, Kamerun u. der frz. Kongo an die Gaullisten. 1942 gewannen die *FFL* unter General Leclerc in Nordafrika ihre erste Schlacht gegen Rommels Afrikakorps bei *Bir-el-Hakeim,* das zum Symbol ihrer Schlagkraft wurde. Später kämpften Einheiten der *FFL* in Italien, nach der alliierten Invasion (6. Juni 1944) auch in Fr., wo die Division Leclerc an der Befreiung von Paris beteiligt war. Zuerst fand de Gaulles Aufruf in Fr. wenig Widerhall; die Mehrzahl der Frz. stand 1940 hinter Marschall Pétain; doch nach der dt. Niederlage von Stalingrad (1942) erhielt die innere Widerstandsbewegung, die von London aus versorgt wurde, immer mehr Auftrieb *(↑Résistance).* Das Londoner Komitee wurde 1941 in *Conseil national français* umbenannt. Nach der Besetzung Algeriens durch die alliierten Streitkräfte (8. 9. 42) verlegte de Gaulle sein Nationalkomitee von London nach dem damals frz. Algier u. benannte es in *Comité français de la Libération nationale (CFLN)* um. Wenige Tage vor der Invasion der Alliierten am 6. Juni 1943 in der Normandie errichtete de Gaulle das *Gouvernement provisoire de la République,* die vorläufige Regierung der Republik, in Algier; nach der Befreiung von Paris siedelte sie am 26. August nach Paris über, wo de Gaulle de facto die Macht übernahm.

Franchiman *m.* Umgangssprachliche, je nach Kontext auch abfällige Bez. der Südfrz. für ihre Landsleute aus der nördlichen Hälfte von Fr.

francisation *f.* Registrierung eines Schiffes, auch Sportbootes, unter frz. Flagge.

francisme ↑Vichy-Regime.

francisque ↑Staatssymbole.

francophonie *f.* Erstmals 1962 von der Zeitschrift *Esprit* geprägte Bez. für die frz. Sprachgemeinschaft. Frz. ist heute die Muttersprache von etwa 90 Mill. Menschen *(francophones),* davon 1. 60 Mill. in Europa: Fr., Monaco, frz. Schweiz (mit den Kantonen Genève, Vaud, Neuchâtel, Jura, sowie – neben Deutsch – Bern, Fribourg, Valais), Belgien (wallon. Teil), Luxemburg (Frz. neben Letzeburgisch u. Dt. offizielle Sprache), Insel Jersey (normann. Dialekt, Frz. offizielle Sprache neben Englisch), Aostatal (Italien) (Frankoprovenzalisch neben Italienisch), Andorra (Frz. als Verkehrssprache, neben Katalanisch u. Spanisch); 2. 12 Mill. in Nord- u. Lateinamerika; vier *départements d'outre-mer (↑Überseeisches Frankreich);* Haiti (neben Kreolisch), Kanada, insbes. Québec (zweite offizielle Sprache neben Englisch), USA: Louisiana (nur noch schwach repräsentiert); 3. 18 Mill. in Afrika (dort meist neben einem einheimischen Dialekt), Asien u. Ozeanien. Afrika: Bénin, Burundi, Kamerun, Zentralafrikanische Republik, Djibouti, Gabun, Guinea, Obervolta, Mali, Niger, La Réunion *(= DOM),* Rwanda, Sénégal, Tschad, Zaïre; Algerien, Marokko, Mauretanien, Tunesien (Verkehrssprache neben Arabisch); Madagaskar; Asien: offizielle Sprache im indischen Pondichéry (neben Tamili) (↑*Kolonien*), Verkehrssprache im Libanon, in Syrien, Kambodscha, Laos, Vietnam. In Ozeanien ist Frz. offizielle Sprache in den *Territoires d'outre-mer* (↑*Überseeisches Fr.*). Für die Verbreitung u. Pflege der frz. Sprache in der Welt arbeiten zahlreiche offizielle, halboffizielle u. private Organisationen z.B. ↑*ACCT*, ↑*ADELF*, *AGULF* (↑*Sprachpflege*), *AIPLF* = *Association internationale des parlementaires de langue française*, ↑*BELC*, *CILF* (↑*Sprachpflege*), ↑*CREDIF*, ↑*DGRCST*, ↑*FIPF*, ↑*Alliance française*, ↑*Instituts français*). Ihre Zusammenarbeit wird von der *Association francophone d'amitié et de liaison (AFAL)* seit 1974 koordiniert.

Die wichtigsten sprachpolitischen Organe der frz. Regierung sind – nach einer Reorganisierung im Jahre 1983 – der *Haut Conseil de la francophonie* unter Vorsitz des Staatspräsidenten, das *Commissariat général de la langue française de la langue francaise* u. das *Comité consultatif*. Im Februar 1986 fand in Paris die erste Gipfelkonferenz frz.-sprachiger Länder mit 42 Teilnehmern aus fünf Erdteilen statt. Mit einem Maßnahmenkatalog sollte dem weiteren Vordringen des Englischen als internationaler Verkehrs- u. Wirtschaftssprache mit Hilfe der neuen Informations- u. Kommunikationstechniken entgegengewirkt werden und der frz. Sprache ein gleichberechtigter Platz in der Welt erhalten werden. Der zweite frankophone Gipfel findet im Sept. 1987 in Québec statt.

Franc-Tireurs et Partisans ↑Résistance.

franglais *m.* Wortneuschöpfung aus *français/anglais* (frz./engl.), bekannt geworden durch die Satire *Parlez-vous franglais?* von Etiemble (Paris 1964; éd. revue et augmentée d'un chapitre 1973); Bez. eines mit angloamerikanischen Wörtern (Anglizismen) durchsetzten, oft snobistischen frz. Sprachgebrauchs. Es handelt sich dabei im wesentl. um Begriffe, die im Frz. weniger geläufig o. noch nicht existierten, z.B. *week-end* neben *fin de semaine*, *computer* neben *ordinateur*, *show-business* neben neutermінologischem *industrie du spectacle* o. *after-shave* neben *après-rasage*. Die Kritik vieler sprachbewußter Frz. an der rapiden Zunahme anglo-amerikanischer Ausdrücke nach 1945, insbes. auf wiss. u. technischem Gebiet, hat die frz. Regierung zu offiziellen Gegenmaßnahmen veranlaßt. 1966 wurde unter de Gaulle das *Haut Comité pour la Défense et l'Expansion de la langue française* (seit 1983: *Commissariat général de la langue française*) gegründet. Ein Dekret vom 7. 1. 1972 sah Terminologiekommissionen vor, die Lücken im frz. Wortschatz beheben u. Ersatzwörter für unerwünschte Entlehnungen vorschlagen sollen. Die erste praktische Maßnahme gegen das *franglais* war die Publikation von für Verwaltung u. Unterrichtswesen verbindlichen Terminologielisten ab 1973. Die ersten Listen betrafen den audiovisuellen Bereich, die Bereiche Bauwesen u. Tourismus, Ölindustrie, Kernenergie, Raumfahrt u. Transportwesen. Sie enthielten Ausdrücke wie *palmarès* statt *hit-parade*, *conte-*

neur statt *container, animateur* statt *disc-jockey, franc-jeu* statt *fair-play* u. v. a. Ein Sprachgesetz vom 31. 12. 1975 versuchte auch den nichtstaatl. Bereich zu erfassen. Vgl. ↑*Sprachpflege.*

Französische Sprache ↑1. Dialekte; 2. francophonie; 3. langue d'oïl; 4. Regionalsprachen; 5. franglais; 6. Sprachpflege.

friture *f.* Kleine, in Fett gebackene Flußfische.

Fronde, frondeur. Die *Fronde* war ein Aufstand gegen Kardinal Mazarin während der Minderjährigkeit von Ludwig XIV.; er scheiterte. Heute bedeutet *fronde* ‚Widerstand o. Abneigung gegen Autorität'. Man sagt dem Frz. nach, er sei im Grunde seines Herzens etwas *frondeur.*

Fronte Corsu ↑Regionalismus.

Front de Libération de Bretagne ↑Regionalismus.

Front de Libération Nationale ↑Algerien.

Front de libération nationale corse ↑Regionalismus.

Front National. 1972 gegr. rechtsextreme Splitterpartei unter Führung von Jean-Marie Le Pen, die anfangs wenig erfolgreich war. 1983 hatte sie erstmals Erfolg bei Gemeindewahlen in der Stadt Dreux wegen des Problems ausländischer Gastarbeiter. Seitdem gewinnt sie weiter an Boden. Bei der Europa-Wahl 1984 errang der F.N. 11% der Stimmen, 1986 bei den Parlamentswahlen ca. 10%.

Front paysan corse de la libération ↑Regionalismus.

Front populaire. ‚Volksfront', am 4. Juni 1936 gebildete Koalition frz. Linksparteien, der Sozialisten u. Radikalsozialisten ohne Beteiligung, aber mit Unterstützung der Kommunisten, um dem Faschismus entgegenzutreten u. soziale Reformen durchzuführen. Die Regierung des *F.p.* unter Léon Blum beschloß durch die sog. *accords de Matignon* wichtige Sozialreformen: Erhöhung der Mindestlöhne, Recht auf gewerkschaftliche Tätigkeit in den Betrieben, Verbindlichkeit von Tarifverträgen, Einführung der 46-Stunden-Woche u. des gesetzlichen Urlaubsanspruches, Verbot rechtsextremistischer Organisationen, der sog. *Ligues.* Die Volksfront, die mit wachsenden wirtschaftlichen Schwierigkeiten, aber auch gegen den Widerstand der Rechten zu kämpfen hatte, brach im Oktober 1938 auseinander.

Front régional corse ↑Regionalismus.

fronton ↑pelote basque.

fructidor: 18 ~ ↑Geschichtsdaten.

fruitière *f* heißen in Burgund, im frz. Jura u. in Savoyen die Käserei-Genossenschaften, dazu: *fruitier (m)* ‚Käser'.

fusion ↑district 1.

F. T. P. ↑Résistance.

F. U. A. J. ↑auberges de jeunesse.

G

G.A.E.C. [ga-ɛk] *m, Groupement agricole d'exploitation en commun.* Landwirtschaftl. Produktionsgemeinschaft; die beteiligten (meist zwei o. drei) Landwirte behalten ihre urspr. Rechte an ihrem Betrieb u. beziehen für ihre Mitarbeit im *G.A.E.C.* ein festes Gehalt u. ihren Anteil am erzielten Gewinn. In Fr. gibt es rund 22000 *G.A.E.C.*, bes. häufig in der Bretagne.

galéjade *f.* In der Provence u. der Gascogne gebräuchliche Bez. für eine erfundene o. maßlos übertriebene Geschichte, „Münchhausiade" (von *galéjer* ‚flunkern, aufschneiden'). Ein *galéjeur* versteht sich auf „Jägerlatein" o. „Seemannsgarn". Vgl. ↑*gasconnade.*

galettes *fpl.* Nahrhafte bret. Pfannkuchen aus Buchweizen, die oft mit Sardellenpaste, Schinken o. Pilzen gefüllt werden. Vgl. ↑*crêperie.*

galettes des rois ↑Feiertage: *Jour des Rois.*

gallicanisme *m.* Bes. im ↑*Ancien Régime* ausgeprägte, aber schon 1438 gesetzlich verankerte, nationalkirchliche Strömung in der katholischen Kirche Fr.s (lat. *Ecclesia gallicana*). In den Vier Artikeln der 1682 von Bossuet, dem Bischof von Meaux (↑*Aigle de Meaux*), verfaßten *Déclaration de l'assemblée du clergé de France* wird der römischen Kirche insbes. das Recht auf Einflußnahme in weltlichen Angelegenheiten abgesprochen. Mit dem Ende der Monarchie u. nach der Trennung von Kirche u. Staat (1905) verlor der *g.* an Bedeutung. Die für den absoluten Hoheitsanspruch des Papstes eintretende Gegenbewegung hieß *ultramontanisme.* Vgl. ↑*Kirche, Konfessionen.*

G.A.M. *mpl, Groupes d'action municipale.* 1967/68 geschaffene, linksorientierte Arbeitsgruppe u. Bürgerinitiativen, die sich auf lokaler Ebene bestimmten Problemen annehmen wie Arbeit, Verkehr, Schule, Bildung, Umweltschutz u. Freizeitgestaltung.

garbure *f.* Eintopf aus Kohl, weißen Bohnen, eingemachtem Gänse- o. Schweinefleisch u. verschiedenen Kräutern u. Gewürzen, eine Spezialität der südwestfrz. Landschaft Béarn *(garbure béarnaise).*

garde des sceaux. Wörtl. ‚Siegelbewahrer', offizieller Titel des jeweiligen frz. Justizministers.

gardes mobiles ↑Polizei.

gardes républicaines ↑Polizei.

gardian ↑Camargue.

gares de Paris ↑Bahnhöfe (Paris).

gargoulette *f.* Poröser Tonkrug zum Kühlen von Getränken.

garrigue *f.* In der Provence u. im Languedoc: offene Gebüschformation, gebildet u.a. aus der Kermes-Eiche (prov. *garriga*), niederen Hartlaubzwergsträuchern, Mastixarten u. aromatischen Sträuchern (Rosmarin, Lavendel, Thymian). Ähnliche mediterrane Erscheinungsformen der *g.* sind die *tomillares* in Spanien u. die *Phrygana* in Griechenland. Vgl. ↑*maquis.*

gasconnade *f.* 1. Den Gaskognern zugeschriebene Übertreibung o. Aufschneiderei (↑*galéjade*); 2. Pikant zubereitete Hammelkeule mit Knoblauch u. Sardellen (Spezialität der Gascogne).

gâtine *(de Touraine) f.* Urspr. Waldlandschaft zwischen Loir u. Loire, die heute aus Weinbergen o. lehmigen, torfhaltigen, feuchten u. wenig ertragreichen Hochflächen besteht.

gauchisme ↑Parteien.

gauchistes. Anhänger der extremen Linken, des *gauchisme,* die für radikale Revolutionshandlungen eintreten. Vgl. ↑*événements de mai,* ↑*Parteien.*

gaullien *adj.* 1. Auf die Person General de Gaulles (nicht den Gaullismus) bezüglich; 2. geistig de Gaulle nahestehend; im Ggs. zu *gaulliste,* auf den Gaullismus bezüglich ↑*gaullisme.*

gaullisme *m.* 1. Die Ideen u. die Bewegung der ↑*France libre* (1940–1944) sowie der Anhänger de Gaulles unter der Bevölkerung im frz. Mutterland, vor allem der gaullistisch orientierten Widerstandsbewegung, im Ggs. zur kommunistischen *FTP* ↑*Résistance;* 2. die politische Doktrin de Gaulles nach der Befreiung Fr.s. Ihr Programm formulierte der General in einer berühmten Rede in Bayeux (Normandie). Unter der IV. Republik wurde es dann vom *Rassemblement du Peuple Français (RPF)* übernommen u. unter der V. Republik von den verschiedenen gaullistischen Parteien; 3. die Gesamtheit der Anhänger de Gaulles bzw. des politischen Gaullismus. Vgl. ↑*Parteien.*

gauloiserie *f.* Von *gaulois* ‚gallisch', derber Witz, Zote.

gave *m.* Bez. der Gebirgsflüsse in den frz. Zentralpyrenäen, z.B. *le gave de Pau.*

gavotte *f.* Paartanz in Reihen (2/2 Takt), im 16./17. Jh. Teil des Hofballetts, bis ins 19. Jh. Gesellschaftstanz, heute noch Volkstanz in bask. u. breton. Gegenden.

gavroche *m.* Von Victor Hugo in den *Misérables* (1862) geschaffener Typus des ‚frechen Pariser Straßenjungen' (↑*titi parisien*).

Gayant [gajã] *m: le cortège des* ~s. Sommerlicher Umzugsbrauch u. Volksfest in Douai (Dép. Nord), wo jedes Jahr im Juli der Riese Gayant, der die Stadt von einer Kriegsbelagerung befreit haben soll, als 7,50 m große Puppe mit seiner Frau u. seinen drei Kindern *Jacquot, Filliou, Binbin* durch die Straßen gezogen wird. Ähnliche Umzüge mit legendären Riesen *(géants)* finden in den nordfrz. Städten Lille (Pfingsten), Cassel (Faschingssonntag u. Ostermontag), Bailleul (Faschingsdienstag) u. Hazebrouck (Dreifaltigkeitstag) statt.

G.D.F., *Gaz de France.* Staatl. Gasversorgungsunternehmen. Zusammenarbeit mit der ↑*EDF* u. dem ↑*ELF-ERAP*-Konzern über die gemeinsam betriebene *Société nationale Elf-Aquitaine (SNEA).*

Gebietskörperschaften ↑arrondissement, ↑canton, ↑Departement, ↑Gemeinde, ↑Region u. Regionalisierung.

Geld und Währung. 1. *Franc;* die Währungseinheit Fr.s ist seit 1803 der *franc,* eingeteilt in 100 *centimes; 5 centimes* heißen *un sou.* Wegen der starken Geldentwertung haben *centimes* u. *sous* kaum noch Bedeutung. 1958 wurde der *nouveau franc (NF)* anstelle des alten geschaffen, wobei 1 *NF* = 100 alte F. war, 1962 wurde der *nouveau franc* in *franc (F)* umbenannt. Viele Franzosen, v.a. der älteren Generation, rechnen noch in *anciens francs,* neuerdings aber häufiger in *centimes,* v.a. wenn man mit der Höhe einer Geldsumme beeindrukken will. Wegen der chronischen Schwäche des Franc, der seit dem 2. Weltkrieg mehrmals abgewertet wurde, u. den Problemen der Zahlungsbilanz besteht heute in Fr. eine strenge Devisenkontrolle *(contrôle des changes);* 2. *Franc CFA,* Währungseinheit der früheren frz. Kolonien in Afrika *(CFA = Communauté financière africaine),* die nach deren Unabhängigkeit weiterbesteht. 1 CFA entspricht 0,02 frz. F; 3. *Franc CFP,* Währungseinheit der frz. Überseegebiete im Pazifik (ursprünglich *CFP = franc des comptoirs français du Pacifique*). 4. Die Währungspolitik obliegt in Fr. – neben der Regierung und den zuständigen Ministerien – der ↑*Banque de France,* dem *Conseil national du crédit* u. der *Commission de contrôle des banques.* Der *Conseil national du crédit* wurde 1945 geschaffen, als eine Reihe von Banken verstaatlicht wurden. Den Vorsitz führt der Finanzminister. Neben diesem ist das wichtigste Mitglied der Gouverneur der *Banque de France.* Die übrigen Mitglieder sind Vertreter der Gewerkschaften, Arbeitgeberverbände, Landwirtschaftsorganisationen, der Ministerien, der Banken u. öffentlichen Krediteinrichtungen. Der Rat wird von der Regierung in Fragen der Kreditpolitik konsultiert u. nimmt dadurch an der Gestaltung der staatlichen Währungspolitik teil. Er regelt einen Teil der Tätigkeit der Banken, vor allem deren Geschäftsbedingungen u. Wettbewerbsregeln. Der *Commission de contrôle des banques,* unter dem Vorsitz des Gouverneurs der *Banque de France,* obliegt die Aufsicht der Banken. Vgl. ↑*zone franc.*

Gemeinde. Frz. *commune,* ist die Basis der Gebietskörperschaften. Es gibt in Fr. ca. 36 000 G. mit sehr verschiedenen Einwohnerzahlen, 23 000 von ihnen haben weniger als 500 Einwohner. Die Organe der G. sind: der Gemeinderat, *conseil municipal,* als beschließendes Organ; der Bürgermeister *(maire)* u. seine Beigeordneten *(adjoints).* Der *premier adjoint* entspricht dem dt. zweiten Bürgermeister. Die Gemeinderäte, *conseillers municipaux,* werden auf sechs Jahre in direkter Wahl gewählt. Der Gemeinderat verabschiedet den Gemeindehaushalt, leitet bzw. beaufsichtigt die Tätigkeit der kommunalen Einrichtungen u. verwaltet das Gemeindegebiet. Unter der Präsidentschaft von Mitterrand wurden Reformen durchgeführt, die die rechtliche u. finanzielle Autonomie der Gemeinden verstärken. Der Bürgermeister u. die Beigeordneten werden vom Gemeinderat aus dessen Mitte gewählt. Der Bürgermeister vertritt die Gemeinde nach außen, überwacht den Vollzug der Beschlüsse des Gemeinderates, verwaltet das Vermögen der Gemeinde u. überprüft ihr Rechnungswesen. Er ist gleichzeitig Standesbeamter, frz. *officier de l'état civil.* Die bis 1982 bestehende *tutelle administrative* (Rechtsaufsicht durch den Präfekten) wurde abgeschafft. Ist der *commissaire de la République* des betr. Departements der Meinung, daß eine von der Gemeinde o. vom Bürgermeister gesetzte Rechtsnorm gegen geltendes Recht verstößt, so muß er versuchen, zunächst auf dem Verhandlungsweg deren Aufhebung bzw. Abänderung zu erreichen. Gelingt dies nicht, so muß er innerhalb von zwei Monaten das zuständige Verwaltungsgericht *(Tribunal administratif)* anrufen. Durch die Regionalreform von 1982 wurde eine Unterscheidung der Gemeinden vorgenommen in a) die drei Großstädte Paris, Lyon, Marseille mit Unterteilung in Arrondissements, b) Städte über 100000 Einwohner u. c) sonstige Gemeinden. Vgl. ↑*district* 1.

gendarmerie nationale ↑Polizei.

géromé *m* [ʒerɑrme]. Dem ↑*munster* ähnlicher, runder Weichkäse aus Vollmilch, hergestellt in Lothringen, mit orangefarbener Rinde, starkem Aroma; oft mit Anis, Fenchel o. Kümmel gewürzt. Die Schreibung *géromé* ist eine Verballhornung von ‚Gerardmer', einem Kurort in den Vogesen, dessen Aussprache sich aber erhalten hat.

Geschichtsdaten, symbolische ~. In Fr. werden häufig Geschichtsdaten zitiert, deren Symbolwert für Außenstehende unverständlich ist. Warum gibt es z.B. in so vielen frz. Städten eine *rue du 4 septembre?* Was bedeutet die Anspielung auf *mai 1968?* Nachstehend die wichtigsten Daten mit Erläuterungen:

6 février 1934: Antidemokratischer Putschversuch rechtsgerichteter Verbände *(„ligues"),* der aber scheiterte. Vgl. ↑*Revolutionen.*

Mai 1968 ↑*événements de mai;*

juin 1848: während der sog. *journées de juin* brach in Fr. ein Arbeiteraufstand aus (wegen Entlassung von Arbeitern aus den ↑*ateliers nationaux),* der von General Cavaignac blutig unterdrückt wurde;

6 juin 1944: Alliierte Invasion, Landung in der Normandie (*Débarquement*);

18 juin 1940 erfolgte der berühmte Aufruf de Gaulle's an die Franzosen (*appel*), den Krieg fortzusetzen.

14 juillet: am 14. Juli 1789 wurde von den Revolutionären die Bastille, das Symbol des verhaßten Absolutismus, erstürmt. Heute ist der *14 juillet* der frz. Nationalfeiertag;

juillet 1830: am 27., 28. u. 29. Juli brach in Paris eine Revolution gegen das Regime der Restauration aus, das gestürzt wurde. An seine Stelle trat das sog. Bürgerkönigtum von *Louis-Philippe d'Orléans,* das daher im Frz. *monarchie de juillet (*↑*Monarchie)* heißt. Die drei Revolutionstage werden als *les Trois Glorieuses* bezeichnet;

4 août: auf einer stürmischen Nachtsitzung der *Assemblée nationale constituante* am 4. August 1789 wurde das Feudalwesen u. mit ihm alle Privilegien des Adels u. der Geistlichkeit abgeschafft;

4 septembre: am 4. Sept. 1870 wurde nach der verlorenen Schlacht von Sedan (2. Sept.) in Fr. die III. Republik ausgerufen (↑*Republiken*);

2 décembre: am 2. Dezember 1851 riß Louis-Napoléon Bonaparte, damals Präsident der II. Republik, die Macht an sich u. bereitete das zweite Kaiserreich vor (↑*Empire*).

Ghjiustizia Paolina ↑Regionalismus.

G. I. E. ↑Groupement d'intérêt économique.

G.I.G.N. [ʒe-i-ʒe-ɛn] *m, Groupe d'intervention de la gendarmerie nationale.* Sondereinsatzgruppe der frz. Gendarmerie *(↑Polizei),* vergleichbar der bundesdt. *Grenzschutzgruppe 9 (GSG 9).*

Gigogne, la mère ~. Gestalt aus volkstümlichen Erzählungen u. Schwänken. Unter den Röcken der *M. G.* kommen zahlreiche kleine Kinder hervor; daher *fusée-gigogne* ‚Mehrstufenrakete'.

Girondins ↑Revolutionen.

gîte rural *m,* **gîtes ruraux** *pl.* Bes. geprüfte Ferienhäuser u. Appartements in ländlicher Umgebung, auch für „Ferien auf dem Bauernhof".

glacier *m.* ‚Berggletscher', auch ‚Eisdiele' , var. *salon des glaces.*

gobelin ↑Manufacture nationale des Gobelins.

goigs *mpl* [gotʃs]. Mittelalterliche, religiöse Lieder, in denen an den Kartagen Leiden u. Tod Christi beklagt werden (Languedoc-Roussillon).

Goncourt. 1. ↑Académie Goncourt; 2. ↑Literaturpreise.

gorges *fpl.,* var. *canyons mpl,* reg. *clues.* Tiefeingeschnittene, schluchtartige Flußtäler, wie sie im Massif Central *(Gorges du Tarn, Gorges de la Jonte, Gorges de la Dourbie, Gorges de l'Ardèche)* u. in der Haute-Provence *(Grand Canyon du Verdon, Gorges du Cians, clue d'Aiglun)* zu finden sind.

gouvernement *m.* 1. ↑Regierung; 2. die Provinzen *(↑provinces)* des ↑*Ancien Régime* hießen auch *gouvernements.*

gouverneur ↑Banque de France.

G.P.L. *m, Gaz de pétrole liquifié,* var. *Gepel.* Bez. f. Autogas o. Flüssiggas, an manchen Tankstellen zu lesen.

G.P.R.F. ↑Republiken: IV. Republik.

G.R. *m, Sentier de grande randonnée.* Fernwanderweg, mit parallelen weiß-roten Streifen markiert, z.B. *G.R. 1:* „Ile de France", 585 km um Paris herum; *G.R. 52:* Höhenwanderweg in den frz. Seealpen.

grand canal d'Alsace. Frz. Name des elsässischen Rheinseitenkanals, durch den dem Rhein erhebliche Wassermengen (zur Stromerzeugung) entzogen werden.

grande couronne ↑Région parisienne.

Grandes Ecoles *fpl.* Die ‚Großen Schulen', eine Besonderheit des frz. Hochschulwesens, sind von den Universitäten u. untereinander unabhängige Eliteschulen, die nicht zuletzt wegen ihrer scharfen Aufnahmeselektion – die Aufnahmeprüfungen *(↑concours)* müssen i.d.R. in ein- bis zweijährigen ↑*classes préparatoires* vorbereitet werden – ein hohes Prestige genießen u. die Führungskräfte in Politik, Wirtschaft, Militär, Industrie u. Verwaltung stellen. Das Studium dauert 3–4 Jahre u. wird mit einem staatl. Diplom abgeschlossen. Seit 1985 gibt es darüber hinaus noch ein ↑*mastère* genanntes Spezialdiplom, das von den G.E. vergeben wird. Die Zahl der *G.E.* wird auf etwa 300 geschätzt, darunter 1. 155 Ingenieurschulen; die angesehenste ist die *Ecole Polytechnique,* kurz „l'X" genannt (nach der veralteten Bez. *les x* für die Mathematik); 1794 urspr. als Ausbildungsstätte für Militäringenieure gegründet, eröffnet sie heute den Zugang zu den höchsten Staatsstellen in Wirtschaft u. Verwaltung. Weitere renommierte Ingenieurschulen sind die *Ecole des Mines* (Bergbauakademie), *Ecole des Ponts et Chaussées* (Brücken- u. Straßenbau), *Ecole nationale des* ↑*Eaux et Forêts, Ecole des Arts et Métiers, Ecole centrale des Arts et Manufactures;* ferner die drei militärtechnischen Hochschulen *Ecole navale, Ecole spéciale militaire* u. *Ecole de l'Air;* 2. etwa 70 Wirtschaftshochschulen für die Ausbildung von Führungskräften in Handel u. Management, die bedeutendsten sind die *HEC – Hautes Etudes Commerciales* in Jouy-en-Josas bei Paris u. die *ESSEC – Ecole supérieure des Sciences Economiques et Commerciales;* 3. etwa 30 Schulen, die die Studenten auf Rechts- u. Verwaltungskarrieren vorbereiten; die führende Verwaltungshochschule ist die 1945 gegr. *ENA – Ecole nationale d'Administration,* deren Absolventen *(énarques)* Schlüsselpositionen in der öffentlichen Verwaltung, im Diplomaten- u. Präfektenkorps innehaben; 4. sechs *Ecoles normales supérieures* (*ENS,* seit 1794), Hochschulen für angehende Gymnasiallehrer u. Universitätsprofessoren: *ENS rue d'Ulm, ENS Saint-Cloud, ENS Fontenay (nach Lyon verlegt), ENS* Sèvres, *ENSET* Cachan *(enseignement technique),* ENSEPS Châtenay-Malabry *(éducation physique et sportive). Die normaliens* streben i.d.R. die ↑*agrégation* bzw. das Lehramt an Gymnasien *(*↑*lycée)* an. Sie beziehen als *élèves-fonctionnaires* ein staatl. Stipendium, nachdem sie sich auf 10 Jahre Staatsdienst verpflichtet haben. Eine Sonderstellung nehmen die etwa 30 *Ecoles nationales supérieures d'ingénieurs (ENSI)* ein, spezialisierte, an die jeweiligen Universitätsfachbereiche angeschlossene Hochschulen, die mehrheitlich zum Chemie-Ingenieur ausbilden; 5. *Ecole nationale des Chartes* ↑*Archives nationales.*

Die G.E. unterstehen den zuständigen Fachministerien *(Agriculture, Défense, Education nationale)* o. direkt dem Premierminister *(ENA).* Die „konsularischen" Schulen (z.B. *HEC*) werden von Industrie- u. Handelskammern getragen *(*↑*chambres)* u. beziehen rd. 50% ihrer Finanzierung aus einer „Lehr- und Ausbildungsgabe", die frz. Unternehmen an den Staat abführen müssen. Schließlich gibt es noch eine ganze Reihe von privaten Einrichtungen u. konfessionellen Schulen.

Die Ausbildung an den *G.E.* ist praxis- u. nur sekundär forschungsorientiert. Es gibt zwei spezialisierte Studentenverbände, die *FNAGE (Féd. nat. des élèves des grandes écoles),* die sich 1961 von der *UGE (Uni-*

on des grandes écoles) abspaltete. Ein typisches Merkmal der *G.E.* ist die Pflege eines gewissen Korpsgeistes bei den ehemaligen Absolventen *(anciens élèves)*. Ähnlich den dt. Verbindungen u. Korporationen sorgen die *Associations des Anciens Elèves* für Unterstützung u. gegenseitige Hilfe im Berufsleben, veröffentlichen Jahrbücher mit Namen u. Lebenslauf der Ehemaligen u. veranstalten regelmäßig gesellschaftliche Abende, Wirtschaftstagungen, Podiumsdiskussionen u. Sportwettkämpfe. Jeder *ENA*-Abschlußjahrgang (*promotion*) gibt sich den Namen einer bedeutenden Persönlichkeit o. eines historischen Ereignisses (z.B. Jean-Giraudoux 1952, Saint- Just 1963, Montesquieu 1966, Charles de Gaulle 1972, Guernica 1976, Droits de l'Homme 1981). Der Beste eines Jahrgangs heißt *major*.

grandes surfaces *fpl.* Sammelbez. für Super- u. Großmärkte mit einer Verkaufsfläche von mehr als 400 m^2: 1. *supermarché,* mittlerer Lebensmittelmarkt mit kleiner Warenhausabteilung (400–2500 m^2, durchschn. 870 m^2). Bekannte Ketten sind *Casino* u. *Coop. S.s* gibt es in Fr. seit 1954. 2. *hypermarché,* Supermarkt mit einer Verkaufsfläche von über 2500 m^2 (durchschn. 5800 m^2). 1986 gab es in Fr. 580 *h.s;* zu den größten *h.*-Ketten zählen *Carrefour* (Erster *h.* Fr.s 1963!), *Mammouth, Euromarché, Rond-Point, Leclerc, Auchan, Record, Cora, Continent.* Zum Schutz der „petites boutiques" (kleine Geschäfte) hat seit 1974 *(Loi Royer)* der ortsansässige Einzelhandel bei der Genehmigung neuer Großmärkte ein Mitspracherecht. Vgl. ↑*superette.*

grands magasins *mpl.* Bez. für große Kaufhäuser (Warenhäuser) in den Städten, z.B. ↑*BHV, Galeries Lafayette, Monoprix, Nouvelles Galeries, Printemps, Prisunic, La Samaritaine.*

gratin *m,* **gratiné.** Bez. für ein im Ofen überbackenes Gericht, ‚Auflauf'. *Gratins* in verschiedener Zubereitung sind eine Spezialität in Savoyen u. im Dauphiné, z.B. *g. savoyard,* ein Kartoffelauflauf mit Brühe u. Käse, *g. dauphinois* (statt Brühe wird Milch o. Sahne verwendet).

G.R.E.C. ↑Regionalismus.

G.R.E.C.E. ↑Nouvelle droite.

grecale ↑Winde.

greffier ↑officiers ministériels.

grenadine *f.* Granatapfelsirup, den man mit Soda verdünnt trinkt *(↑diabolo)*. Auch beliebter Zusatz zu *pastis* (↑*Liköre, Schnäpse, Aperitifs*).

Grenelle: accords de Grenelle ↑événements de mai.

G.R.E.T.A. ↑formation continue.

griotte ↑Liköre, Schnäpse, Aperitifs.

gros-cul [groky] *m.* Volkstümliche Bez. für groben, meist starken frz. Tabak.

Gros-Jean. Personifizierung des Dorftölpels, der alles besser wissen will. Dazu die Redensart: *être Gros-Jean comme devant* ‚genauso klug sein wie zuvor'.

gros rouge *m.* Billiger, verschnittener Rotwein mit relativ hohem Alkoholgehalt.

Groupe d'action municipale ↑G.A.M.

groupement d'intérêt économique (GIE) *m.* ‚Wirtschaftliche Interessengemeinschaft'. Ein projektbezogener u. meist zeitlich begrenzter Zusammenschluß zweier oder mehrerer Unternehmen im Rahmen ihrer jeweiligen wirtschaftlichen Aktivitäten, z.B. dt.-frz. Kooperationsprojekte. Kein Mindestkapital, aber Eintrag ins Handelsregister (↑*RCS*) erforderlich.

Grup rossellonès d'Estudis Catalans ↑Regionalismus.

Gnafron [ɲafrɔ̃]. Figur des Marionettentheaters, der unzertrennliche Begleiter von ↑*Guignol.*

guerre d'Indochine. Indochinakrieg; nach seiner Kapitulation im August 1945 mußte Japan das frz. Indochina, das es durch einen Gewaltstreich am 19. März 1945 besetzt hatte, an Fr. zurückgeben.

Obwohl Fr. die drei indochinesischen Staaten Kambodscha, Laos u. Vietnam als selbständige Mitgliedstaaten der *Union française (↑Kolonien)* anerkannt hatte, übte es de facto weiterhin seine Kolonialherrschaft aus. Daraufhin brach am 20. Dezember 1946 ein Aufstand in Tonkin aus u. es begann unter der Führung von Ho Tschi Minh der Partisanenkrieg des Viet-minh gegen die frz. Herrschaft u. für die Errichtung eines kommunistischen Regimes. In der verhängnisvollen Schlacht von Dien-Bien-Phu (13. März–17. März 1954) wurden die frz. Streitkräfte entscheidend geschlagen u. mußten kapitulieren. Am 22. 7. 54 schloß Fr. mit Vietnam den Waffenstillstand von Genf, der die frz. Kolonialherrschaft beendete, zugleich aber die Teilung des Landes in Nord- u. Südvietnam besiegelte, die dann eine der Ursachen des 2. Indochinakrieges mit starkem militärischen Engagement der USA wurde. Die Unabhängigkeit von Laos u. von Kambodscha wurde von Fr. 1953 zugestanden u. 1954 durch die Genfer Abkommen bestätigt.

guerre mondiale ↑Weltkriege.

gueuse. 1. ↑Action française; 2. starkes belgisches Bier, aus Malz u. Gerste gebraut.

Guide Michelin *m.* Der von der Touristikabteilung der Michelin-Reifenwerke (Clermont-Ferrand) jährlich in hoher Auflage herausgegebene, rote Hotel- u. Restaurantführer. Bessere Restaurants sind in vielbeachtete Güteklassen (1–3 Sterne) eingestuft. Die *Guides Verts,* die grünen Reiseführer von Michelin, liegen in 19 Einzelbänden für alle Gebiete Fr. vor, teilweise in dt. u. engl. Übersetzung.

Guignol *m.* ‚Hanswurst', Hauptfigur des Kasperltheaters in Lyon, das von dem Puppenspieler L. Mourguet Ende des 18. Jhs. erfunden wurde. Weitere Kasperlfiguren in Fr. sind *Lafleur* in Amiens, *Jacques* in Lille, *Barbizier* in Besançon. – Das *Grand Guignol* war ein Theater in Paris (1895–1962), das für seine Horrorstücke bekannt war.

guignolet ↑Liköre, Schnäpse, Aperitifs.

guinguette *f.* Bez. für volkstümliche Ausflugslokale am Stadtrand o. in der näheren Umgebung von Paris, wo gegessen, getrunken u., meist zu den Klängen einer Musette-Kapelle, getanzt wird. Vgl. ↑*bal musette.*

gymnase *m.* In Fr. ‚Sporthalle' o. ‚Turnhalle', nicht ‚Gymnasium' (frz.: *lycée* o. *collège d'enseignement secondaire*). Nur ein Gymnasium in Straßburg heißt *gymnase.*

Gymnasium ↑collège, ↑lycée.

H

habilitation ↑doctorat.

habit vert ↑Académie française.

haïk [a-ik] ↑Algerien.

Halles, Les ~. Früher die Zentralmarkthallen von Paris, deren Ursprünge auf einen Markt am rechten Seine-Ufer im 12. Jh. zurückgehen. Franz I. veranlaßte 1543 den Umbau des Marktes. Die eisernen Hallen für den Lebensmittelgroßmarkt wurden Mitte des 19. Jhs. nach Plänen des Architekten Baltard begonnen u. – nach langen Unterbrechungen – erst 1936 vollendet. Wegen Platzmangels – zuletzt waren auf dem rd. 15 ha großen Areal 100000 Menschen beschäftigt – wurde der „Bauch von Paris" (nach dem Roman *Le ventre de Paris* (1873) von E. Zola) nach ↑*Rungis* verlegt. An seiner Stelle sind im Rahmen des „aménagement de l'ancien carreau des Halles" bisher der neue ↑*Métro-RER*-Knotenpunkt *Châtelet-les Halles,* das ↑*Forum des Halles* u. das ↑*Centre Georges Pompidou* entstanden.

haltes-garderies ↑Kindergarten.

Hans im Schnakenloch. Volkstümliche Figur im Elsaß, Prototyp des Menschen, der nicht weiß, was er will („Das, was er will, das hat er nicht, das was er hat, das will er nicht"). Häufige Anspielung auf die Grenzlandstellung des Elsaß zwischen D. u. Fr. Gleichn. Theaterstück (1914–15) des elsäss. Schriftstellers René Schikkele (1883–1940).

harkis ↑Algerien.

Harpagon. Hauptfigur in Molières Komödie *L'Avare* (dt. Der Geizige); seitdem allg. Bez. für ‚Geizhals'.

Haut comité de la langue française 1. ↑francophonie; 2. ↑Sprachpflege.

Haute Autorité ↑Rundfunk u. Fernsehen.

Haute Cour de Justice ↑cour 4.

Havas [avɑs]. 1. *Agence Havas,* erste Nachrichtenagentur der Welt, 1832 von Charles Havas (1785–1885) in Paris gegründet. 1940–44 hieß sie *Office français d'information.* Nachfolgerin der *AH* wurde 1944 die *Agence France Presse (↑AFP);* 2. *Groupe* o. *Agence Havas.* Zur Havas-Gruppe, an der der Staat mit 50,26% beteiligt ist, gehören die größte frz. Werbeagentur *Havas-Conseil* sowie die Touristikunternehmen *Havas-Tourisme* u. *Touropa.* Die Havas-Gruppe betreibt seit Nov. 1984 zusammen mit den Medienkonzernen Gaumont, Hachette u. Europe 1 den Vierten (kommerziellen) Fernsehkanal („Canal Plus"). Vgl. ↑*Rundfunk u. Fernsehen.*

H.E.C. [aʃese] ↑Grandes Ecoles.

herbes de Provence ↑provençale, à la ~.

Hexagone, l'~. Häufige metaphorische Bez. des frz. Mutterlandes *(la France métropolitaine),* das auf der Karte einem ‚Sechseck' gleicht, zur Unterscheidung vom ehemaligen Kolonialreich *(↑Kolonien)* o. *↑überseeischen Frankreich.*

HLM [aʃɛlɛm] *m* o. *f, Habitation à loyer modéré.* Wohnblock o. einzelne Wohnung des sozialen Wohnungsbaus, z.T. auch *achélème* geschrieben.

honnête homme. Im 17. Jh. der Typus des gebildeten Weltmannes, der die sittlichen Tugenden der frz. Klassik – *politesse* ‚Höflichkeit', *galanterie* ‚Frauenhuldigung' u. *honnêteté* ‚Ehrbarkeit' – in sich vereinigt. Er ist ein vollendeter Kavalier, kann reiten, fechten u. tanzen, ist sprachlich u. literarisch gewandt, nie rechthaberisch u. prahlt nicht mit seinen Kenntnissen. Als gesellschaftliches Leitbild ist er dem engl. *gentleman* vergleichbar.

hortillon *m.* 1. Gemüsegärtner in der Pikardie; 2. der Gemüseanbau erfolgt in sog. *hortillonnages* (var. *hortillons*), Gärten, die von Kanälen bewässert u. begrenzt werden (bes. im Dép. Somme/Nordfr., bei Abbeville, Amiens, Peronne, Montdidier).

hôtel *m* bedeutet im Frz. nicht nur ‚Hotel' (Betrieb des Gaststätten- u. Beherbergungsgewerbes), sondern auch großes, meist öffentliches Gebäude, z.B. *hôtel de l'ambassade* ‚Gesandtschaftsgebäude', *hôtel de ville* ‚Rathaus'. Erscheint in vielen Eigennamen (mit Großschreibung), z.B. *↑Hôtel Matignon, ↑Hôtel Drouot, ↑Hôtel de la Monnaie.*

Hôtel-Dieu *m.* Ältestes Pariser Krankenhaus; geht zurück auf ein um 660 vom Hl. Landry, Bischof von Paris, gegr. Nonnenkloster. – Das berühmte *Hôtel-Dieu* von Beaune (Dép. Côte-d'Or) wurde 1443 vom burgundischen Kanzler Nicolas Rolin als Hospital für die Armen gegründet u. ist als großartiges Bauwerk seiner Zeit erhalten.

Hôtel Drouot. Auktionshaus der *Compagnie des Commissaires-Priseurs de Paris* (Gesellschaft der Pariser Auktionatoren) im 9. Arr.; gegr. 1852, seit 1980 in neuem Gebäude.

Hôtel Matignon. Amtssitz des Premierministers in der Pariser Rue de Varenne, symbolisch für dessen Amt gebraucht.

Hôtel de la Monnaie, kurz: *La monnaie.* Münzamt in Paris.

Houtland ↑Blooteland.

HSP ↑Kirche: Protestantismus.

huguenots (Hugenotten). Im 16. Jh. pej. (heute histor.) Bez. der meist calvinistischen frz. Protestanten (damals offiziell auch: „Religion prétendue réformée"). Der Name ist eine Verballhornung von ‚Eidgenossen' (Iguenots), zugleich eine Anspielung auf *huguenot* ‚Münze von geringem Wert' u. auf *Hugues,* den Bürgermeister von Genf, wo der „Ketzer" Calvin lebte. Trotz blutiger Verfolgung in den Hugenottenkriegen (1562–98) setzte sich der Calvinismus im 16. Jh.

in allen Volksschichten durch. Nach dem von Henri IV – urspr. selbst einem Hugenotten – erlassenen Toleranzedikt von Nantes (1598) bekannte sich etwa ein Sechstel der Bevölkerung (Gesamtbevölkerung damals ca. 1 Mio.) zur neuen Lehre. Die Idee der Freiheit u. Selbstverantwortlichkeit des einzelnen, die Absonderung in eigenständigen, demokratisch verfaßten Gemeinden brachte die *h.* in Konflikt mit dem Königtum mit seiner absolutistischen Maxime „Un roi, une foi, une loi“. Die auch wirtschaftlich mächtigen *h.* bildeten einen Staat im Staate („Hauptfestung“ La Rochelle), mit eigener Gesetzgebung, kirchlicher u. politischer Verfassung. Ihr Schwerpunkt lag im frz. Süden, z.B. in Nîmes, Montauban, in den Cevennen, u. an der Atlantikküste.

Nach dem Tod von Henri IV (1610) begann die Verfolgung, die beruflich-gesellschaftliche Verdrängung der *h.* von neuem. In dieser Richtung wirkte die 1627 gegr. „Compagnie du Saint-Sacrement“, eine Geheimgesellschaft mit Verbindungen bis in die höchsten Kirchen- u. Regierungsstellen. Bes. gefürchtet waren unter Louis XIV die sog. ↑*dragonnades*. Die Aufhebung des Edikts von Nantes (*révocation de l'édit de Nantes*) 1685 durch Louis XIV führte schließlich zur Massenflucht der *h.* ins Ausland, (200000–500000 sog. *réfugiés*), v.a. nach Holland, Deutschland (hier v.a. nach Brandenburg-Preußen, Hessen, Markgrafschaft Brandenburg-Bayreuth), England u. in die Schweiz. Die Berliner Hugenottenkolonie umfaßte Anfang des 18. Jh.s ca. 15% der Bevölkerung. – 1702–1704 kam es zum Krieg der ↑*camisards,* der Restgemeinde der *h.* in den Cevennen. Die Lage der *h.* besserte sich mit dem Toleranzedikt von 1787; völlige Gleichstellung mit den Katholiken erreichten die Protestanten jedoch erst im ↑*Code Napoléon*. Vgl. ↑*Kirche, Konfessionen*.

huissier ↑officiers ministériels.

hypermarché ↑grandes surfaces.

hypokhâgne ↑classes préparatoires.

I

I.C.E.M. ↑école Freinet.

I.D.H.E.C. *m, Institut des Hautes Etudes cinématographiques.* Staatl. Filmhochschule in Bry-s-Marne (Dép. Val-de-Marne), die vom *Ministère de la Culture,* dem ↑*CNC* u. dem Rundfunk getragen wird. Berühmte Schüler waren u.a. Costa Gavras, Louis Malle, Alain Resnais.

I.D.I. *m, Institut de développement industriel.* Das 1970 in Zusammenarbeit mit der Kreditwirtschaft gegr. staatl. ‚Institut für industrielle Entwicklung' übernimmt Minderheitsbeteiligungen insbes. in kleinen u. mittleren Industriebetrieben *(↑PME),* um deren Wachstum zu gewährleisten.

I.E.O. ↑Regionalismus.

I.E.P. *m, Institut d'études politiques,* Hochschule für Politikwiss.; am angesehensten ist die autonome *Sciences Po* in Paris. Sechs weitere *I.E.P.* sind als Fachbereiche (*UFR,* ↑*Universität)* den Universitäten von Aix-en-

Provence, Bordeaux, Grenoble, Lyon, Strasbourg u. Toulouse angegliedert. Studiendauer: drei Jahre.

I.F.C.I.C. *Institut de financement du cinéma et des industries culturelles.* 1983 geschaffene Einrichtung der staatl. Film- u. Kulturförderung; vermittelt u.a. verbilligte Kredite u. übernimmt Bankbürgschaften.

I.F.O.P. [ifɔp] *m, Institut français d'opinion publique.* Neben der ↑*SOFRES* das größte Meinungsforschungsinstitut in Fr., gegr. 1938.

I.G.A.M.E. ↑Region u. Regionalisierung.

I.G.N. *m, Institut Géographique National.* Staatl. geographisches Institut, zuständig für Kartographie u. Luftaufnahmen. Herausgabe eigener Kartenwerke.

igues ↑avens.

Ile de Beauté. Beiname der Insel Korsika.

images d'Epinal *fpl.* ‚Bilderbögen von Epinal', textparallele farbige Bildergeschichten mit volkstümlichen, märchenhaften, religiösen o. nationalen Themen, entstanden Mitte des 17. Jhs. u. fanden durch die noch heute bestehende *Imagerie Pellerin* (gegr. um 1800) weite Verbreitung. Sie gelten als Vorläufer der modernen *comics.* Vgl. ↑*BD.*

Immortels ↑Académie française.

impériale ↑Flaschenformen.

I.N.A. ↑Rundfunk u. Fernsehen.

I.N.A.O. ↑Ursprungsbezeichnungen.

I.N.C. *m, Institut national de la consommation.* Staatl. Institut für Verbraucherfragen, gegr. 1967. Das *I.N.C.* arbeitet als Testinstitut im Auftrag von Behörden, Verbraucherverbänden o. des *Comité national de la consommation (↑CNC 2.);* es informiert in Fernsehspots u. seiner auflagenstarken Monatsschrift *50 Millions de Consommateurs* u. betätigt sich auch als ↑*Verbraucherschutz*organisation.

Incorruptible, *l'~.* ‚Der Unbestechliche', Beiname des frz. Revolutionspolitikers Maximilien de Robespierre, der in der frz. Revolution eine große Rolle als Vertreter des radikalen Flügels spielte, im Parlament den Sturz der gemäßigten *Girondisten* bewirkte u. als Mitglied des ↑*Comité de salut public (1.)* erhebliche Mitverantwortung für die Schreckensherrschaft *(Terreur)* unter dem Nationalkonvent trug. Er wurde 1794 gestürzt u. endete durch die Guillotine (↑*Revolutionen*).

IN.DE.CO.SA. – C.G.T. ↑Verbraucherschutz.

I.N.E.D. *m, Institut national d'études démographiques.* Staatl. Institut für Demographie (Bevölkerungswissenschaft), gegr. 1945.

I.N.E.P. *m, Institut national d'éducation populaire.* Staatl. Volksbildungsinstitut des *Ministère de la Jeunesse, des Sports et des Loisirs;* organisiert Ausbildungsseminare für sozialpädagogische Mitarbeiter u. führt Untersuchungen über Animationstechniken durch.

I. N. R. A. *m, Institut national de la recherche agronomique.* Staatl. Institut für landwirtschaftl. Forschung, gegr. 1946.

I. N. R. P. *m, Institut national de la recherche pédagogique.* Staatl. Institut für pädagogische Forschung, eine Unterabteilung des *Ministère de l'Education Nationale.* Vgl. ↑*CNDP.*

I. N. S. A., *Instituts nationaux des sciences appliquées.* Staatl. Ingenieurfachschulen in Lyon, Rennes u. Toulouse; wie bei den ↑*ENI* genügt für die Zulassung das ↑*baccalauréat* o. ↑*BTn (séries C, D, E, F1, F2, F3, F4, F5).* Fächer: angewandte Chemie, angewandte Physik, Elektrotechnik, Hoch- u. Tiefbau, Datenverarbeitung.

I. N. S. E. E. [inse] *m, Institut national de la statistique et des études économiques.* Staatl. Institut für Statistik u. Wirtschaftsforschung. 1946 als Instrument der Wirtschaftsplanung (↑*plans économiques)* geschaffen, erfüllt es heute die Aufgaben eines „statistischen Bundesamtes" u. eines Konjunkturforschungsinstituts. Es untersteht dem *Ministère de l'Economie et des Finances.*

I. N. S. E. P. *m, Institut national du sport et de l'éducation physique.* Staatl. Institut für Sport u. Leibeserziehung; betreibt neben Grundlagenforschung die Weiterbildung der Sportreferenten u. Sportlehrer, organisiert das Training der Nationalmannschaften u. fördert Spitzensportler.

I. N. S. E. R. M. *m, Institut national de la santé et de la recherche médicale.* Staatl. Institut für Gesundheit u. medizinische Forschung, gegr. 1964; arbeitet als Forschungsinstitut des *Ministère de la Santé.*

inspecteur d'Académie ↑Académie 1.

Inspecteur général de l'administration en mission extraordinaire ↑Region u. Regionalisierung.

Inspection générale des finances. ‚Generalinspektion für Finanzen', eines der ↑*corps de l'Etat,* ein dem Minister für Wirtschaft u. Finanzen direkt unterstellter Dienst. Seine Mitglieder haben die Aufgabe, alle Dienststellen, die öffentliche Mittel verwalten, u. die Geschäftsführung aller Institutionen, die der Aufsicht des Ministeriums unterstehen, zu kontrollieren.

Institut d'Etudes Occitanes ↑Regionalismus.

Institut de France *m.* Die frz. „Akademie der Wissenschaften", die fünf selbständige Einzelakademien umfaßt: ↑*Académie française, Académie des Inscriptions et Belles-Lettres, Académie des Sciences, Académie des Beaux-Arts* u. *Académie des sciences morales et politiques.* Sitz des *Institut* ist das *Collège des Quatre-Nations* am Quai Conti.

Institut géographique national ↑I. G. N.

Institut national de la recherche agronomique ↑I. N. R. A.

Institut national de la santé et de la recherche médicale ↑I. N. S. E. R. M.

Institut national de la statistique et des études économiques ↑I. N. S. E. E.

Institut Rossellonès d'Estudis Catalans ↑Regionalismus.

instituteur ↑école élémentaire.

Institut Pasteur *m.* Von Louis Pasteur 1888 gegr. medizinisch-bakteriologisches Institut in Paris mit 14 Filialen im Ausland, das sich mit der Erforschung von Infektionskrankheiten u. der Herstellung von Seren u. Impfstoffen beschäftigt.

Instituts français *mpl.* Den dt. Goethe-Instituten im Ausland vergleichbare, frz. Kulturinstitute (auch: *centres culturels français),* die der ↑*DGRCST* im Außenministerium unterstehen. Neben der Erteilung von Sprachunterricht mit Schwerpunkt auf fach- u. berufsbezogenem Französisch arbeiten die I.f. an der Lehrerfortbildung des Gastlandes mit, vermitteln Vorträge frz. Lehrer an dt. Schulen *(professeurs itinérants),* veranstalten Ausstellungen u. Filmreihen u. unterhalten Bibliotheken u. Videotheken. 1986 gab es in der BRD 19 I.f. Vgl. ↑*Alliance française.*

investiture ↑Regierung.

I.P.E.S. [ipɛs] 1. *Institut de préparation à l'enseignement secondaire.* Institut zur Vorbereitung auf das Lehramt an Sekundarschulen, 1978 abgeschafft. Die Lehrerstudenten *(ipésiens)* mußten sich nach bestandenem ↑*concours* zu 10 Jahren Schuldienst verpflichten, erhielten ein staatl. Stipendium u. bereiteten die Examina ↑*DEUG,* ↑*licence,* ↑*CAPES* o. die ↑*agrégation* vor. Heute kommen die Sekundarschullehrer direkt von der Universität o. einer ↑*Grande École*; 2. *Institution professionnelle d'éducation surveillée.* Staatl. Erziehungsanstalt, die hpts. Jugendliche zwischen 16 u. 18 Jahren aufnimmt. Vgl. ↑*ISES.*

I.R.C.A.M. ↑Centre national d'art et de culture Georges Pompidou.

isard *m.* Name der Pyrenäengemse (die Gemse der Alpen heißt *chamois).*

I.S.E.S. *f, Institution spéciale d'éducation surveillée.* Staatl. Erziehungs- u. Resozialisierungsanstalt für straffällige o. gefährdete Jugendliche, die von den Jugendrichtern eingewiesen werden. Im Ggs. zum ↑*IPES* 2. handelt es sich meist um schulpflichtige Kinder.

I.U.T., *Instituts universitaires de technologie.* 1966 gegr. Fachhochschulen mit berufsbezogenen zweijährigen Studiengängen, die zum *DUT (Diplôme universitaire de technologie)* führen. Durch eine scharfe Auslese bei der Zulassung – es werden nur Abiturienten (↑*baccalauréat*) mit überdurchschnittlichen Noten aufgenommen – ist die Durchfallquote im Verlauf des Studiums gering. Verwaltungstechnisch sind die *I.U.T.* i.d.R. den entsprechenden Fachbereichen *(UFR)* der ↑*Universitäten* angeschlossen.

I.V.D., *Indemnité viagère de départ.* Lebenslange Entschädigungsrente, die älteren Landwirten bei freiwilliger Aufgabe ihres Hofs seit 1963 gewährt wird. Die *I.V.D.* soll zu einer Verbesserung der Altersstruktur in der Landwirtschaft beitragen; im allg. geht ein Betrieb erst nach dem Tod des Familienoberhaupts an die Kinder über.

I. V. G., *Interruption volontaire de grossesse*. Freiwilliger Schwangerschaftsabbruch (nach den Gesetzen vom 17. 1. 1975, 31. 12. 1979), nur möglich vor der 10. Schwangerschaftswoche. Die entsprechende Klinik heißt *centre I. V. G.* (adj. *ivégien)*.

izarra ↑Liköre, Schnäpse, Aperitifs.

J

J. A. C. ↑Action catholique.

jacobinisme *m*. Progressiv-demokratische Einstellung, meist mit antiklerikaler Komponente; tritt für einen zentralistischen, starken Staat ein.

Jacobins. Jakobiner, die radikalste Gruppe unter den frz. Revolutionären. Der 1789 gegründete Klub der *Sociétés des amis de la constitution* hatte seinen Sitz im ehem. Dominikanerkloster der rue St. Honoré in Paris. Da die Dominikaner auch *jacobins* hießen, wurde dieser Name zur Bez. einer aktiven politischen Gruppe, die, im Ggs. zu den föderalistischen *Girondins* (↑*Revolutionen*), für eine demokratische zentralistische Republik eintraten. Ihre bekannten Führer waren Camille Desmoulins u. Maximilien de Robespierre (↑*Incorruptible)*. 1793 entstanden in allen größeren frz. Städten Jakobinerklubs. Am mächtigsten waren sie unter der *Convention nationale* (Nationalkonvent), es war die Zeit der Schreckensherrschaft *(↑Terreur)*. 1794 wurde Robespierre hingerichtet u. der Pariser Jakobinerklub geschlossen. Die Jakobinermütze *(bonnet phrygien)*, eine rote Wollmütze mit herabhängendem Zipfel u. blauweißer Kokarde, wurde zum Symbol der frz. Revolution.

Jacquerie *f*. Bez. (nach „Jacques [Bonhomme]", dem fam. Beinamen der Bauern) der frz. Bauernaufstände im Mittelalter, z. B. der von Poitiers (1358).

jacquet *m*. Früher in Fr. sehr beliebtes Trictrac-Spiel.

jambon de Bayonne *m*. Roher geräucherter Schinken.

jambon d' York *m*. Gekochter Schinken.

jardin d'enfants ↑Kindergarten.

Jardin de la France. Beiname der frz. Landschaft *Touraine*.

Jarnac. Der frz. Hauptmann Guy Chabot de Jarnac besiegte 1547 in einem Duell seinen Gegner dadurch, daß er ihm die Waffe in die Kniekehle stieß. Seitdem nennt man *coup de Jarnac* eine unerwartete, oft heimtükkische Handlung, einen Dolchstoß von hinten u. ä.

jas [ʒɑs] *m*. Reg. Bez. für den Schafstall in den ↑*Causses*.

jaunet *m, fam*. Unter Napoleon I. u. Napoleon III. geprägtes 20-Franc-Goldstück (offizielle Bez. *napoléon)*.

javanais ↑verlan.

J. C., *Jeunesse communiste*. Kommunistische Jugend, eigtl. Bez.: *Mouvement de la jeunesse communiste de France (MJC)*, bestehend aus der *Union de la jeunesse communiste*

(UJC) u. der *Union des étudiants communistes (UEC),* dem kommunistischen Studentenverband.

jéroboam ↑Flaschenformen.

jeu de paume *m.* 1. Bes. im 16./17. Jh. in Ballhäusern mit Schlägern u. Federbällen gespieltes „Schlagballspiel", auf das z.B. das mod. Tennis u. die ↑*pelote basque* zurückgehen. 2. *Serment du Jeu de Paume* ↑*Revolutionen.*

Jeux floraux. Wörtl. ‚Blumenspiele', Name eines 1323 in Toulouse begründeten Dichterwettbewerbs, der die höfische Dichtung in Provenzalisch *(↑Regionalsprachen)* pflegen sollte.

J.J.S.S. [ʒiʒiɛsɛs] Häufige Abkürzung für den Publizisten u. radikalsozialistischen Politiker Jean-Jacques Servan-Schreiber (↑*Mouvement réformateur*).

J.M.F., *Jeunesses Musicales de France.* 1944 gegr. Verein zur Förderung der musikalischen Ausbildung von Jugendlichen; in vielen frz. Städten ansässig.

J.O., *Journal officiel.* Das offizielle frz. Gesetzblatt, dem Bundesgesetzblatt in der BRD entsprechend.

J.O.C. ↑Action catholique.

jonchée *f.* Frischkäse aus Kuh- o. Ziegenmilch. In Aunis, Saintonge, Poitou heißt dieser Käse *caillebotte.*

Jour J ↑Résistance.

Jour V ↑Feiertage.

joute *f.* Urspr. ‚Lanzenbrechen', heute meist kurz für *joute sur l'eau,* Fischerstechen im Rahmen lokaler Festlichkeiten: zwei Männer versuchen, sich mit langen Stangen von ihren Booten zu stoßen. Bes. bekannt ist die *joute* von Sète (Dép. Hérault).

juge de paix hießen in Fr. die Richter, die bis zur Abschaffung dieses Amtes (*justice de paix*) im Jahre 1958 die unterste Instanz der ordentlichen Gerichtsbarkeit waren. An ihre Stelle trat das *tribunal d'instance (↑Justiz).*

juillet: 14 juillet ↑Geschichtsdaten.

juillet 1830 ↑Geschichtsdaten.

juin 1848 ↑Geschichtsdaten.

jumelage *m.* Partnerschaft (urspr. ‚Verschwisterung', ‚Patenschaft') meist zwischen einer dt. u. einer frz. Stadt *(j. de villes)* o. zwei regionalen Einrichtungen *(j. de régions),* die vom Rat der Gemeinden Europas (RGE) u. von der Internationalen Bürgermeister-Union für dt.-frz. Verständigung u. europ. Zusammenarbeit (IBU) 1950 angeregt u. 1963 vom ↑*Traité franco-allemand de coopération* nachhaltig stimuliert wurde. Im Herbst 1985 unterhielten über 1300 dt. Kommunen partnerschaftliche Beziehungen zu frz. Die meisten Städtepartnerschaften gibt es in Baden-Württemberg. Schulpartnerschaften heißen *appariements (scolaires).*

Justiz. Zu ihr gehören in erster Linie die für die Zivil- u. Strafgerichtsbarkeit zuständigen ordentlichen Gerichte (*tribunaux ordinaires*) sowie eine Reihe von besonderen Gerichten wie die Verwaltungsgerichte (*tribunal ad-*

ministratif, ↑*Conseil d'Etat*), die Jugendgerichtsbarkeit (*juridiction pour mineurs*), die *Haute Cour de Justice* (↑*Cour* 4.), die Arbeitsgerichte *(↑Conseil de prud'hommes)*, die Handelsgerichte (↑*tribunal de commerce)*, das ↑*Tribunal paritaire des baux ruraux*, der *Contentieux de la Sécurité Sociale* u. bis 1981 die *Cour de sûreté de l'Etat* (↑*Cour* 6.). Die Zivilgerichte sind: 1. das *tribunal d'instance* mit einem Einzelrichter *(juge unique)*, zuständig für Zivilsachen mit einem bestimmten Streitwert; 2. das *tribunal de grande instance* für Zivilsachen, deren Streitwert über die jeweilige Höchstgrenze für das *tribunal d'instance* hinausgeht o. von der Sache her in 1. Instanz unter die Zuständigkeit des *tribunal de grande instance* fällt (z.B. Scheidung, Vaterschaft, Nachlaßsachen, Grundstückssachen, Eigentumsrecht). Berufungsinstanz ist die *cour d'appel* (↑*Cour* 1.); für die ziemlich seltenen Revisionsanträge in Zivilsachen, sog. *recours en révision,* ist die *Cour de cassation* zuständig (↑*Cour* 3.).

Bei den Strafgerichten gibt es zunächst das Polizeigericht, *tribunal de police,* das nichts anderes ist als das jeweilige *tribunal d'instance* in strafrechtlicher Funktion, zuständig für Übertretungen *(contraventions);* als nächsthöheres Gericht, das *tribunal correctionnel,* das wiederum in strafrechtlicher Funktion dem *tribunal de grande instance* der Zivilgerichtsbarkeit entspricht. Es ist für die Aburteilung von Vergehen *(délits)* zuständig. Berufungsinstanz für diese beiden Strafgerichte ist wiederum die *cour d'appel.* Revisionsinstanz für alle Strafgerichte ist die *cour de cassation.* Für die Aburteilung von Verbrechen zuständig ist die *cour d'assises* (↑*cour* 2.).

Die Staatsanwaltschaft *(le Parquet* o. *Ministère Public)* besteht aus den *avoués généraux* (Generalstaatsanwälten), den *procureurs de la République* (Oberstaatsanwälten) u. *substituts* (Staatsanwälten). Die Gesamtheit der Staatsanwälte u. ihr Amt heißt *magistrature debout,* die Gesamtheit der Richter u. ihr Amt *magistrature assise* o. *m. du siège.*

K

Kaiserreich ↑Empire.

Kanaky ↑Überseeisches Frankreich.

Katharer ↑Albigenser.

képi *m.* Von dt. ‚Käppi, Kappe', militärische Kopfbedeckung in Form einer hohen Schirmmütze, urspr. vom frz. Truppenkorps in Afrika getragen, dann auch von anderen Einheiten, etwa der Polizei.

kermesse *f.* Bez. für die in Belgien u. Nordfr. mit Jahrmärkten u. Volksfesten gefeierte Kirchweih (Kirmes). An manchen Orten heißt die *k.* auch *ducasse.*

khâgne ↑classes préparatoires.

Kindergarten. In Fr. gibt es eine Reihe von staatl. kontrollierten Einrichtungen für die Betreuung von Kleinkindern, deren Eltern berufstätig sind: 1. *crèches*, Horte für Kleinkinder unter drei Jahren, 2. *pouponnières,* Beaufsichtigung stundenweise o. rund um die Uhr (Kinder von 1 Monat bis 3 Jahren), 3. *haltes-garderies* o. *garderies d'enfants,* Kinderaufbewahrung für Kinder von 3 Monaten bis 5 Jahren, 4. *jardins d'enfants,* die eigentlichen Kindergärten, die Kinder von 2 bis 6 Jahren regelmäßig betreuen. Die *j.* arbeiten mit pädagogischen Methoden, die sich auf das Spiel in der Kleingruppe (10–15 Kinder) beziehen, im Unterschied zu den Kinderaufbewahrungsstätten, (s.o. 1.–3.), in denen die Kinder nur gelegentlich angeleitet werden, u. zu den staatl. u. unentgeltlichen K. ↑*écoles maternelles,* deren Methoden mehr schulischer Art sind. 5. *gardiennes* o. *nourrices agréées,* staatl. anerkannte Tagesmütter.

kir ↑Liköre, Schnäpse, Aperitifs.

Kirche, Konfessionen. Die mit Abstand größte Religionsgemeinschaft Fr.s ist die röm.-kath. Kirche (*Eglise catholique,* 81% der Bevölkerung). Die strikte Trennung von Kirche u. Staat seit Anfang des 20. Jahrhunderts *(↑laïc, ↑laïcisme)* hat zu einem weltlichen Katholizismus geführt, ihre bedeutende Stellung innerhalb des frz. Privatschulwesens (↑*école libre*) hat sich die kath. Kirche jedoch erhalten. Es gibt keine staatl. Kirchensteuer (eine Sonderregelung gibt es in Elsaß-Lothringen). Die Kirche finanziert sich über Spenden (*le denier des cultes*), über ihren Grundbesitz o. durch eigene Wirtschaftsunternehmen. Der Gottesdienstbesuch geht v.a. in den Städten immer mehr zurück. Nach einer Umfrage von 1986 besuchen nur 14% der frz. Katholiken regelmäßig die Sonntagsmesse (sog. „pratiquants"); vgl. BRD: ca. 30%. Es herrscht auch großer Mangel an Priestern. Der wachsenden Entchristlichung in weiten Teilen Fr.s versucht die kath. Kirche durch eine mobile Priesterreserve *(Mission de France),* Arbeiterpriester *(prêtres-ouvriers)* u. die Verbände der ↑*Action catholique* zu begegnen. Die übrigen Konfessionen (4% Moslems, 1,8% Protestanten, 1,4% Juden) sind zahlenmäßig vergleichsweise unbedeutend. Die Protestanten spielen jedoch eine wichtige Rolle im politischen u. wirtschaftlichen Leben Fr.s., viele in führender Position. Sie setzen damit die Tradition der Hugenotten (↑*huguenots*) fort. Zur *Haute Société Protestante (HSP)* zählen neben prominenten Wirtschafts- u. Finanzmagnaten zahlreiche Politiker aus rechten u. linken ↑*Parteien,* wie M. Couve de Murville *(RPR)* u. Michel Rocard *(PS).*

Die in der *Fédération protestante de France* zusammengeschlossenen protestantischen Kirchen sind regional sehr ungleich verteilt u. übersteigen in acht Dép.s 5%. Die elsässischen Dép.s Bas-Rhin (28%) und Haut-Rhin (10%) treten hier bes. hervor (v.a. Calvinisten: *Eglise réformée d'Alsace et de Lorraine,* u. Lutheraner: *Eglise de la Confession d'Augsbourg*). Vgl. ferner Gard 17%, Doubs 14%, Ardèche 10%, Drôme 9%, Lozère 8%, Deux-Sèvres 7%. Siehe a. ↑*Taizé;* ↑*gallicanisme.*

kirsch ↑Liköre, Schnäpse, Aperitifs.

Kolonien, Union française u. Communauté française. 1. Das frz. Kolonialreich *(Empire français).* Die frz. Kolonialexpeditionen nahmen ihren

Anfang unter Richelieu, der verschiedene Handelsgesellschaften *(compagnies)*, vor allem für die Errichtung von Handelsniederlassungen, ins Leben rief, darunter die wichtige *Compagnie des Indes Orientales.* Die von diesen Gesellschaften erworbenen Besitzungen gingen später an die frz. Krone über. Im 17. Jh. erwarb Fr. *St. Pierre-et-Miquelon* (eine Inselgruppe bei Neufundland), *Martinique* (1664), *Guadeloupe* (1674) u. (1697) den Westteil von *Santo Domingo* (das heutige Haiti), den Spanien an Fr. abtreten mußte, sowie Frz. Guyana *(la Guyane française)* im Jahre 1664 (von 1794–1947 Strafkolonie). Im 17. Jh. wurde die erste frz. Handelsniederlassung in Westafrika auf der Insel *Gorée* gegründet. Kanada, das von Cabot 1497 entdeckt worden war u. zunächst *Nouvelle-France* ‚Neu-Frankreich' hieß, wurde von Champlain kolonisiert, der 1608 *Québec* gründete. Bereits 1713 mußte Fr. durch den Vertrag von Utrecht einen Teil Kanadas, nämlich Akadien *(l'Acadie)*, an England abtreten. Nach dem 7-jährigen Krieg verlor Fr. durch den Friedensvertrag von Paris (1763) seine übrigen kanadischen u. den größten Teil seiner indischen Besitzungen – mit Ausnahme von fünf Küstenstädten – an England. Im 18. Jh. hatte Fr. durch den Friedensvertrag von Basel (1794) auch den bis dahin spanischen Westteil von Santo Domingo (die heutige Dominikanische Republik) erhalten, verlor aber nach verschiedenen Sklavenaufständen die gesamte Insel, die 1804 unabhängig wurde. Louisiana *(la Louisiane)*, im Mississippibecken mit der Hauptstadt New Orleans (ursprünglich *la Nouvelle- Orléans*), wurde gegen Ende des 17. Jhs. von Franzosen, z. T. auch von Spaniern, besiedelt. 1763 mußte Fr. den Ostteil von L. an Spanien abtreten. Napoleon, der diesen zurückgewann, verkaufte 1803 L. an die Vereinigten Staaten, weil er voraussah, daß sein Besitz gegen die aufstrebenden USA nicht zu halten war.

So besaß Fr. zu Beginn des 19. Jhs. nur Reste seines früheren Kolonialreiches, nämlich St. Pierre-et-Miquelon, Fischereirechte auf Neufundland (die es 1904 verlor), Guadeloupe, Martinique (Santo Domingo nur bis 1804, vgl. o.), frz. Guyana; in Indien nur noch die sog. *Etablissements français,* die fünf Städte *Pondichéry, Karikal, Chandernagor, Yanaon* u. *Malé* sowie im Indischen Ozean: *Bourbon* (später: *La Réunion)* u. *Ile-de-France* (das später als Mauritius englisch wurde). Auch die urspr. frz. Seychellen *(Seychelles)* fielen 1814 an England. Im 19. Jh. schuf sich Fr. ein neues Kolonialreich in Afrika, Indochina u. Ozeanien: Durch die Eroberung von ↑*Algerien*, die Errichtung des frz. Protektorats über Tunesien (1881) u. d. den Erwerb von Kolonien in Äquatorialafrika *(Afrique Equatoriale Française = AEF):* Gabun *(Gabon), Congo français,* Ubangi-Schari *(Oubangui-Chari),* Tschad *(Tchad);* (Die Bez. *AEF* für diese vier, in einem Generalgouvernement *(gouvernement général)* zusammengefaßten Kolonien war von 1910 bis 1958 üblich); in Westafrika *(Afrique Occidentale Française = AOF):* Senegal *(Sénégal),* Mauritanien *(Mauritanie),* frz. Sudan *(le Soudan français), Niger,* frz. Guinea *(Guinée française),*

Elfenbeinküste *(Côte d'Ivoire)*, Dahomey u. Obervolta *(Haute-Volta);* (Die Bez. *AOF* für die im gleichnamigen Generalgouvernement zusammengefaßten westafrikanischen Kolonien war von 1895–1958 üblich); in Ostafrika: frz. Somaliland *(Côte française des Somalis);* im Indischen Ozean: *la Réunion, Madagaskar* (1896) u. die Komoren *(Comores);* in Asien das frz. Indochina *(Indochine française)*, das Kambodscha *(le Cambodge), Laos, Annam, Tonkin* u. Cochinchina *(la Cochinchine)* umfaßte; in Ozeanien: Neukaledonien *(la Nouvelle-Calédonie)* (seit 1853) u. eine Reihe von Inseln, die noch heute zum ↑*überseeischen Fr.* gehören.

Erst 1912 wurde das frz. Protektorat in Marokko errichtet. Durch den Versailler Vertrag erhielt Fr. Teile der ehemaligen dt. Kolonien Togo u. Kamerun, so daß sein seit dem 19. Jh. bestehendes neues Kolonialreich zwischen den beiden Weltkriegen seine größte Ausdehnung erreicht hatte. Auf der Konferenz von *Brazzaville* (1944) versprach de Gaulle wirtschaftliche u. soziale Maßnahmen für die Kolonien, lehnte jedoch weitergehende Formen von Autonomie ab. Die IV. Republik versuchte, den Wunsch der Überseegebiete nach mehr Selbstverwaltung zu berücksichtigen, diese aber im Rahmen der sog. *Union française* (frz. Union), die durch die Verfassung der IV. Republik von 1946 errichtet wurde, weiterhin an Fr. zu binden. Die frz. Protektorate Marokko, Tunesien u. die indochinesischen Protektorate wurden in assoziierte Staaten *(états associés)* umgewandelt, die übrigen eigentl. Kolonien überseeische Departements u. Territorien mit beschränkter innerer Selbstverwaltung. Der frz. Staatspräsident war gleichzeitig Präsident der Französischen Union, mit z. T. gewählten, z. T. ernannten Vertretern aus dem Mutterland u. den Überseegebieten. Mit dieser Lösung gaben sich jedoch deren Bewohner nicht zufrieden; so entstanden überall Freiheits- u. Unabhängigkeitsbewegungen; es kam zu Kolonialkriegen (↑*Algerien*, ↑*guerre d'Indochine*) o. Unruhen wie z. B. in Marokko.

1956 wurden die Protektorate Marokko u. Tunesien unabhängig, 1962 Algerien. Als de Gaulle nach Errichtung der V. Republik an die Macht kam, wurde die *Union française* in *Communauté française* (französische Gemeinschaft) umgewandelt, der nur eine kurze Lebensdauer beschieden sein sollte. Guinea wurde sofort unabhängig, die übrigen Staaten wurden nach 1960 selbständig u. nahmen z. T. auch neue Namen an. Die neuen, aus ehemaligen frz. Kolonien in Schwarzafrika hervorgegangenen Staaten sind: *Mali* (früher frz. Sudan), Hauptstadt: Bamako; *Sénégal*, Hauptstadt: Dakar; *Madagascar*, Hauptstadt: Antananarivo, früher: Tananarive; Zentralafrikanische Republik *(République Centrafricaine)*, früher Ubangi-Schari; 1977–79 in *Empire Centrafricain* (zentralafrikanisches Kaiserreich) umbenannt, Hauptstadt: Bangui; *Congo* (früher frz. Kongo), Hauptstadt: Brazzaville; *Bénin* (früher Dahomey), Hauptstadt: Porto Novo; Elfenbeinküste *(Côte d'Ivoire)*, Hauptstadt: Abidjan; Gabun *(Gabon)*, Hauptstadt: Libreville; Kamerun *(Cameroun)* aus ehemals engl. u. frz. Treuhandgebieten, Hauptstadt: Yaoundé; Mauretanien *(Mauritanie)* Hauptstadt: Nouakchott; *Niger,* Hauptstadt: Niamey; Burkina Faso (bis 1984: Obervolta), Hauptstadt: Ouagadougou; *Togo,* nach 1919 engl.-frz. Mandatsgebiet, wurde 1966 unabhängig, Hauptstadt: Lomé; Tschad *(le Tchad),* Hauptstadt: N'Djaména (früher: Fort-Lamy). Die *Côte française des Somalis* (vgl. o.) wurde unter der V. Republik (1967) in *Territoires des Afars et Issas* umbenannt u. erhielt erst 1977 ihre Unabhängigkeit. Sie heißt seitdem *République de Djibouti* (dt. Dschibuti). Die Komoren (Comores) wurden 1975 unabhängig, die Hauptinsel *Mayotte* verblieb jedoch auf eigenen Wunsch bei Frankreich. Die Neu-Hebriden (*les Nouvelles Hebrides*) waren urspr. ein engl.-frz. Kondominium u. sind seit 1980 unabhängig. Staatsname: Vanuatu.

Die nach der Entkolonialisierung *(décolonisation)* bei Fr. verbliebenen Gebiete bilden das ↑*überseeische Frankreich*. Die *Communauté française* existiert eigtl. nur noch auf dem Papier, wurde formell aber nie aufgelöst. Es bestehen noch enge wirtschaftliche, z.T. a. kulturelle u. militärische Bindungen dieser Staaten zu Frankreich. Vgl. ↑*francophonie*.

kouglof, var. *kugelhof m* [kuglɔf] heißt frz. der elsässische Gugelhupf, ein Napfkuchen mit Rosinen u. Sultaninen.

Kourou ↑Ariane, ↑C.N.E.S.

L

La Cinq ↑Rundfunk u. Fernsehen.

Lacq. Kleine Gemeinde im Dép. Pyrénées-Atlantiques, im allg. wird der Name mit den 1951 dort von der *Société nationale des Pétroles d'Aquitaine (SNPA)* ausgebeuteten Erdöl- u. Erdgasvorkommen assoziiert.

La Grande-Motte. Modernes Ferienzentrum an der Küste des Languedoc-Roussillon (Dép. Hérault), bekannt durch pyramidenartige Hochhäuser.

La Hague ↑C.E.A.

laïc *m* (Adj. *laïc, laïque)* bezeichnet nicht nur den Laien (im Sinne der Kirche), sondern bedeutet seit dem Konflikt zwischen Staat u. Kirche unter der III. Republik auch ‚frei von kirchlichem Einfluß', z.T. sogar ‚antiklerikal'. Die *école laïque* in Fr. ist die öffentliche Schule, an der kein Religionsunterricht erteilt wird. Vgl. ↑*école libre,* ↑*C.N.A.L.,* ↑*Kirche*.

laïcisme *m.* Die Einstellung meist republikanisch gesinnter Personen, die für eine strenge Trennung von Staat u. Kirche u. ein Schulwesen ohne Einfluß der Kirche u. ohne Religionsunterricht eintreten, z.T. auch Synonym von ‚Antiklerikalismus'. Der l. kam vor allem nach 1870 auf, wo in Fr. ein Kulturkampf stattfand, der zu einer Trennung von Kirche u. Staat (1905) führte. Nach dem 1.Weltkrieg waren die Fronten zwischen katholischer Kirche *(↑Kirche, Konfessionen)* u. *l.* nicht mehr so verhärtet, ebensowenig in der IV. u. V. Republik, wo nur noch zur Diskussion stand, ob u.

inwieweit konfessionsgebundene Schulen vom Staat finanziell unterstützt werden sollen. Unter Mitterrand hat sich der Konflikt zwischen Staat u. katholischer Schule wieder verschärft. Vgl. ↑*école libre.*

Laissez faire, laissez aller ↑colbertisme.

lamenti *mpl.* Kors. Trauergesänge.

langue d'oc [lãgdɔk] ↑Regionalsprachen.

langue d'oïl [lãgdoil] *f.* Altfrz. *oil* ‚ja' aus lat. *hoc ille;* das nördlich der Loire gesprochene Frz. u. seine ↑*Dialekte,* die sich im Ggs. zur südfrz. *langue d'oc (↑Regionalsprachen)* unter Einfluß des Fränkischen entwickelt haben. Die Aufspaltung in zwei Sprachgruppen zeichnete sich bereits zur Zeit der Merowingerherrschaft ab u. war im 10. u. 11. Jh. so weit fortgeschritten, daß literarische Zeugnisse in beiden Sprachen entstanden. Vgl. ↑*Croissant* 2.

La Palice, lapalissade. M. de la Palice (1470–1525), ein frz. Marschall, war bekannt für seine Tapferkeit. Seine Soldaten widmeten ihm ein Lied, das mit den Versen schloß: *Un quart d'heure avant sa mort, / Il était encore en vie.* Später sah man nur die Naivität dieser Verse; so bedeutet *lapalissade* heute ‚Gemeinplatz', ‚Banalität'.

largonji ↑verlan.

Larzac, le ~ [ləlarsak] Größtes Kalksteinplateau der ↑*Causses* im Dép. Aveyron, wurde zum Symbol „gewaltlosen Widerstands" gegen die staatl. Militär- u. Umweltpolitik, als Regierungspläne zur Erweiterung eines dort schon seit 1899 bestehenden 3000 ha großen Truppenübungsplatzes Anfang der 70er Jahre eine langanhaltende Protestbewegung (Parole: „Larzac libre") von Larzac-Bauern, Ökologen u. Regionalisten auslöste.

lavogne *f.* Erscheinungsform des Karstes in den ↑*Causses,* bes. in der Gegend von Roquefort: natürliche Zisterne, die sich über wasserundurchlässigen Gesteinsschichten bildet.

L.C.P.C. *m, Laboratoire central des Ponts et Chaussées.* Zentrales staatl. Forschungslaboratorium für Straßen- u. Brückenbau (gegr. 1831).

L.C.R. ↑Parteien.

Le Bourget ↑Flughäfen (Paris).

Légion d'Honneur ↑Orden u. Ehrenzeichen.

Légion étrangère. Fremdenlegion. 1831 ins Leben gerufene, aus angeworbenen Ausländern gebildete Truppeneinheit, von frz. Offizieren geführt; 1884 reformiert, Hauptstandort Sidi-bel-Abbès in Algerien. Die F. hat sich in den frz. Kolonialkriegen im 19. Jh., im 1. u. 2. Weltkrieg, vor allem aber im Algerien- *(↑Algerien)* u. Indochinakrieg *(↑guerre d'Indochine)* tapfer geschlagen. Die Einheiten der F., die ursprünglich nur außerhalb Fr.s stationiert sein sollten, haben heute ihre Standorte in Fr. (einschl. Korsika) u. in ↑*überseeischen Gebieten.* Der dt. Anteil an der Fremdenlegion war immer relativ hoch.

Légion française des combattants. Im August 1940 geschaffene Organisation zur Unterstützung von Marschall Pétain. Die *L.* hatte keine einheitliche Doktrin. Aus dem sog. *Ser-*

vice d'ordre de la légion (SOL) entwickelte sich 1943 die sog. *Milice française* (↑*Vichy-Regime*).

Légion tricolore ↑Légion des volontaires français.

Légion des volontaires français (L.V.F.). Am 4. Juli 1941 geschaffene, aus frz. Freiwilligen bestehende Truppe, die an der Seite der Wehrmacht in Rußland kämpfte. Die Angehörigen der *L.V.F.* trugen deutsche Uniform. Ein Versuch der Vichy-Regierung, die *L.V.F.* durch eine Freiwilligentruppe mit frz. Uniform (sog. *Légion tricolore)* zu ersetzen, scheiterte. Die *L.V.F.* wurde im August 1944 aufgelöst. Im Sept. 1944 wurden Angehörige der *L. V.F.*, der wallonischen SS, sowie geflohene Kollaborateure in der *SS-Division Charlemagne* zusammengefaßt, die bei den Kämpfen in Ostpreußen im März-April 1945 fast völlig aufgerieben wurde. Letzte Überlebende beteiligten sich Anfang Mai 1945 noch an der Schlacht um Berlin.

légitimistes ↑Monarchie.

L.E.P. [lɛp] *m, Lycée d'enseignement professionnel.* (Dt. etwa ‚berufsbildendes Gymnasium'), entspricht dem ehem. *CET (Collège d'enseignement technique)*, einer zwei- bzw. dreijährigen Berufsschule. Nach erfolgreichem Abschluß der *troisième* (↑*collège)* entscheidet ein Schulgremium *(conseil d'orientation)* unter Berücksichtigung von Elternwünschen, ob der Schüler den langen, allgemeinbildenden Weg des ↑*lycée* o. den kurzen Bildungsweg in einem *L.E.P.* einschlagen wird. Letzteres führt i.d.R. in zwei Jahren zu einem allgemein berufsqualifizierenden Abschluß, dem ↑*BEP (Brevet d'études professionnelles)*. Das *L.E.P.* weist auch einen zweiten Ausbildungsgang für Schüler auf, die nach der *Cinquième* das ↑*Collège* verlassen, um in dreijährigen berufsvorbereitenden Klassen u. einer Lehre in Betrieben das ↑*CAP (Certificat d'aptitude professionnelle)* vorzubereiten (↑*CPA*, ↑*CPPN)*. Leistungsschwache Schüler (Mindestalter: 15 Jahre) können nach einer einjährigen Kurzausbildung das ↑*CEP (Certificat d'études professionnelles)* erwerben. Für sehr gute Schüler besteht die Möglichkeit, vom *L.E.P.* an ein ↑*lycée (technique)* überzutreten.

levante ↑Winde.

L.F.A.J. ↑auberges de jeunesse.

libeccio ↑Winde.

Libération *f.* Die Gesamtheit der militärischen Operationen zwischen der Landung der Alliierten *(Débarquement)* in der Normandie (6. 6. 44) u. dem endgültigen Abzug dt. Streitkräfte aus Fr. (1944, z.T. erst Anfang 1945). Paris wurde am 25. 8. 44 befreit.

Libération nationale et socialisme ↑Regionalismus.

Liberté, Egalité, Fraternité ↑Staatssymbole.

libre-service *m.* Geschäft mit Selbstbedienung (↑*superette*, ↑*grandes surfaces)*. Ein Selbstbedienungsrestaurant heißt *self-service* o. *self.*

licence *f.* Akademischer Grad, der nach dreijährigem Universitätsstudium in Geisteswissenschaften *(l. ès lettres)*, Naturwissenschaften *(l. ès sciences)* o. Rechtswissenschaften *(l. en droit)* erworben wird. Die l. ist Voraussetzung für die Meldung zum ↑*CAPES*, für die Niederlassung als Rechtsanwalt o. die Anstellung als Lehrer an kommunalen o. privaten Sekundarschulen *(↑collège, ↑lycée)*.

L.I.C.R.A. *Ligue internationale contre le racisme et l'antisémitisme.* In Fr. verbreitete intern. antirassistische Vereinigung, gegr. 1928. Organisationen mit ähnlichen Zielsetzungen sind der ↑*MRAP* und ↑*SOS Racisme.*

lies et passeries (auch *paceries* o. *faceries)* hießen die uralten Verträge zwischen frz. u. spanischen Pyrenäentälern über Weidenutzung u. sonstige nachbarschaftliche Probleme.

ligne bleue des Vosges. Sentimentale Benennung des Vogesenkamms, von Fr. aus gesehen, das 1871 fast das ganze Elsaß an das Deutsche Reich abtreten mußte u. dieses erst 1919 zurückerhielt.

ligne Maginot ↑Weltkriege.

Ligue communiste révolutionnaire ↑Parteien.

Ligue pour la défense des droits de l'homme et du citoyen *f.* Die 1898 in Paris im Verlauf der ↑*affaire Dreyfus* gegr. Liga für Menschenrechte, heute mit Sitz in London; die frz. *Ligue des droits de l'homme* hat ihren Sitz in Paris.

Liköre, Schnäpse, Aperitifs.
bénédictine (f). Von Benediktinermönchen des Klosters Fécamp (Dép. Seine-Maritime) erfundener Likör aus angeblich 27 Kräutern u. Gewürzen (43% Alkohol). Deutsche Liköre dieser Geschmacksrichtung dürfen, da der Name B. geschützt ist, nur als Abtei- o. Klosterliköre bezeichnet werden. B. wird vor allem nach dem Essen als ↑*pousse-café* getrunken. Die Abk. *D.O.M.* auf dem Etikett bedeutet *Deo optimo maximo* – Gott dem Höchsten zu Ehren.
armagnac (m) Branntwein aus der Landschaft Armagnac (SW-Fr.) mit 40% Alkoholgehalt; hergestellt durch eine lange, kontinuierliche Destillation von Weißweinen aus der Picpoult-Traube auf nur 52 Grad. Der A. wird in sog. *bouteilles basquaises*, bocksbeutelähnlichen Flaschen o. *pots gascons* (2,5 l-Flaschen) abgefüllt.
cognac (m) Branntwein aus Weißweinen eines gesetzlich festgelegten Gebietes von u. um Cognac (Dép. Charente). Man unterscheidet die Cognac-Regionen *Grande Champagne, Petite Champagne, Borderies, Fins Bois, Bons Bois, Bois ordinaires*. Das Spitzenprodukt *Fine-Champagne*-Cognac ist eine Mischung aus *Petite Champagne* u. mind. 50% *Grande Champagne. Fine* steht auch kurz für einen (guten) Cognac. *Fine maison* heißt ein markenloser Cognac, den der Wirt aus privater Quelle bezieht. Cognac wird nach einem festgelegten, gesetzlich kontrollierten Brennverfahren produziert. An dem Herstellungsverfahren hat sich seit dem 17. Jh. kaum etwas verändert. Gebrannt wird in der traditionellen einfachen Brennblase in zwei aufeinanderfolgenden Destilliervorgängen (das 18%ige Zwischenprodukt, das

beim ersten entsteht, heißt *brouillis*, beim zweiten entsteht ein Weinbrand von 70% Alkohol). Guter Cognac muß zwei, vier o. noch mehr Jahre in Fässern aus Limousin-Eiche reifen. Das *Bureau National Interprofessionnel du Cognac (BNICo)*, die staatl. Aufsichtsbehörde für den Cognac, stellt Alterszertifikate aus. Danach kommt ein bis zwei Jahre alter C. mit der Bez. „Cognac“, „Cognac authentique“ o. *** (Dreistern) in den Handel. Mind. vier Jahre alter C. trägt die Bez. „V.S.O.P.“ *(very superior old pale* = bester alter Bleicher). Sechs Jahre alter C. darf sich „Extra“ o. „Réserve/Spécial“ nennen.

calvados [kalvados] fam. *calva (m)*. Apfelschnaps (43%), benannt nach dem normann. Dép. Calvados, wird aus ↑*cidre* gebrannt u. erhält durch jahrelanges Lagern in Eichenfässern das volle Apfelbouquet u. seine dunkelbraune Farbe. Getrunken wird der C. vornehmlich als *digestif* o. auch zwischen den einzelnen Gängen einer Mahlzeit (als sog. *„trou normand“)*. Die Spitzenmarken kommen aus dem Pays d'Auge im Herzen des Dép. Calvados. Das System der Altersbez. weicht von dem im Cognac-Gebiet etwas ab: *** (2 Jahre), „Vieux“ o. „Réserve“ (3 Jahre), „VO“ (very old) o. „VR“ (Vieille Réserve) (4 J.), V.S.O.P. o. Grande Réserve (5 J.), „Hors d'âge“, „Age inconnu“ o. „Très Vieille Réserve“ (6 J.).

kir (m) Burgund. Spezialität, ein Aperitif aus *crème de Cassis* (schwarzem Johannisbeerlikör) u. trockenem Burgunder Weißwein, benannt nach dem Domherren u. ehem. Bürgermeister von Dijon Félix-Adrien Kir (1876–1968). Mit Champagner statt Weißwein heißt er *Kir royal*.

chartreuse (f) Grüner o. gelber Kräuterlikör, seit 1735 von Mönchen des Klosters La Grande Chartreuse bei Grenoble hergestellt. Er besteht aus etwa 130 verschiedenen Kräutern u. Extrakten. Flüssige Basis ist *eau de vie de vin* (Weinbrand). Die grüne Ch. ist mit 50–55% Alkoholgehalt stärker als die gelbe (43%), die 100 Jahre später eingeführt wurde.

framboise (f) Himbeergeist aus dem Elsaß.

griotte (f) Weichsellikör.

guignolet (m) Branntwein aus Schwarzkirschen (Spezialität der Gebiete Anjou, Touraine, Vendée), meist als Aperitif serviert.

izarra (f) Kräuterlikör – der *Chartreuse* ähnlich – aus dem Baskenland. Zwei Varianten: grün – mit dem Extrakt von 48 Kräutern u. Wurzeln (60% Alkohol), gelb – aus 32 Pflanzen (süßer).

kirsch (m) Kirschwasser aus dem Elsaß.

quetsche (m) Zwetschgenwasser aus dem Elsaß. Im Gegensatz zum Slibowitz werden der Quetsche-Maische Pflaumenkerne beigegeben.

muscat de Frontignan ↑*muscat (m)*.

marc (m) Tresterbranntwein, der aus den vergorenen Rückständen der Traubenschalen destilliert wird. Die Winzer, die ihren *m.* selbst destillieren, heißen *bouilleurs de cru*.

pastis (m) Aperitif, der aus Anis, Fenchel u. verschiedenen Maquis-Kräutern (Korsika) hergestellt wird. Man trinkt ihn meist pur mit Eiswasser, oft auch noch mit einem

Schuß Minzesirup (*perroquet*) o. ↑*grenadine (tomate)*.

pineau des Charentes [pino...] *(m)*. Vor mehr als 300 Jahren wurde im Cognacgebiet durch Zufall der P. als Aperitif erfunden, weil ein Winzer frisch gekelterten Traubensaft in ein Faß goß, das noch einen Rest Cognac enthielt. Der Alkohol stoppte die Gärung des Mostes u. ließ einen fruchtigen Likör entstehen. Der P. darf nur im gesetzlich festgelegten Cognac-Gebiet, in den Dép.s Charente u. Charente-Maritime, hergestellt werden. Der dem Most zugesetzte Cognac muß mind. 1 Jahr alt sein, der P. mind. 12 Monate in Eichenfässern lagern. Sein Alkoholgehalt liegt zwischen 16 u. 20%. Er wird auch als *vin de liqueur (*↑*VDL)* bezeichnet.

Lilienbanner ↑Staatssymbole.

limousine, à la ~. Speisen ‚nach limousinischer' Art werden meist mit Kohl u. Eßkastanien zubereitet.

liste civile *f*. Bez. für das „Gehalt" des frz. Staatspräsidenten (in Fortsetzung der ‚Zivilliste' der Könige).

liste de mariage *f*. Von Brautpaaren vor der Hochzeit zusammengestellte Liste, die die gewünschten Geschenke verzeichnet u. für Hochzeitsgäste in entsprechenden Geschäften aufliegt.

Literaturpreise *(prix littéraires)*. In Fr. werden jährlich etwa 1500 Preise für das Gesamtwerk o. ein Werk eines Schriftstellers vergeben, die bis zu 100000 F dotiert sind. Zu den „Grands Prix", die stets im Spätherbst unter großer Publizität verliehen werden, zählen 1. der *Prix Goncourt*, der von der ↑*Académie Goncourt* für den aktuellen Roman eines meist jungen Autors vergeben wird; 2. der *Prix Fémina*, dessen Jury aus 12 Schriftstellerinnen besteht, für einen Roman; 3. der *Prix Théophraste-Renaudot*, der am selben Tag wie der *Goncourt* von einer Jury aus zehn Journalisten u. Kritikern für einen Roman od. eine Novellensammlung verliehen wird u. als „Korrektiv" zum Goncourt intendiert ist; 4. der *Prix Médicis*, gegr. 1958 als Gegengewicht zu den Entscheidungen der vorgenannten Jurys, beachtet mehr die modernen Strömungen der Literatur; der am Tag des *Fémina* verliehene *Médicis* will „ein in Ton u. Stil neuartiges Prosawerk" auszeichnen, seine Jury steht dem ↑*nouveau roman* u. der Gruppe ↑*Tel Quel* nahe.

Zwar sind die jeweiligen Preissummen der „Grands Prix" sehr gering (z.B. 50 F für den *Goncourt)*, doch garantieren sie den Preisträgern i.d.R. erhebliche Auflagensteigerungen. Der Löwenanteil an den preisgekrönten Werken entfällt erfahrungsgemäß auf die drei Großverlage *Gallimard*, *Grasset* u. *Le Seuil*, deren Autoren in den meisten Preisjurys die Mehrheit haben. Weitere Literaturpreise sind der hochdotierte *Grand prix du roman* der ↑*Académie française*, der *Grand prix national des Lettres* (die höchste nationale Auszeichnung auf literarischem Gebiet), der *Prix des critiques* u.v.a.

lit de justice ↑Ancien Régime.

livarot *m*. Runder, würziger Weichkäse aus dem gleichnamigen Ort in der Normandie, mit kräftiger orangeroter Rinde. Herkunftsbez. geschützt.

L. O. ↑Regionalismus.

logécos *mpl.* Abk. für *logements économiques,* durch staatl. Spezialdarlehen errichtete Wohnungen im Rahmen des sozialen Wohnungsbaus *(↑HLM).*

Loi 1901 ↑Association Loi 1901.

Loi Guermeur ↑école libre.

Loi Royer ↑grandes surfaces.

lois linguistiques (Sprachgesetze) ↑Sprachpflege.

Longchamp ↑tiercé.

lorraine, à la ~. Speisen ‚nach Lothringer Art' werden meist mit Blaukraut o. Sauerkraut u. Kartoffelknödeln zubereitet.

Lothringerkreuz ↑Orden u. Ehrenzeichen.

loto (national) *m.* Nach dem Muster der dt. Lotto-Auswahlwette „6 aus 49" 1976 in Fr. eingeführtes Glücksspiel; nicht zu verwechseln mit der *Loterie nationale* (seit 1933), die etwa der dt. Klassenlotterie entspricht.

loto sportif *m.* Dem dt. Fußball-Toto vergleichbares frz. Sportlotto (seit 1985). Der Erlös soll zur Finanzierung der Sportbewegung beitragen.

loubar(d), loulou *m.* Heute häufig gebrauchte Bez. für den asozialen Jugendlichen, der auch kleine Delikte verübt u. sich gern in Banden zusammenschließt.

loucherbem ↑verlan.

Louis le Grand ↑Ancien Régime.

Lutèce, Lutetia (lat.). Kleine keltische Siedlung der Parisii, die von den Römern 52 v. Chr. erobert u. auf dem linken Seine-Ufer weiter ausgebaut wurde. Überreste aus dieser Zeit sind im ↑*Quartier latin* Teile einer römischen Arena *(les arènes de Lutèce)* sowie – auf dem Gelände des Hôtel de Cluny – Teile eines römischen Thermenpalastes.

Lutte occitane ↑Regionalismus.

Lutte ouvrière ↑Parteien.

Luxembourg ↑Palais du Luxembourg.

L. V. F. ↑Légions des volontaires français.

lycée *m.* ‚Gymnasium', öffentliche weiterführende Schule der Sekundarstufe II. Das l. teilt sich in eine Lang- u. eine Kurzform. Im Anschluß an die Orientierungsstufe *(cycle d'orientation ↑collège)* führt der lange, allgemeinbildende Weg mit dem *lycée d'enseignement général* o. – fachgebunden – mit dem *lycée agricole* (landwirtschaftl. Gymn.) o. *lycée technique* (techn. u. Wirtschaftsgymnasium) nach drei Jahren zum Abitur *(↑baccalauréat)* o. Fachabitur *(↑BTn).* Bis 1981 stellten die ersten beiden Jahre *(Seconde* u. *Première)* dabei einen kohärenten Zyklus dar *(cycle de détermination),* auf den eine einjährige Spezialisierung in der Abschlußklasse *(Terminale)* folgte. Seit dem Schuljahr 1981/82 haben alle Schüler nur noch in der *Seconde* das gleiche Unterrichtsprogramm („seconde de détermination", „seconde indifférenciée"). Die „Kursphase", in der die Schüler ihre Fächer bereits abitur- u. studienbezogen wählen, beginnt in der *Première* u. wird in der *Terminale* vertieft. Ein Sonderfall ist die sog. *Seconde spécifique:* Schüler, die diese Klasse gewählt haben, durchlaufen eine dreijährige spezialisierte Fachoberschulausbildung, die zum *Brevet de Technicien (↑BT)* führt. Der kurze Bildungsweg wird in zwei Jahren auf einem *↑LEP (Lycée d'enseignement professionnel)* absolviert. Es entspricht dem ehem. *CET (Collège d'enseignement technique).*

Am l. unterrichten *professeurs agrégés (↑agrégation), professeurs certifiés (↑CAPES),* daneben auch *↑maîtres-auxiliaires* u. *adjoints d'enseignement (↑A.E.).* Der Leiter eines l. heißt *proviseur,* sein Stellvertreter *censeur.* Es gibt vier Entscheidungsgremien: *Conseil d'Etablissement* (Schulkonferenz), *Conseil des Professeurs* (Lehrerkonferenz), *Conseil de Classe* (Klassenkonferenz), *Conseil d'Enseignement* (Fachschaftskonferenz). Verwaltungstechnisch unterscheidet man *lycées d'Etat* (staatl. Gymnasien), *lycées nationalisés* (verstaatl. Gymnasien, der Staat trägt nicht alle Kosten) u. städtische Gymnasien *(lycées municipaux).* Manchen l. sind techn. Fachhochschulklassen *(↑STS)* u. Vorbereitungsklassen *(↑classes préparatoires)* für die *↑Grandes Ecoles* angegliedert.

lyonnaise, à la ~. Speisen ‚nach Lyoneser Art' sind mit einer Sauce aus Weißwein, Schalotten u. Knoblauch zubereitet.

M

M., MM. ↑Anreden.

M.A. ↑maître-auxiliaire.

madeleines *fpl.* Urspr. aus Lothringen stammendes, kleines Sandgebäck in Muschelform, das angeblich von Madeleine, der Köchin des Ex-Polenkönigs Stanislaus I. Leszczyński (1677 bis 1766), erfunden u. nach ihr benannt wurde (dt. ‚Magdalena'). Literarischen Ruhm erlangte dieses Gebäck durch Marcel Prousts Romanzyklus „A la recherche du temps perdu" (1913–27), wo eine in den Tee getauchte *m.* zum Auslöser der Vergangenheitserinnerungen des Erzählers wird.

maestrale ↑Winde.

Maginotlinie ↑Weltkriege: 2. Weltkrieg.

magistère *m.* 1985 eingeführtes Spezialdiplom an *↑Universitäten* in 40 praxisbezogenen Fachrichtungen für ausgewählte Studenten. Voraussetzung *↑DEUG/DEUST* + 3 Jahre Studium, z.B. *juriste d'affaires franco-allemandes, aménagement, économie, relations internationales.* Nicht zu verwechseln mit dem etwa gleichzeitig geschaffenen *↑mastère*-Diplom der *↑grandes écoles.*

magistrature *f* heißt in Fr. die Gesamtheit der Richter u. Staatsanwälte, ihre Amtstätigkeit *magistrature debout* (Staatsanwälte) u. *magistrature assise* o. *m. du siège* (Richter) *↑Justiz.*

magnanerie *f.* Im Rhônetal jene Räume von Privathäusern, in denen Seidenraupen gezüchtet wurden, die den Rohstoff für die Seidenindustrie von Lyon lieferten.

magnum [magnɔm] ↑Flaschenformen.

maire, mairie ↑Gemeinde.

maison centrale ↑centrale 1.

maison d'arrêt et de correction ↑centrale 1.

Maison de(s) jeunes, auch **Maison des jeunes et de la culture** (**M.J.C.**). Jugendzentrum, das von den Gemeinden, den Benutzern u. vom Staat finanziert wird. Im „Haus der Jugend", das durch haupt- und nebenamtliche Leitungskräfte betreut wird, stehen den Jugendlichen Räumlichkeiten zur sportlichen u. kulturellen Freizeitgestaltung zur Verfügung. *M.* gibt es in fast jeder größeren frz. Gemeinde. Sie sind auf nationaler Ebene zum größten Teil in der *Fédération française des Maisons des Jeunes et de la Culture* (FFMJC) o. der *Union des Fédérations régionales des Maisons des Jeunes et de la Culture* (UNIREC) zusammengeschlossen.

Maison de la Culture *f.* Anfang der 60er Jahre von de Gaulles *ministre de la Culture* André Malraux im Rahmen der kulturellen Dezentralisierungsbemühungen angeregte Einrichtung, die in eigenen Räumen Theateraufführungen, Konzerte u. Ausstellungen für ein breites Publikum in der Provinz veranstaltet. Nach Malraux' Plan sollte jedes frz. Département ein Kulturhaus bekommen. Tatsächlich gab es jedoch 1986 nur 12 Kulturhäuser: Amiens, Bourges, Chambéry, Créteil, Firminy, Grenoble, La Rochelle, Le Havre, Nevers, Reims, Rennes, La Seine-Saint-Denis. Sie werden paritätisch vom Staat u. den jeweiligen ↑*Gebietskörperschaften* finanziert. Letztere sind allerdings weitgehend für die personelle u. künstlerische Ausstattung verantwortlich. – Seit 1968 übernehmen immer mehr kleinere u. weniger aufwendige *centres d'action culturelle* die urspr. den *MdC* zugedachte Funktion; 1985 lag ihre Zahl bei 33.

Maison familiale (**de vacances**) *f.* Familienferienheim; eine gemeinnützige Einrichtung, die dem *Ministère de la Santé* unterstellt ist.

maître-auxiliaire (**M.A.**) *m.* Aushilfslehrer mit Hochschulabschluß *(↑licence, ↑maîtrise)*, der auf der Sekundarstufe – meist auf Widerruf mit Jahresvertrag – die Vertretung einer freien Stelle, eines beurlaubten Lehrers o. ein Teildeputat übernimmt. Ernennung auf eine ↑*A.E.*-Planstelle nach 3 Jahren und bei Bewährung – ohne ↑*concours* – möglich. Die in Vor- u. Grundschule eingesetzten *M.A.* mit Abitur *(↑baccalauréat)* heißen *suppléants* o. *remplaçants*, dt. ‚Springer'.

maître de conférences *m.* Universitätsdozent, außerordentlicher Professor, seit 1979 in die Gruppe der Professoren integriert.

maîtrise *f.* Universitätsdiplom, dem dt. Ersten Staatsexamen o. der Magisterprüfung vergleichbar; wird nach vierjährigem Studium im Anschluß an die ↑*licence* erworben u. ist heute Voraussetzung für die ↑*agrégation* u. das ↑*doctorat.* Die m. in den technischen u. betriebswirtschaftlichen Fächern heißen *MST (sciences et techniques), MIAGE (informatique appliquée à la gestion)* o. *MSG (sciences de gestion).*

Maiunruhen ↑événements de mai.

major *m.* 1. Militär. Dienstgrad: a) *sergent-major,* etwa dt. Haupt-/Oberfeldwebel. Dem dt. Major entspricht frz. *commandant* (Bataillonschef); b) *médecin-major* Stabsarzt. Anrede: *Monsieur le Major;* c) *adjudant-major* ‚Adjutant', einem höheren Offizier beigeordneter Offizier im Rang eines Hauptmanns (*capitaine*); d) dagegen Bed. ‚Major' nur bei ausländ. Dienstgraden (vgl. Pierre Daninos, *Les carnets du Major Thompson);* 2. Jahrgangsbester beim ↑*concours* einer ↑*Grande École.*

majorette *f.* Mitglied einer uniformierten Mädchen-Truppe, die in Fr. häufig bei festlichen Anlässen auf Straßen u. Plätzen paradiert.

makhila *m.* Gehstock des baskischen Bauern.

malgré-nous, les ~ (wörtl. ‚die Unfreiwilligen'). Die im Zweiten Weltkrieg von der Wehrmacht völkerrechtswidrig eingezogenen Elsässer u. Lothringer (von 130000 haben etwa 60000 überlebt). Die Bundesregierung zahlte 1983 an die Zwangsrekrutierten o. deren Familien eine von Fr. seit langem geforderte Entschädigung (250 Millionen DM).

manade ↑Camargue.

Manche: Tunnel sous la ~. (*La Manche* = frz. Bez. des Ärmelkanals, engl. *The Channel.*) Die über 200 Jahre alten Pläne einer festen Verbindung zwischen Fr. u. GB („liaison fixe trans-Manche") kamen bis Anfang der 80er Jahre über geringfügige Bohrungen (1878–83 u. 1973–75) nicht hinaus. Am 20. 1. 1986 einigten sich Fr. u. GB auf den Bau eines 50 km langen Eisenbahntunnels mit zwei parallelen Röhren 40 m unter dem Ärmelkanal zwischen Calais und Folkestone. Das vorauss. 10 Milliarden DM teure Projekt soll bis 1993 fertiggestellt sein.

Manufacture (nationale) des Gobelins. Staatl. Gobelinmanufaktur im Pariser 13. Arr., 1601 von Heinrich IV. gegründete Bildteppichwirkerei, die 1662 von Colbert in den Gebäuden der Gobelins, einer berühmten Färberfamilie des 15. Jhs. untergebracht u. *Manufacture royale de meubles et de tapisserie de la Couronne* genannt wurde. Die M. kann besichtigt werden. Sie besteht aus drei selbständigen Werkstätten, dem *Atelier des Gobelins,* wo auf Hochwebstühlen Wandteppiche hergestellt werden, dem *Atelier de Beauvais* (gegr. 1664, seit 1940 der M. angeschlossen), wo auf Flachwebstühlen hpts. Stoffe für Postermöbel gewirkt werden, u. der Teppichmanufaktur *La Savonnerie* (1604 gegr., seit 1826 der M. angeschlossen).

marais *m.* 1. Moor- u. Sumpflandschaft; 2. *Le Marais,* histor. Pariser Stadtviertel im 4. Arr., zwischen Bastille u. Hôtel de Ville (Rathaus). Im

16. u. 17. Jh. entstand in dem trokkengelegten Moor- u. Sumpfgebiet ein vornehmes Wohnviertel mit großartigen, heute weitgehend restaurierten ↑*Hôtels.* Mittelpunkt des M. ist die quadratische *Place des Vosges* (bis 1800: *Place Royale),* die älteste der großen Platzanlagen von Paris, heute eine kleine lindengesäumte Grün-Insel, den Kindern ein Spielplatz, den *Marais*-Bewohnern ein Treffpunkt u. Ort der Erholung; 3. *Marais,* ↑*Montagnards.*

marais salants *mpl.* Wörtl. ‚Salzsümpfe'; Salinen zur Meersalzgewinnung. Bes. bekannt sind die Salzgärten bei Guérande zwischen La Baule u. Le Croisic (Dép. Loire-Atlantique). Zur Zeit der Flut läßt man das Meerwasser durch Kanäle *(étiers)* in vier aufeinanderfolgende Becken *(vasière – gobier – fare – aderne)* laufen, deren Wasserhöhe immer niedriger wird. Durch Verdunstung steigt der Konzentrationsgehalt der Sole, bis diese in den nur wenige Zentimeter hohen, 70–80 m^2 großen Becken *(œillets)* zu kristallisieren beginnt. Mit großen Holzrechen *(las)* schaben die „Salzgärtner" *(paludiers)* das graue Salz zusammen *(„cueillir"),* lassen es am Rande des Beckens in kleinen Häufchen trocknen u. schaufeln es später bis zum Abtransport in Speziallager *(salorges)* auf größere Haufen *(mulons).* Das weiße Salz an der Oberfläche des Beckens wird gesondert abgeschöpft u. gelagert.

marc [mar] ↑Liköre, Schnäpse, Aperitifs.

marcairerie *f.* Sennerei in den Vogesen, bis vor kurzem häufig mit Käseherstellung (↑*munster,* ↑*géromé).*

Marché aux puces *m.* Berühmter Flohmarkt mit über 2000 Ständen zwischen der Porte de Clignancourt u. der Porte de Saint-Ouen im Norden von Paris, geöffnet Samstag bis Montag. Manche Bezirke des M. haben sich auf ein ganz bestimmtes Angebot spezialisiert, z. B. *Biron:* wertvolle Antiquitäten; *Cambo:* Hausrat, Gemälde; *Jules-Vallès:* rustikale Möbel; *Malik:* Brillen, Schallplatten; *Paul-Bert:* Altwaren, Geschirr; *Vernaison:* Stilmöbel, Nippes. Daneben gibt es in Paris die *Puces des Lilas* (19. Arr.), *P. de Vanves* (14. Arr.), *de Montreuil* (20. Arr.), *d'Aligre* (12. Arr.).

mardi gras ↑Feiertage.

marennes ↑Austernzucht.

Marianne ↑Staatssymbole.

Marie-Chantal. Urspr. Modename für junge Mädchen aus dem Adel u. Großbürgertum, wurde zur Spottbez. für ‚etw. schnippische o. snobistische höhere Töchter'.

marin ↑Winde.

Marius et Olive [marjys ...] Zwei Marseillaiser Gestalten, die in vielen südfrz. Witzen vorkommen, vergleichbar Tünnes u. Schäl in Köln.

maroilles o. **marolles** *m.* Quadratischer, pikanter Weichkäse, benannt nach einem Kloster in der pikardischen Landschaft Thiérache (NO-Fr.), das im 7. Jh. gegr. wurde. Herstellung, Form u. Produktionsgebiet des an den ↑*pont-l'évêque* erinnernden Käses sind durch ein Dekret vom 17. Juli 1965 festgelegt.

Marseillaise ↑Staatssymbole.

mas [mɑs] *m.* Provenzalischer, languedokischer o. katalanischer Bauernhof.

masc *m.* Sagenhafte Zaubergestalt (im Zentralmassiv), die Tiere verwünscht.

massacres de septembre ↑Revolutionen.

mastère *m.* Etwa gleichzeitig zum ↑*magistère*-Diplom der ↑*Universitäten* eingeführtes Spezial-Diplom der ↑*grandes écoles* für 121 Fachrichtungen. Voraussetzung: Diplom einer *grande école* o. ↑*DEA* + 1 Jahr praxisbezogenes Spezialstudium.

matelote *f.* Gericht aus mehreren Fischsorten, bes. Aal *(m. d'anguille)* o. Meeresfischen wie Steinbutt, Meerbarbe mit *calvados (↑Liköre, Schnäpse, Aperitifs)*, ↑*cidre*, Kräutern u. Sahne *(m. normande)*.

mathusalem ↑Flaschenformen.

M.C.A. ↑Regionalismus.

M.D.S.F. ↑Parteien.

M^{e} ↑Anreden.

méchoui *m.* Über Holzfeuer am Spieß nach nordafrikanischer Art gebratener Hammel.

Médiateur *m.* Vom Ministerrat ernannter, dem schwedischen *Ombudsman* vergleichbarer ‚Vermittler', der Beschwerden der einzelnen Staatsbürger über mangelhaftes Funktionieren der Verwaltung entgegennimmt u. nach Anhörung der betroffenen Verwaltungsstelle versucht, Abhilfe zu schaffen. Im Gegensatz zum schwedischen *Ombudsman*, der von den einzelnen Staatsbürgern direkt angerufen werden kann, wird der M. in Fr. über ein Parlamentsmitglied angerufen. Der M. kann auch Vorschläge zur Reform bestehender Rechtsnormen vorlegen.

Megalithdenkmäler. Prähistorische Grabstätten u. Steinsetzungen von kultischer Bedeutung, die sich in Fr. überwiegend in der Bretagne, bes. bei Carnac (Dép. Morbihan), finden. 1. *menhir*, bret. ‚langer Stein'; ein aufrecht stehender, bis zu 20 m hoher Stein, der einzeln u. in langen nebeneinanderlaufenden Reihen *(alignements)* vorkommt. Sog. Figuren-Menhire mit Menschendarstellungen gibt es v.a. in S-Fr. u. auf Korsika. 2. *dolmen*, bret. ‚Steintisch'; Grabkammer aus mehreren senkrechtstehenden Steinblöcken u. darüberliegendem Deckstein; war urspr. unter einem Erd- o. Steinhügel *(tumulus)* verborgen. Eine Grabstätte mit mehreren aneinandergereihten Kammern bezeichnet man als *allée couverte* (Steinkistengrab). 3. *cromlech* [– lɛk], kelt. ‚krummer Stein'; besteht aus mehreren kreis- o. halbkreisförmig aufgestellten Steinen.

menhir [menir] ↑Megalithdenkmäler.

M.E.P. ↑Umweltbewegungen.

merguez [mɛrgɛz] *fpl.* Würstchen aus Hammelfleisch nach nordafrikanischer Art.

Merlin et Viviane. Die breton. Sage vom Zauberer Merlin, der sich am Ende seines Lebens in den Wald von Brocéliande zurückzieht u. dort von der verliebten Fee Viviane in ewigem Schlaf gehalten wird.

Mers-el-Kebir ↑Weltkriege: 2. Weltkrieg.

métayage *m,* auch *bail à colonat partiaire* genannt. In Fr. früher sehr verbreitetes System der Halb- o. Teilpacht, bei dem der Eigentümer eines landwirtschaftlichen Betriebes meist Geräte, Vieh u. Saatgut stellt u. die Erträge zur Hälfte mit dem Halbpächter *(métayer)* teilt. 1945 erheblich verändert; der Pächter erhält seitdem ⅔ des Ertrages u. leitet den Betrieb selbst. Heute praktisch verschwunden.

météo *f.* (auch: adj.). Kurzbez. für den Wetterdienst *(service de météorologie)* u. den Wetterbericht *(bulletin météorologique)* in Fr. Das staatl. Wetteramt, gegr. 1920, heißt seit 1945 offiziell *Météorologie nationale* (vorher: *Office national de météorologie = ONM).*

métive *f.* Traditionelles Sommerfest im Loiretal, bei dem das Einbringen der Getreideernte gefeiert wird.

métro *m.* Abk. für *chemin de fer métropolitain,* die Pariser Untergrundbahn der ↑*RATP*; die erste Linie (zwischen Vincennes u. der Porte de Maillot) wurde 1900 eröffnet. Heute verkehren 13 Linien mit einem fast 200 km langen Schienennetz. Einige Metro-Eingänge *(bouches du métro)* im Jugendstil stehen unter Denkmalschutz. Vgl. ↑*VAL.*

métropoles d'équilibre ↑aménagement du territoire.

mezzogiorno ↑Winde.

Mgr ↑Anreden.

M.I.A.G.E. ↑maitrise.

micheline *f.* Heute meist *autorail,* Schienenbus der ↑*SNCF,* der zwischen 1931 u. 1950 mit Reifen der Firma Michelin (Clermont-Ferrand) bestückt war.

midi *m.* 1. Mittag; Süden (Himmelsrichtung); 2. *le Midi (de la France),* allg. Bez. für den S Fr.s., bes. die Regionen Provence-Côte d'Azur u. den Küstenstreifen des Languedoc-Roussillon. Die Gaskogne wird als *Midi du Sud-Ouest,* weniger freundlich auch als *Faux-Midi* bezeichnet.

midinette *f.* Junge Arbeiterin aus der Pariser Modebranche, die sich – so die urspr. Wortschöpfung Ende des 19. Jhs. – am Mittag *(midi)* mit einer bescheidenen Mahlzeit *(dînette)* zufriedengab.

Miesmuschelzucht. Frz. *mytiliculture;* die Zentren der frz. M. *(Brouage, la Baie de l'Aiguillon)* befinden sich entlang der Atlantikküste in der Landschaft Aunis. Für die M. werden auf dem schlammigen Grund der Muschelbänke *(parcs à moules* o. *moulières)* Umzäunungen aus Holz *(bouchots)* angebracht, an die sich die Miesmuscheln *(moules)* setzen. Die Miesmuschelzüchter heißen *bouchoteurs* o. *mytiliculteurs.* Sie bewegen sich auf dem Schlamm mit einem kleinen flachen Kahn *(accon),* der mit dem Fuß angetrieben wird.

Milice française ↑Vichy-Regime.

Milieu, le ~. Bez. für die Unterwelt u. Halbwelt in frz. Großstädten, vor allem in Paris u. Marseille; in der Gaunersprache: le *mitan*. Ihre Angehörigen nennen sich selbst *les affranchis* („Eingeweihte"), während sie die Milieufremden, also auch die potentiellen Opfer ihrer Straftaten, als *caves* bezeichnen. Die heutige Gaunersprache wird häufig als *argot du Milieu* bezeichnet.

millésime *m*. Jahreszahl, die im allg. nur auf Weinen besonders guter Jahrgänge *(années de cru)* u. Champagnern *(↑champagne)* angegeben ist (adj. *millésimé)*.

Mineralwasser. Frz. *‚eau minérale'*; das angeborene Mißtrauen vieler Franzosen, v.a. in Paris, gegenüber purem Leitungswasser (*eau du robinet, eau plate*) zeigt sich im hohen Absatz von Mineralwasser. Die bekanntesten Marken (ohne Kohlensäure!) sind: *Contrexéville*, kurz *Contrex*, u. *Vittel* aus den gleichnamigen Vogesen-Kurorten, *Evian* aus dem gleichnamigen Kurort am Südufer des Genfer Sees, *Volvic* aus der Auvergne. Kohlensäurehaltig *(eau gazeuse)* sind *Vichy* aus dem gleichnamigen Kurort am Nordrand des Zentralmassivs, *Badoit* (südl. Zentralmassiv) u. *Perrier*, die alle in ganz Fr. verbreitet sind.

minet *m*. Eher abfällige Bez. für einen übermäßig elegant u. modisch gekleideten jungen Mann. Vgl. ↑*minette* 1.

minette *f*. 1. Mädchen, das sich nach neuester Mode etwas aufreizend kleidet ↑*minet*. 2. *reg*, lothringisches Eisenerz (dt. Minette).

ministère *m*, auch *département (ministériel)*. ‚Ministerium', besteht aus dem Minister, mit einem Staatssekretär *(secrétaire d'Etat)*, dem persönlichen Mitarbeiterstab des Ministers *(cabinet)*, einem *secrétariat général*, Generalsekretariat für allgemeine Organisationsaufgaben, u. der Zentralverwaltung mit spezifischen Fachaufgaben. Letztere besteht aus: 1. *Directions générales* o. *directions*, dt. etwa Hauptabteilungen o. Abteilungen; 2. *Services* (kein dt. Äquivalent, de facto sind es größere Unterabteilungen); 3. *Sous-directions* ‚Unterabteilungen'; 4. *Bureaux* ‚Referate'.

ministère public ↑Justiz.

Minitel *m* heißt das Anschlußgerät für das Bildschirmtextsystem ↑*Télétel* der frz. Post (↑*PTT*), i.w.S. auch das gesamte Btx-System. 1978 stellte die Post erstmals Telefonkunden in ausgewählten Regionen die kleinen, handlichen Bildschirmgeräte kostenlos zur Verfügung und führte ein elektronisches Telefonbuch (*annuaire électronique*) ein. Anfang 1987 gab es mehr als 3 Mio. „minitelisierte" Telefonanschlüsse mit rapide steigender Tendenz. Neben der gebührenfreien Telefonauskunft gibt es inzwischen unzählige (gebührenpflichtige) *Minitel*-Dienstleistungen privater u. öffentlicher Anbieter, vom Wetterbericht über amtliche Mitteilungen, Bankauskünfte, Platzkarten, Flugreservierungen bis hin zum Schachspiel, zu anonymen *messageries* und Musterlösungen von Abituraufgaben. Die Kosten sind an sich niedrig, belasten aber bei häufiger Inanspruchnahme des Dienstes die Telefonrechnungen der Teilnehmer erheblich. Das entsprechende System der dt. Bundespost, *MultiTel,* ist seit Anfang 1987 auf dem Markt.

Mission de France ↑Kirche.

mistral ↑Winde.

M.J.C. 1. ↑Maison de(s) jeunes; 2. ↑J.C.

M.L.A.C., *Mouvement pour la liberté de l'avortement et de la contraception.* Bewegung für die Freigabe der Schwangerschaftsunterbrechung, gegr. 1973.

M.L.F., *Mouvement de libération des femmes.* Bewegung für die Befreiung der Frau, gegr. 1968 *(↑événements de mai).* Herausgabe der Zeitschrift *Des femmes en mouvement.*

Mlle, Mlles ↑Anreden.

Mme, Mmes ↑Anreden.

M.N.A.M. ↑Centre national d'art et de culture Georges Pompidou.

M.N.E.F., *Mutuelle nationale des Etudiants de France.* Bes. Sozialversicherung für Studenten (Krankheit, Unfall, Mutterschaft), gegr. 1948. Vgl. ↑*Sécurité sociale.*

M.O.B. ↑Regionalismus.

M.O.D.E.F. ↑Arbeitgeberverbände.

Monarchie *f.* Auf die alte Monarchie *(↑Ancien Régime)* (bis 1789) u. die kurzlebige konstitutionelle Monarchie unter der Revolution (1789 bis 1792) folgten die Erste Republik *(↑Republiken)* u. das Erste Kaiserreich *(↑Empire).* 1814 kam es zur Restauration der Bourbonen; nach der Unterbrechung durch die Hundert Tage *(↑Cent-Jours)* 1815 dauerte diese M. bis 1848; sie umfaßte zwei Perioden: 1. 1815–1830 Restauration der Bourbonen, anfänglich Verfolgung der Anhänger der Revolution u. Napoleons, sog. *Terreur blanche.* Der Versuch, wichtige Errungenschaften der Revolution rückgängig zu machen, scheiterte. Der Aufstand vom 26., 27. u. 28. Juli 1830 machte der Restauration ein Ende. Herrscher: Ludwig XVIII. (Louis XVIII) (1815–1824) u. Karl X. (Charles X) 1824–1830). 2. 1830–1848 Bürgerkönigtum, auch Julimonarchie *(monarchie de juillet)* genannt. Ludwig-Philipp von Orléans (Louis-Philippe), der *roi-citoyen* ‚Bürgerkönig' aus der jüngeren Linie der Bourbonen, wurde ‚König der Franzosen'. Die Julimonarchie brachte dem Bürgertum bis zur Krise von 1846 einen gewissen Wohlstand, enttäuschte aber viele Franzosen; denn sie verstand es nicht, zwischen dem Liberalismus u. den immer akuter werdenden sozialen Fragen zu vermitteln. Die Anhänger von Ludwig-Philipp (später auch des Hauses Orléans) hießen *orléanistes,* die des älteren Zweiges der Bourbonen *légitimistes.* Die Revolution von 1848 (↑*Revolutionen*) stürzte Louis-Philippe. Später gab es in Fr. noch Anhänger des Königtums *(royalistes),* aber keinen König u. keine Monarchie mehr. Thronprätendent der zahlenmäßig schwachen, praktisch unbedeutenden Royalisten ist heute Henri, Comte de Paris (* 1908).

moniteur 1. Sportlehrer, Trainer; Kursleiter; 2. ↑centres de vacances et de loisirs.

Monnaie ↑Hôtel de la Monnaie.

Montagnards *mpl* hießen unter dem Nationalkonvent *(↑Revolutionen)* die extremistischen Abgeordneten, unter ihnen Murat, Robespierre, Danton (meist ↑*Jacobins)*; Kollektivbegriff für die M. war *la Montagne.* Ihre Gegner, die gemäßigten Girondisten *(Girondins),* waren Föderalisten. Die zwischen beiden Extremen zögernden Abgeordneten bildeten *la Plaine* o. *le Marais.*

mont-de-piété *m,* auch *crédit municipal,* fam. *ma tante,* heißen in Fr. die von den Gemeinden betriebenen Pfand- o. Leihhäuser.

Montségur [mɔ̃segyr] ↑Albigenser.

morbier *m.* Flacher, runder Weichkäse aus Kuhmilch mit mildem, aromatischen Geschmack aus dem Dép. Jura. Mitten durch den Käse zieht sich horizontal ein feiner grauer Streifen aus Pflanzenkohle.

motard *m.* 1. Polizist einer Motorradstreife, meist zwei Beamte (Verkehrsüberwachung, Strafverfolgung, Geleitschutz für wichtige Persönlichkeiten u. Geldtransporte). Vgl. ↑*Polizei.* 2. Auch allg. ‚Motorradfahrer' (fam.).

Mouffe, la ~ = *La rue Mouffetard.* Histor. Sträßchen im Pariser 5. Arr., bekannt für seine malerischen Häuser, kleinen Geschäfte u. bes. seinen üppigen Markt unter freiem Himmel *(le marché de la Mouffe,* täglich außer montags).

Moulin Rouge ↑Belle Epoque.

moutons de Panurge *mpl.* Herdenmenschen, blinde Nachbeter. Der Ausdruck findet sich erstmals in Rabelais' Roman *Pantagruel* (1532). Dort wirft Panurge, der Begleiter Pantagruels, aus Rache an einem Händler ein blökendes Schaf ins Meer, dem dann die ganze Herde blindlings nachstürzt.

Mouvement corse pour l'autodétermination ↑Regionalismus.

Mouvement des Radicaux de Gauche ↑Parteien.

mouvements d'étudiants ↑Studentenverbände.

mouvements écologistes ↑Umweltbewegungen.

Mouvement pour l'organisation de la Bretagne ↑Regionalismus.

Mouvement Réformateur. Parteienbündnis (1972–1974) aus *Centre des Démocrates Sociaux (↑CDS),* Radikalsozialisten (↑*Parteien*) u. *Centre National des Indépendants et Paysans (↑Parteien),* das die Polarisierung Fr.s in zwei politische Lager durch Bildung einer starken Mitte verhindern wollte; lange unter der Führung des bekannten Publizisten Jean-Jacques Servan-Schreiber. 1974 schloß sich das *M.R.* der gaullistischen Mehrheit an.

mouvements régionalistes ↑Regionalismus.

M.R.A.P. *Mouvement contre le racisme et pour l'amitié des peuples.* 1949 gegr. anti-rassistische Vereinigung; ähnliche Ziele verfolgen ↑*LICRA,* ↑*SOS Racisme.*

M.R.G. ↑Parteien.

M.R.J.C. ↑Action catholique.

M.R.P., *Mouvement Républicain Populaire.* 1944 gegründete Partei der linken Mitte mit christdemokratischer Tendenz, bildete in den Anfängen der IV. Republik zusammen mit dem *PCF* u. der *SFIO* das für diese Zeit bezeichnende Dreiparteiensystem *(tripartisme)*. Bekannte Politiker des *MRP* waren: Georges Bidault, Robert Schuman u. Pierre Pflimlin. 1963 wurde das *M.R.P.* durch das *Centre des Démocrates Sociaux* von Jean Lecanuet abgelöst *(↑CDS)*. Vgl. ↑*Parteien.*

M.S.G. ↑maîtrise.

M 6 ↑Rundfunk u. Fernsehen.

M.S.T. 1. ↑maîtrise; 2. *maladie sexuellement transmissible*, durch Geschlechtsverkehr übertragbare Krankheit, z.B. Aids, frz. *SIDA (m)*.

munster [mœ̃stɛr] *m.* Runder halbweicher Käse aus den Vogesen mit starkem Duft u. würzigem Geschmack. Name, Form, Herstellung u. Produktionsgebiet sind gesetzlich geschützt. Der *M. fermier* wird noch auf Einzelhöfen u. in Sennereien *(↑marcaireries)* hergestellt.

Mururoa-Atoll. Auf diesem polynesischen Eiland im Südpazifik führt Frankreich seit Jahren seine unterirdischen Atomwaffentests durch (↑*force de frappe*), wogegen andere Pazifikstaaten und auch die Sowjetunion mehrfach protestiert haben.

muscadet *m.* Frischer, trockener Weißwein aus der Umgebung von Nantes (Loire-Atlantique) mit den drei Appellationen *(↑Ursprungsbezeichnungen) Muscadet, Muscadet des Côteaux de la Loire, Muscadet de Sèvres-et-Maine.* Der Name des Weins ist identisch mit dem der Rebsorte, aus der er gezogen wird. Nicht zu verwechseln mit ↑*muscat.*

muscat *m.* Muskateller-Traube, benannt nach einer arabischen Hafenstadt, aus der sie die Kreuzritter wahrscheinlich mitbrachten. Gleichnamige Weine gibt es im Elsaß *(muscat d'Alsace:* fruchtig-trockene Weißweine) sowie auf Korsika u. vor allem im Languedoc-Roussillon, wo die bukettreichen, ambrafarbenen Muskatellerweine als *vins doux naturels (↑VDN)* bezeichnet werden. Einige bekannte Appellationen sind *m. de Frontignan, m. de Lunel, m. de Mireval, m. de Rivesaltes, m. de Saint-Jean-de-Minervois.* Vgl. a. ↑*VDL.*

musette *f.* 1. Im 17. u. 18. Jh. beliebtes, dudelsackähnliches Instrument, das den gleichnamigen Tanz begleitete; 2. ↑*bal-musette.*

mutuelle ↑Sécurité sociale.

N

N o. **R.N.** + Nummer: *Route Nationale* (z.B. *N 4*), entspricht der dt. Bundesstraße.

nanne *f.* Korsisches Wiegenlied.

napoléon ↑jaunet.

nationalisation *f.* Unterstellung von Unternehmen unter staatliche Kontrolle durch Überführung des Kapitals o. eines Teils davon in Staatsbesitz, die z.T. von der direkten Übernahme durch den Staat *(étatisation)* unterschieden wird, z.B. bei der Post *(↑PTT)*. Vor dem 2. Weltkrieg wurden „nationalisiert“: die *Compagnie Française des Pétroles* (1931) *↑CFP*, die *↑Aérospatiale* (1936), die *↑SNCF* (1936), die Nachrichtenagentur *Agence ↑Havas* (1940), und zwar damals durch Schaffung gemischtwirtschaftlicher Gesellschaften *(↑SEM)* unter Beteiligung des Staates. Die eigtl. Nationalisierungswelle setzte – unter dem Einfluß des Gedankenguts der *↑Résistance* – 1945 ein. Damals schuf der Staat öffentliche Unternehmungen gewerblichen Charakters, deren Kapital ganz dem Staat gehört, die aber von Verwaltungsräten *(conseil d'administration)* geleitet werden, die je zu ⅓ aus Vertretern des Staates, der Belegschaft u. der Verbraucher bzw. Beratern bestehen, die z.T. auf Vorschlag von repräsentativen Berufsorganisationen bestellt werden. Nach 1945 wurden auf diese Weise „nationalisiert“: die Kohlengruben, heute zusammengefaßt in den *Charbonnages de France (↑CdF)*, die Stromerzeugung: *Electricité de France (↑EdF)*, die Gasversorgung: *Gaz de France (↑GdF)*, gewisse Großbanken wie die *Société Générale*, der *Crédit Lyonnais*, die *Banque Nationale pour le Commerce et pour l'Industrie (BNCI)*, der *Comptoir National d'Escompte*, die *Banque Nationale de Paris (↑BNP)*, die *Banque de France*, die 1936 zunächst in eine gemischtwirtschaftliche Gesellschaft umgewandelt worden war; verschiedene große Versicherungsgesellschaften, zwei Schiffahrtsgesellschaften, die *Compagnie des Messageries Maritimes* u. die *Compagnie Générale Transatlantique* (1948), *↑Air France* (1948) u. – wegen angeblicher Kollaboration mit der dt. Besatzungsmacht – die *Renault*-Werke (1945). Die Wahl von François Mitterrand 1981 brachte eine weitere Nationalisierungswelle, die die Sozialisten in ihrem Programm angekündigt hatten. Sie erfaßte 5 große Konzerne: *Rhône-Poulenc* (Chemie, vor allem Kunstfasern, Düngemittel), *Péchiney- Ugine-Kuhlmann* (NE-Metalle, Chemie) *↑PUK; Saint-Gobain* (Glas, Isoliermaterial, Informatik), *Thomson-Brandt* (Elektrogeräte, Elektronik), *Compagnie Générale d'Electricité (CGE)*, (Schiffsbau, Elektrobau, Fernmeldewesen), ferner 39 Banken, Rüstungs- u. Flugzeugbauunternehmen wie *Dassault* u. *Matra*, die beiden Finanzholdinggesellschaften *(compagnies financières) Compagnie financière de Suez* u. *Compagnie financière de Paris et des Pays-Bas (Paribas)*, die Computerindustrie *(CII-Honeywell-Bull* sowie eine Minderheitsbeteiligung an *Roussel-Uclaf* (Pharmaindustrie). Die im März 1986 gebildete Regierung (Chirac) hat die unter der sozialistischen Regierung durchgeführten Verstaatlichungen von Unternehmen z.T. rückgängig gemacht, z.B. von *Saint-Gobain* u. *Paribas* (Anfang 1987). Das Ziel der Regierung Chirac ist nach wie vor, bis zum Ende der Legislaturperiode (1991) 65 verstaatl. Unternehmen zu reprivatisieren.

In Fr. wird unterschieden zwischen Unternehmen, die eine Monopolstellung einnehmen u. öffentliche Dienstleistungen erbringen (diese bilden den sog. *secteur non-concurrentiel),* die also keinem Wettbewerb ausgesetzt sind, wie *GdF, SNCF,* u. den Unternehmen, die mit anderen der Privatindustrie konkurrieren (sog. *secteur concurrentiel).* Aufgrund der Nationalisierung dieser vielen Betriebe beherrscht der Staat einen erheblichen Teil der Wirtschaft u. kann die Wirtschaftspolitik direkt u. indirekt stark beeinflussen. Ungelöst bleibt einerseits das Problem der Beziehungen zwischen staatlicher Aufsicht *(tutelle)* u. Unternehmensautonomie *(autonomie de gestion)* u. andererseits die Deckung von z. T. hohen Defiziten der nationalisierten Unternehmen.

Nationalkonvent ↑Revolutionen.

Nationalversammlung ↑Parlament.

navette ↑Parlament.

naviplane *m.* Luftkissenboot; die frz. Bez. gibt es seit 1966 zur Vermeidung des Anglizismus *hovercraft.* Vgl. ↑*franglais.*

neufchâtel [nøʃatɛl] *m.* ↑*Camembert*-ähnlicher Weichkäse in Herzform o. in kleinen Rollen, benannt nach dem Ort Neufchâtel-en-Bray bei Rouen. Er zählt zu den ältesten Weichkäsesorten der Normandie *(↑camembert, ↑pont-l'évêque).* Herkunftsbez. geschützt.

Neu-Kaledonien ↑Überseeisches Frankreich.

névé *m.* Firnschneegebiet in den savoyischen Hochalpen.

niolo *m.* Schafs- o. Ziegenkäse aus der Gegend von Corte (Korsika).

N.M.P.P., *Nouvelles Messageries de la presse parisienne.* Genossenschaftliche Organisation für Sortierung, Versand u. Vertrieb der Presse in Fr. u. im Ausland.

Noël ↑Feiertage.

normalien *m.* Schüler o. ehem. Schüler einer *École normale supérieure (↑Grandes Écoles).*

normande, à la ~. Fischgerichte ‚auf normannische Art' werden in Butter-Sahne-Sauce mit Meeresfrüchten u. Pilzen, Fleischgerichte mit *calvados (↑Liköre, Schnäpse, Aperitifs)* o. ↑*cidre* zubereitet.

nougat (**de Montélimar**) *m.* Weißer Nougat aus Zucker, Lavendelhonig, Eiweiß, Vanille, Pistazien, Mandeln. Urkundlich erwähnt wurde die berühmte Nascherei aus Montélimar (Dép. Drôme) erstmals am 2. Januar 1701, als die Herzöge von Burgund u. Berry anläßlich eines Montélimar-Besuches je einen Zentner Nougat als Geschenk erhielten. Der frz. *nougat* ist vom dt. sehr verschieden.

nourrice agréée ↑Kindergarten.

nouveau franc ↑Geld u. Währung.

nouveau roman *m.* ‚Neuer Roman', in den 50er Jahren entstandener experimenteller Romantypus, der mit den traditionellen Formen des Romans bricht („anti-roman"). Wichtigste Merkmale sind der Verzicht auf jegliche Psychologisierung u. Sinnbezüge, die Infragestellung des Erzählvorgangs überhaupt sowie die Hinwendung zu einer streng formalisierten Ding- u. Objektbeschreibung („roman objectal", „roman chosiste“). Die bekanntesten neuen Romanciers, die ihre Werke meist im eigenen Verlagshaus der *Editions de Minuit* publizieren, sind A. Robbe-Grillet (*Les Gommes* 1953, *La Jalousie* 1957, Programmschrift *Pour un nouveau roman* 1963), N. Sarraute (*Tropismes* 1938, *Le Portrait d'un Inconnu* 1949, *Planétarium* 1959), M. Butor (*Le passage de Milan* 1954, *La Modification* 1957), C. Simon (*Le vent* 1957, *La route de Flandre* 1960), R. Pinget (*Entre Fantoine et Agapa* 1951, *Graal-Flibuste* 1956), C. Ollier (*La Mise en Scène* 1958) u. S. Beckett (*Malone meurt* 1951, *L'innommable* 1953). Aus dem *nouveau roman* ging in den 60er Jahren im Umkreis der sog. ↑*Tel-Quel*-Schule der *nouveau nouveau roman* hervor, der die total nicht-darstellende, nicht mimetische Romankunst propagiert, bei der jeglicher äußere Bezug ausgeschaltet ist. *Nouveaux romanciers* wie Robbe-Grillet, Ollier, Simon, Butor, Pinget, Sarraute sind auch noch in den 80er Jahren erfolgreiche Autoren u. gelten schon als „Klassiker“ der modernen frz. Literatur. C. Simon (* 1913) erhielt 1985 den Literatur-Nobelpreis.

nouveaux philosophes *mpl.* ‚Neue Philosophen‘, kleine Gruppe junger frz. Intellektueller, darunter ehem. Anhänger der maoistischen o. libertär-anarchistischen Linken u. Renegaten des Mai 68 *(↑événements de mai)*, die insbes. unter dem Eindruck des Zusammenbruchs der Studentenbewegung u. von Solschenizyns ‚Archipel Gulag‘ ihre pessimistischen Erfahrungen zu einer radikalen, antimarxistischen Totalitarismus- u. Utopiekritik verarbeiteten u. dabei Anleihen aus dem modernen Strukturalismus u. der dt. Philosophie- u. Ideologiegeschichte (Fichte, Hegel, Marx, Nietzsche, Spengler, Horkheimer, Adorno, Jünger) machten. Hauptvertreter sind Bernard-Henry Lévy, André Glucksmann, Maurice Clavel u. Jean-Marie Benoist, deren programmatische Werke zwischen 1977 u. 1984 Bestsellerauflagen erreichten. Die zentralen Themen – ideologische Fremdherrschaft, geistige Kapitulation, kulturelle Kollaboration, Pazifismus – stehen im Zeichen der Aufarbeitung der ↑*Résistance*-Vergangenheit u. haben in der frz. Öffentlichkeit einen gewissen Prozeß der Läuterung u. Bewußtseinsbildung in Gang gebracht.

nouvelle cuisine *f.* ‚Neue französische Küche‘; die Bez. stammt von den beiden Gastronomie-Experten Henri Gault u. Christian Millau. Die *n.c.* propagiert im Ggs. zur vielfach üppigen, herkömmlichen frz. Küche leicht bekömmliche u. kalorienarme Gerichte. Nach Paul Bocuse, dem Meisterkoch u. Restaurateur aus Collonges-au-Mont d'Or bei Lyon, der die *n.c.* geschaffen u. bekanntgemacht hat, sind die beiden wichtigsten Grundsätze die Auswahl der verschiedenen Zutaten nach höchsten Qualitätsansprüchen (am besten frisch vom Markt) u. die Bewahrung des Eigengeschmacks der Zutaten durch schonendes Kochen.

nouvelle droite. Das Vakuum, das im Spektrum der politischen Parteien nach dem 2. Weltkrieg auf dem rechten Flügel entstand *(↑Parteien)*, wird heute von einigen kleinen Splitterparteien ausgefüllt, zu denen urspr. auch der ↑*Front national* zählte. Im engeren Sinne bezeichnet man als n.d. die Mitglieder u. Sympathisanten des *Groupement de recherches et d'études pour la civilisation européenne (GRECE)*, das eine faschistische u. antisemitische Richtung vertritt, keine Massenpartei sein will, sondern seine Ziele eher durch Öffentlichkeitsarbeit, Unterbringung seiner Anhänger in wichtigen Stellungen u.ä. zu erreichen versucht. Vgl. a. ↑*Clubs politiques*.

nouvelle vague *f.* ‚Neue Welle', Sammelbez. für eine Gruppe junger frz. Filmkritiker u. Filmemacher, deren experimentelle Anfangswerke 1958–60 einen Bruch mit dem herkömmlichen, aufwendigen kommerziellen Film einleiteten u. die frz. Filmkultur nachhaltig beeinflußten. Für ihre subjektivistischen Filme schrieben sie meist selbst das Drehbuch, setzten unbekannte Schauspieler ein u. drehten nur „vor Ort" (sog. *films d'auteur*). Zu den führenden *nouvelle vague*-Regisseuren gehör(t)en François Truffaut (1932–1984), der mit einem kritischen Aufsatz in den *Cahiers du Cinéma* (1954) die Erneuerungsbewegung ausgelöst hatte, Claude Chabrol (* 1930), Jean-Luc Godard (* 1930), Louis Malle (* 1932), Eric Rohmer (* 1920), Alain Resnais (* 1922). Wichtige Filme: *Les quatre cents coups* (Truffaut, 1958, dt. *Sie küßten und sie schlugen ihn), Jules et Jim* 1962 (Truffaut), *Le beau Serge* 1958, *Les Cousins* 1959 (Chabrol), *A bout de souffle* 1960 (Godard, dt. *Außer Atem), Hiroshima Mon Amour* 1959 (Resnais), *Le signe du lion* 1959 (Rohmer, dt. *Im Zeichen des Löwen), Les amants* 1958, *Zazie dans le métro* 1960 (Malle).

noyades de Nantes *fpl.* Massenhinrichtungen durch Ertränken während der jakobinischen Schreckensherrschaft *(*↑*Terreur)* in Nantes (Dez. 1793/Jan. 1794).

N.R.F. *f, Nouvelle Revue Française.* Angesehene frz. Literaturzeitschrift, deren erste Nummer 1908 – im gleichnamigen Verlag – von André Gide, Jean Schlumberger u. Gaston Gallimard, dem späteren Verlagschef, herausgegeben wurde. Zur 1919 im Verlag Gallimard aufgegangenen NRF-Gruppe zählten u.a. Schriftsteller wie Jacques Rivière (Leiter 1919–25), Jean Paulhan (Leiter 1924–40 u. 1953–1977 mit Marcel Arland), P. Drieu La Rochelle (1940–43), Albert Camus, André Malraux, Roger Caillois, Georges Lambrichs (Leiter seit 1977). Das Sigel *nrf* wird auch als Verlagssignet für alle Gallimard-Buchreihen verwendet, z.B. *La Pléiade, Folio, Carré noir.*

O

O.A.S. *Organisation de l'Armée Secrète.* ‚Geheime Armeeorganisation', extrem-nationalistische Untergrundbewegung der frz. Siedler u. Offiziere in Algerien, aber auch gewisser Politiker (z.B. Georges Bidault) u. Sympathisanten im Mutterland. Sie wurde 1961 unter der Führung des abgesetzten Generals Salan aktiv u. versuchte, durch eine Reihe von Terrorakten in Algerien und Fr., darunter auch Attentate auf Staatspräsident de Gaulle, dessen Politik der Verständigung mit der *FLN (↑Algerien)* sowie die Gewährung der Unabhängigkeit für Algerien zu verhindern. 1963 hörte die Tätigkeit der O.A.S. praktisch auf.

objection de conscience ↑service national.

OC [ɔk] Inoffizielles „Nationalitätskennzeichen" der ↑*Occitanie*. Vgl. ↑*Regionalismus*.

occitan ↑Regionalsprachen.

Occitanie *f.* Dt. Okzitanien, heute die Gesamtheit der Gebiete okzitanischer Sprache in Fr. Vgl. Karte S. 205.

octroi *m.* Noch in der 1. Hälfte des 20. Jhs. erhobene, 1948 abgeschaffte Stadtzölle auf gewisse Lebensmittel.

Odéon ↑Theater.

O.F.A.J. [ofaʒ] *m, Office franco-allemand pour la Jeunesse.* Deutsch-Französisches Jugendwerk (DFJW) mit Sitz in Bad Honnef u. einem Büro in Paris, eine zwischenstaatliche, autonome Organisation, wurde durch ein Abkommen vom 5. Juli 1963 im Rahmen des dt.- frz. Vertrags vom 22. Januar 1963 *(↑Traité entre la République fédérale d'Allemagne et la République française sur la coopération franco-allemande,* unterzeichnet von Charles de Gaulle u. Konrad Adenauer) gegründet, mit der Aufgabe, die Begegnung u. Zusammenarbeit der Jugendlichen beider Länder im Rahmen der schulischen, beruflichen u. außerschulischen Bildung zu fördern. Das DFJW fördert Austauschprogramme, die von dt. u. frz. Partnerorganisationen vorbereitet u. durchgeführt werden. Sie reichen heute von Sportprogrammen über Arbeitsaufenthalte für junge Landwirte u. Arbeitnehmer, Schüler- u. Lehreraustausch, Deutschkurse in Fr., Schul- u. Städtepartnerschaften *(↑jumelage),* Ausbildungskurse für Betreuer u. Gruppenleiter in Ferienzentren *(↑centres de vacances et de loisirs)* bis hin zu themenorientierten u. experimentellen Programmen. Seit 1976 stehen ihre Veranstaltungen in begrenztem Umfang auch Teilnehmern aus anderen EG-Staaten offen.

Das DFJW verfügt über einen Gemeinschaftshaushalt, der jährlich von beiden Regierungen zu gleichen Teilen bestritten wird. 1963 lag er bei 40 Mio. DM, 1986 bei 38 (!) Mio DM für etwa 5000 Veranstaltungen mit mehr als 130 000 dt. u. frz. Teilnehmern. An der Spitze des DFJW steht ein Kuratorium, gebildet aus Vertretern von Jugendverbänden u. freier Jugendarbeit sowie von öffentlichen Verwaltungen.

O.F.E.R.O.M. ↑F.A.C.

Office franco-allemand pour la Jeunesse ↑O. F. A. J.

officier de l'état civil ↑Gemeinde.

officiers ministériels heißen in Fr. die Angehörigen mehrerer Ämter, die vom Staat verliehen werden u. für die der jeweilige Inhaber seinen Nachfolger vorschlagen kann. Diese Ämter sind mit Privilegien verbunden, z. B. dem Monopol des *avoué (↑avocat)* als Parteivertreter vor den *cours d'appel,* dem Monopol der Beurkundung beim Notar *(notaire)*, den Befugnissen des *huissier*, der für die Zustellungen von prozeßleitenden Dokumenten, Zwangsvollstreckung u. Aufnahme von Schäden (z.B. nach Unfällen) zuständig ist, u. des *greffier*, der bei Prozessen Protokoll führt u. die Aufgaben eines Urkundsbeamten wahrnimmt.

O.F.P.R.A. *m, Office français pour la protection des Réfugiés et Apatrides.* Staatl. Behörde, die in Fr. über Asylanträge entscheidet; entspricht etwa dem Bundesamt für die Anerkennung ausländischer Flüchtlinge in Zirndorf/Bayern.

OFRATEME ↑C.N.D.P.

oloron *m.* Zylindrischer Schafskäse aus den Pyrenäen, wo er noch häufig von den Schäfern in ihren *cuyalas* (Hütten) hergestellt wird.

omnibus *m.* (auch *adj.*). 1. Bis ins 19. Jh. Bez. für von Pferden gezogene, öffentliche Beförderungsmittel in Städten (im 17. Jh. auch *carrosses à six sous* genannt), 1908–11 durch Autobusse ersetzt; 2. Zug, der an jedem Bahnhof hält *(train omnibus)*, im Ggs. zum D-Zug *(express, rapide)*, dt. etwa ‚Nahverkehrszug'.

O.N.F., *Office national des Forêts.* Staatl. Forstamt, wurde 1964 durch Gesetz als öffentliches Unternehmen geschaffen u. ist für die Pflege, Nutzung u. Verwaltung der Staatsforste *(forêts domaniales)* sowie die Überwachung der Forst- u. Jagdordnung der Departements u. Gemeinden zuständig.

O.N.I., *Office national d'immigration.* Staatl. Einwanderungsamt.

O.N.I.B.E.V., *Office national interprofessionnel du bétail et des viandes.* Staatl. paritätisches Amt für Vieh- u. Fleischwirtschaft, durch Dekret 1972 gegr., mit dem Auftrag, die Fleischerzeugung u. Fleischpreise zu regulieren.

O.N.I.C., *Office national interprofessionnel des céréales.* Staatl. paritätisches Amt für Getreidewirtschaft.

O.N.I.S.E.P., *Office national d'information sur les enseignements et professions.* Zentrale staatl. Berufsberatungsbehörde mit Regionalbüros in allen größeren Städten; gibt Broschüren zu allen Fragen der schulischen u. beruflichen Bildung, zu Schulabschlüssen, Berufslaufbahnen u. -aussichten heraus u. führt Einzelberatungen in Informations- u. Beratungszentren *(Centres d'information et d'orientation* = ↑*C.I.O.)* durch.

O.N.M. ↑météo.

O.P. *m, ouvrier professionnel*, auch *qualifié.* Gelernter Arbeiter, Facharbeiter, hat i.d.R. das ↑*CAP* abgelegt. Vgl. ↑*OS.*

O.P.A. [o-pe-ɑ] f, *Offre publique d'achat.* Öffentliches Kaufangebot bei Aktiengesellschaften, im übertragenen Sinn jedes Kaufangebot.

Opéra de Paris = *Théâtre national de l'Opéra.* Traditionsreiche Pariser (Staats-)Oper, gegr. 1671 als *Académie royale de musique*, seit 1875 im Palais Garnier (9. Arr.), Sitz der *Académie nationale de musique et de danse.* Ein Jahresabonnement umfaßt neben sechs Opernvorstellungen auch eine Reihe von Ballett-, Konzert- u. Liederabenden. Das Ballettkorps der O. kennt seit 1964 eine strenge Laufbahn-Hierarchie: man ist zuerst *stagiaire,* dann *quadrille, coryphée, sujet, premier danseur* u. schließlich *étoile.* Die Beförderung der Tänzer hängt von einem ↑*concours* ab, der einmal pro Jahr stattfindet. Der O. ist ferner angeschlossen die 1978 geschaffene *École d'art lyrique,* eine Art Opernschauspielschule, deren Absolventen großenteils ein Engagement an der O. erhalten. Das von Staatspräsident Mitterrand 1984 initiierte Projekt einer „Volksoper" an der Stelle des stillgelegten Bastille-Bahnhofs (*Opéra de la Bastille*) soll nach dem Willen der 1986 gewählten Regierung Chirac in ein weniger aufwendiges „Auditorium für Musik- u. Tanzdarbietungen" umgewandelt werden. Geplante Eröffnung: 1989, zum 200. Jahrestag der Frz. Revolution.

Orden und Ehrenzeichen, *ordres et décorations.* Seit 1962 werden in Fr. nur noch zwei *nationale Orden* verliehen, die in die Zuständigkeit des Staatspräsidenten fallen: 1. *Ordre national de la Légion d'Honneur* (Ehrenlegion). Der Orden der Ehrenlegion wurde 1802 von Napoleon Bonaparte geschaffen. Sein Symbol ist ein an einem roten Band getragener Stern. Die Aufnahme in die Ehrenlegion ist heute die höchste frz. Auszeichnung u. honoriert hervorragende Leistungen im Dienste der Nation ziviler u. militärischer Art. Die Zahl der Ordensmitglieder ist auf 125 000 begrenzt. An ihrer Spitze steht der *grand-maître* (Großmeister), von Amts wegen stets der Staatspräsident. Die Auszeichnungen der E. umfassen zwei „dignités": *grand-croix* (Großkreuz, Zahl auf 75 begrenzt) u. *grand-officier* (Großoffizier, 250) sowie die drei „grades" *commandeur* (1250), *officier* (10 000) u. *chevalier* (Ritter, 113 425). In die E. können nur frz. Staatsbürger aufgenommen werden. Ausländer können eine Auszeichnung der Ehrenlegion erhalten, ohne ihr anzugehören. 2. *L'Ordre national du Mérite* (nationaler Verdienstorden). Er wurde durch Dekret vom 3. 11. 1963 geschaffen, um 17 bisherige Verdienstorden zu ersetzen. Er wird für Verdienste im zivilen o. militärischen Dienst verliehen. Die Ordensgrade entsprechen denen der *Légion d'Honneur.* Der nationale Verdienstorden besteht aus einem blau-emaillierten Stern, über dem sich ein kranzähnlicher Ring befindet. Er wird an einem moirierten blauen Band getragen. Ein dritter nationaler Orden, *L'Ordre de la* ↑*Libération,* wurde von General de Gaulle am 16. 11. 1940 in Brazzaville geschaffen, als Auszeichnung von Personen od. Gruppen, die sich in außerordentlicher Weise um die Befreiung Fr.s. u. seiner ↑*überseeischen Gebiete* (↑*France libre*) verdient gemacht haben. Er wird seit 1946 nicht mehr verliehen. Insges. wurden 1059 Personen, 18 Widerstandsgruppen u. 5 Städte mit dem *Ordre de la Libération* ausgezeichnet (einziger Grad: *compagnon de la Libération*). Die Auszeichnung besteht aus einer Bronzemedaille, auf deren einer Seite sich ein Schwert u. darüber das Lothringerkreuz *(croix lorraine)* befinden u.

auf deren anderer Seite die lat. Devise „Patriam servando victoriam tulit“ steht. Sie wird an einem grün-schwarz gestreiften Band getragen.

Weitere Orden, die auf ministeriellen Erlaß für Verdienste auf besonderen Gebieten verliehen werden: 1. *L'Ordre des Palmes Académiques,* seit 1808 für einen „hervorragenden Beitrag [i. d. R. in Forschung u. Unterricht] zur Bereicherung des nationalen Erbes“ auf Vorschlag des Ministère de l'Education nationale; Grade: *chevalier, officier, commandeur;* Symbol: zwei metallene Palmen- u. Olivenzweige, die ein oben offenes Oval bilden u. an einem violetten Band getragen werden. 2. *L'Ordre du Mérite agricole,* seit 1883 bzw. erneuert 1959, für Verdienste in der Landwirtschaft auf Vorschlag des Ministère de l'Agriculture; Grade: wie oben 1.; Symbol: sechsstrahliger weißer Stern u. eine die Strahlen bindende Krone aus Mais u. Weizen. Er wird an einem rot eingefaßten, grünen Band getragen. 3. *L'Ordre des Arts et Lettres,* seit 1957 für Kunst u. Literatur auf Vorschlag des *Ministère de la Culture;* Grade: wie oben; Symbol: achtarmiges, grün-emailliertes Kreuz, an jedem der beiden Doppelarme befindet sich eine vergoldete Kugel. Er wird an einem grün-weiß gestreiften Band getragen. 4. *L'Ordre du Mérite Maritime,* seit 1930 für Verdienste in der Handelsmarine u. der Fischerei; Symbol: Windrose mit 16 Armen, die weiß u. blau emailliert sind. Er wird an einem marineblau u. grün gestreiften Band mit grüner Einfassung getragen. Hohe Auszeichnungen für bes. militärische Verdienste sind: *Médaille militaire* (seit 1852), *Croix de guerre* (1915), *Médaille de la Résistance française* (1943) u. *Médaille des Services militaires volontaires* (1975).

ordonnance *f.* Rechtsverordnung, inhaltlich einem Gesetz gleichzusetzen, formell nur eine Verordnung der Regierung. Nach Art. 38 der frz. Verfassung von 1958 kann die Regierung vom Parlament zum Erlaß von *ordonnances* ermächtigt werden. Zu unterscheiden vom *règlement,* Verordnung, die aufgrund eines Gesetzes als Verwaltungsmaßnahme im Rahmen der Exekutivgewalt ergeht. Vgl. ↑*arrêté.*

Ordre de la Libération ↑Orden u. Ehrenzeichen.

Ordre national du Mérite ↑Orden u. Ehrenzeichen.

OR.GE.CO. ↑Verbraucherschutz.

oriflamme ↑Staatssymbole.

O.R.L. Abk. für *otorhinolaryngologiste,* Halsnasenohrenarzt (HaNaO o. HNO).

orléanistes ↑Monarchie.

Orly ↑Flughäfen (Paris).

O.R.S.T.O.M. ↑F.A.C.

O.R.T.F. ↑Rundfunk u. Fernsehen.

O.S. [o-ɛs] *m, ouvrier spécialisé,* offiziell auch *ouvrier non qualifié.* ‚Angelernter Arbeiter', kommt gleich nach *manœuvre,* ‚ungelernter Arbeiter, Hilfsarbeiter'. Vgl. ↑*OP.*

ostensions limousines *fpl.* Feierliche Zurschaustellung der Reliquien des Ortsheiligen in zahlreichen Gemeinden des Limousin (Dép. Haute-Vienne u. Creuse). Die o. finden alle 7 Jahre statt (die nächsten 1988).

ouillade, var. *oulade f.* Von *oule,* ‚verzinkter Kupfertopf'; südfrz. Suppentopf aus Bohnen, Kohl u. Würstchen.

OULIPO, *Ouvroir de Littérature Potentielle.* Gruppe von Dichtern u. Schriftstellern *(oulipiens),* die sich 1960 zusammenschlossen, um mit Hilfe der elektronischen Datenverarbeitung neue sprachl. Strukturen u. neue Wege des Sprachspiels zu entdecken. Die wichtigsten Vertreter sind François le Lionnais, Jacques Bens, Jean Lescure, Raymond Queneau, Georges Pérec.

oustau *m.* Prov. Bauernhaus, etwas kleiner als der ↑*mas.*

O.V.F. ↑Sprachpflege.

O.V.N.I. [ɔvni] *m, Objet volant non identifié.* Unbekanntes Flugobjekt, fliegende Untertasse (UFO).

P

P.A.E. *m, Projet d'action éducative.* ‚Unterrichtsprojekt' oft interdisziplinärer u. soziokultureller Natur, das vom Lehrer, auch auf Anregung von Eltern u. Schülern o. in Zusammenarbeit mit Kollegen, außerhalb o. während der Unterrichtszeit zusätzlich zum festen Lehrplan in Eigenverantwortung durchgeführt werden kann. Die *P.A.E.*s sollen die Lernmotivation u. den Schulerfolg der Schüler steigern u. das allgemeine Schulklima verbessern helfen.

pailler *m.* Auf Korsika kleine fensterlose Schäferhütte mit Grasdach.

pain ↑baguette.

Palais-Bourbon. Sitz der frz. Nationalversammlung in Paris, symbolisch auch für diese gebraucht.

Palais de l'Elysée, kurz *l'Elysée.* Sitz des frz. Staatspräsidenten in Paris, symbolisch auch für dessen Amt gebraucht.

Palais du Luxembourg. Sitz des Senats in Paris, symbolisch auch für diesen gebraucht.

palmes académiques ↑Orden u. Ehrenzeichen.

panaché *m.* 1. Bier mit Limonade gemischt (süddt. ‚Radlermaß'); 2. *glace panachée* ‚gemischtes Eis'.

panade *f.* Würzige Brotsuppe aus der Franche-Comté.

Pan Bagnat *m.* Riesen-Sandwich mit Tomaten, Zwiebeln, schwarzen Oliven, Sardellen u. Olivenöl (Provence, Côte d'Azur).

panier à salade *m, fam.* Eigentl. ‚Salatkorb'; Polizei-Zellenwagen, „grüne Minna".

papegai, var. *reg papegault m.* Hölzerne Vogelattrappe, auf die Wettschießen mit Armbrust o. Bogen veranstaltet werden (Nordfr., Bretagne).

papier timbré, papier libre. 1. Früher mußten in Fr. eine Reihe von Urkunden auf staatliches Stempelpapier, das die Entrichtung einer Stempelsteuer beinhaltete, geschrieben werden, in anderen Fällen genügte gewöhnliches

Papier *(papier libre)*; 2. *Révolte du papier timbré* ↑*Bonnets rouges.*

paras *mpl.* Fam. für *parachutistes* ‚Fallschirmjäger'.

parc naturel *m.* Offizielle Bez. für zwei Arten von Naturschutzgebieten in Fr.: 1. Nationalparks *(parcs nationaux)*. Sie sind in drei konzentrische Zonen gegliedert. Die Kernzone *(réserve intégrale)* ist absolut tabu, um sie herum liegt der eigentliche Park. In der dritten Zone *(préparc)* gibt es Ortschaften mit Hotels u. Pensionen. Sechs Nationalparks wurden zwischen 1963 u. 1980 gegründet: *P. de la Vanoise* (Dép. Savoie), *P. de Port-Cros* (Dép. Var), *P. des Pyrénées occidentales* (Dép.s Hautes-Pyrénées, Pyrénées atlantiques), *P. des Cévennes* (Dép.s Lozère, Gard, Ardèche), *P. des Ecrins* (Dép. Hautes-Alpes, Isère), *P. de Mercantour* (Alpes-Maritimes, Alpes de Haute-Provence). Weitere vier Projekte sind der *P. de l'Ariège, P. des Iles Chausey, P. de la Guadeloupe, P. des Iles d'Hyères.* 2. Regionale Naturparks *(parcs naturels régionaux)*. Neben dem Naturschutz ist hier der Freizeit- u. Erholungswert wichtig. Es gibt über 20 Naturparks, z.B. *Brière* (Loire-Atlantique), *Camargue* (Bouches-du-Rhône), *Landes* (Gironde, Landes), *Lubéron* (Vaucluse, Alpes de Hte.-Provence), *Morvan* (Côte-d'Or, Niévre, Seine-et-Loire, Yonne), *Volcans d'Auvergne* (Cantal, Puy-de-Dôme), *Saint-Amand-Raismes* (Nord). Die zwischen 1976 u. 1982 geschaffenen, über 60 kleineren Landschaftsschutzgebiete heißen *réserves naturelles*. Planziel: 100.

pardon *m.* Traditionelle breton. Wallfahrtsprozession zu Ehren eines Schutzpatrons o. Ortsheiligen. An seinem Fest ziehen Hunderte, oft Tausende von Pilgern, häufig in Festtracht *(↑coiffes)*, zu den Wallfahrtskapellen. Große P. gibt es alljährlich in Locronan/Dép. Finistère („La Troménie", 2. Sonntag im Juli), Sainte-Anne d'Auray/Dép. Morbihan (25./26. Juli), Le Folgoët/Dép. Finistère (1. Sonntag im September), Tréguier/Dép. Côtes-du-Nord („Pardon des Pauvres", 19. Mai), Remungol/Dép. Morbihan (1. Sonntag nach Pfingsten), Sainte-Anne-la-Palud/Dép. Finistère (letzter Sonntag im August).

Paribas ↑nationalisation.

Paris-Brest *m.* Windbeutel mit Cremefüllung u. Mandelhäubchen.

parisienne ↑baguette.

Parlament. Ist in Fr. Träger der Gesetzgebenden Gewalt. Seit der III. Republik *(↑Republiken)* gibt es in Fr. ein Zweikammersystem *(système bicaméral)*. Die beiden Kammern hießen unter der III. Republik: *chambre des députés* (Abgeordnetenkammer) u. *sénat* (Senat). Beide Kammern bildeten die *Assemblée nationale* (Nationalversammlung), die nur zusammentrat, um den Staatspräsidenten zu wählen u. über Verfassungsänderungen zu entscheiden. Unter der IV. Republik hieß die direkt gewählte Volkskammer *Assemblée nationale*, die indirekt gewählte andere Kammer *Conseil de la République* (Rat der Republik), unter der V. Republik: *Assemblée nationale* u. *Sénat*. Die Abgeordneten der Nationalversammlung werden alle fünf Jahre direkt gewählt, die Senatoren hingegen in indirekten Wahlen von den sog. *grands électeurs* (Wahlmännern), Abgeordneten, Mitgliedern der General- u. Gemeinderäte, für neun Jahre bestimmt, wobei der Senat alle drei Jahre jeweils zu einem Drittel erneuert wird. Das P. verabschiedet Gesetze – die Gesetzvorlagen können von den Parlamentariern wie vom Premierminister eingebracht werden – u. kontrolliert durch die Abstimmung über den Haushalt sowie Mißtrauensanträge die Tätigkeit der Regierung. Nur die Nationalversammlung kann die Regierung stürzen. In der Verfassung der V. Republik wurden die Befugnisse des P.s hinsichtlich der Gesetzgebung zugunsten der Verordnungsgewalt *(pouvoir réglementaire)* der Regierung eingeschränkt. Die dem P. vorbehaltenen Gesetze, sein sog. *domaine réservé,* sind die einfachen Gesetze *(lois ordinaires).* Die Nationalversammlung kann durch eine sog. *loi d'habilitation* (Ermächtigungsgesetz) die Regierung bevollmächtigen, wichtige Probleme durch Verordnungen *(↑ordonnances)* zu regeln. Eine der wichtigsten Aufgaben der N. ist die Erörterung u. Verabschiedung des Staatshaushaltes. Vgl. a. ↑*Wahlrecht.*

parlement ↑Ancien Régime.

Parnasse, le ~, var. *les Parnassiens.* Nach der 1866 erschienenen Anthologie „Parnasse contemporain" benannter Dichterkreis um Th. Gautier, L. de Lisle, Th. de Banville u. J. M. de Heredia, der in Abkehr von der Romantik u. in Anlehnung an den Positivismus in der 2. Hälfte des 19. Jhs. eine ästhetisierende, formal strenge Dichtung pflegte u. sich die Kunsttheorie des *L'Art pour l'Art* zu eigen machte.

Parquet ↑Justiz.

Parteien. Die politischen Parteien *(partis politiques)* haben in Fr. oft eine kürzere Lebensdauer als in der BRD. Neugründungen, Absplitterungen u. Namenswechsel von pol. P. sind in Fr. etwas Normales, u. so ist die frz. Parteilandschaft ziemlich unübersichtlich. Die Rechtsparteien waren schon seit dem Ersten Weltkrieg rückläufig, in stärkerem Maße jedoch seit dem Zweiten Weltkrieg, wo Parteien der rechten Mitte praktisch ihren Platz einnahmen. Heute sind in Fr. folgende Parteien o. Gruppen wichtig, von links nach rechts: *Parti Communiste Révolutionnaire Marxiste-Léniniste (PCRML),* 1974 gegründet, heute im Untergrund; *Parti Communiste Marxiste-Léniniste de France (PCMLF),* 1967 gegründet, 1968 aufgelöst, heute im Untergrund; *Secours rouge,* 1970 um Jean-Paul Sartre u. Charles Pillon gegründet, seit 1973 bedeutungslos; die seit 1974 aktive, wichtige *Ligue communiste révolutionnaire (LCR)* trotzkistischer Orientierung; *Lutte Ouvrière,* 1968 von linken Gewerkschaftlern gegründete P., trotzkistisch inspiriert. Die bisher genannten Parteien (o. Gruppen) bilden den *gauchisme;* sie vertreten revolutionäre, z. T. anarchistische Ideen, sind meist nach den ↑*événements de mai* 1968 entstanden u. stehen links vom *Parti Communiste Français (PCF),* der großen frz. Linkspartei, die 1920 gegründet wurde u. mit der großen Gewerkschaft *CGT* (↑*Arbeitnehmerorganisationen*) eng verbunden ist. Unter den traditionellen Linksparteien sind noch zu erwähnen: der *Parti Socialiste Unifié (PSU)*, der sich gegen den *PCF* deutlich abgrenzen will; der *Parti Socialiste (PS)*, die Partei von François Mitterrand, die 1969 die Nachfolge der *SFIO (Section française de l'Internationale Ouvrière)* antrat, u. das *Mouvement des Radicaux de Gauche (MRG)*, 1972 entstanden durch Abspaltung linker Mitglieder des *Parti Radical Socialiste* (offiziell: *Parti Républicain Radical et Radical-Socialiste*), dt. Radikalsozialistische Partei, die bereits der linken Mitte zuzurechnen ist. Seit 1978 gehört sie dem Parteienbündnis *Union pour la Démocratie Française (UDF)* an, zu der ferner gehören: das *Centre des Démocrates Sociaux (CDS*, ↑*Centre démocrate)* von Jean Lecanuet (liberale Tendenz); der *Parti Républicain (PR*, Generalsekretär: François Léotard), 1977 gegründet, der das Erbe der *Fédération Nationale des Républicains Indépendants (FNRI)*, meist *Républicains Indépendants* genannt, antrat. Ihr Vorsitzender war Valéry Giscard d'Estaing, der sie noch heute unterstützt. Auch diese Partei ist von liberaler Tendenz; zur *UDF* gehört noch der *Parti social-démocrate*, gegen Bündnisse mit Kommunisten (gehört zur linken Mitte).

Haupterbe des Gaullismus ist die Partei der rechten Mitte: *Rassemblement pour la République (RPR)* unter Jacques Chirac, dem gegenwärtigen Premierminister u. Bürgermeister von Paris, das die Nachfolge der *UDR (Union des Démocrates pour la République)* angetreten hat (↑*UNR*). Die rechts davon stehenden Parteien sind heute bedeutungslos, mit Ausnahme des *Centre National des Indépendants et Paysans (CNIP)* u. dem ihm nahestehenden *Centre Indépendant (CI)*, beide von rechtsliberaler Tendenz, sowie des ↑*Front National*. Vgl. ↑*Clubs politiques;* ↑*nouvelle droite*.

Parti Communiste Français ↑Parteien.

Parti Communiste Marxiste-Léniniste de France ↑Parteien.

Parti Communiste Révolutionnaire Marxiste-Léniniste ↑Parteien.

Parti corse pour le progrès ↑Regionalismus.

Parti des forces nouvelles ↑Front National.

Parti nationaliste occitan ↑Regionalismus.

Parti du peuple corse ↑Regionalismus.

Parti du peuple corse pour l'autonomie ↑Regionalismus.

Parti écologiste ↑Umweltbewegungen.

Parti Radical-Socialiste ↑Parteien.

Parti Républicain ↑Parteien.

Parti Républicain Radical et Radical-Socialiste ↑Parteien.

Parti social-démocrate ↑Parteien.

Parti Socialiste ↑Parteien.

Parti Socialiste Unifié ↑Parteien.

participation *f.* Von General de Gaulle geprägtes Schlagwort, das die „Mitbeteiligung" der Arbeitnehmer am Unternehmensgewinn (also nicht: „Mitbestimmung") bezeichnet. Nachdem schon 1959 der gesetzliche Rahmen für eine Gewinnbeteiligung der Arbeiter u. Angestellten geschaffen worden war, verpflichtete 1967 eine Verordnung alle Unternehmen mit über 100 Beschäftigten, ihren Mitarbeitern einen Teil des Reingewinns auszuschütten, der fünf Jahre festgelegt bleibt u. dann, je nach Wunsch des Empfangsberechtigten, in Aktien umzuwandeln o. auszuzahlen ist. Nach dem Willen de Gaulles sollte die p. ein erster Schritt in Richtung auf eine Mitverantwortung der Arbeitnehmer in den Betrieben sein. Heute kommen etwa 5 Millionen Arbeitnehmer in den Genuß der allerdings meist bescheidenen Gewinnausschüttungen.

passe-tout-grain(s) *m.* Burgunder Rotwein, entstanden durch eine Mischung aus ⅔ Gamay-Trauben u. ⅓ Pinot-Trauben *(Bourgogne passe tout-grain).*

pastis [pastis] *m.* 1. ↑Liköre, Schnäpse, Aperitifs; 2. *pastis landais,* leichter Tee-Kuchen mit Armagnac u. Orangenblüten (SW-Fr.).

pastrage *m.* Alter Weihnachtsbrauch in Les Baux-de-Provence (Dép. Bouches-du-Rhône), bei dem Schäfer während der Christmette ein lebendes Lämmchen in einem geschmückten, von einem Widder gezogenen Holzkarren zum Altar bringen.

patente *f* ↑taxe professionnelle.

patois *m.* Schriftlich nicht fixiertes Idiom von regionaler o. lokaler Bedeutung, das von einer ländlichen, meist älteren Bevölkerung gesprochen wird. Mit *patois* bezeichnet der Franzose letztlich alles *(↑Dialekte, ↑Regionalsprachen),* was nicht zur frz. Nationalsprache gehört u. ihr vom Prestige her untergeordnet ist.

pays [pe-i] *m* ist für den Frz. häufig die engere Heimat o. i.w.S. jede Mikrokulturlandschaft, im Dt. früher: Gau. Daher tragen in Fr. viele der alten historischen Landschaften einen Namen, der mit *pays* ... beginnt, z.B. *pays de Caux* (Normandie).

pays noir *m.* Kohlenrevier im früheren Artois, im heutigen Dép. Pas-de-Calais.

P.C.F. ↑Parteien.

P.C.M.L.F. ↑Parteien.

P.C.R.M.L. ↑Parteien.

P.C.V. Abk. für *percevoir,* auch *payable chez vous,* „R"-Gespräch (der verlangte Teilnehmer zahlt die Fernsprechgebühr).

P.D.G. o. **P.-D.G.** *m, Président-Directeur Général.* Generaldirektor, Vorstandsvorsitzender einer A.G. *(↑S.A.).*

péage *m.* Gebühr (i.w.S. auch Zahlstation) auf frz. Autobahnen *(↑A).*

P.E.E.P. *f, Fédération des parents d'élèves de l'enseignement public.* Nach der ↑*FCPE* der zweitwichtigste Verband von Schülereltern in Fr. Präs. ist seit 1980 J.-M. Schléret, daher auch die Bez. *Fédération Schléret.* Zeitschrift: *La Voix des Parents.*

P.E.G.C. *m, Professeur d'enseignement général des collèges.* Etwa: Realschullehrer, Inhaber des *Certificat d'aptitude au professorat de l'enseignement général des collèges (CAPEGC).* Im Ggs. zu den *agrégés (↑agrégation)* u. *professeurs certifiés (↑CAPES),* die im allg. die Fakultas für nur ein Fach haben, unterrichten die *P.E.G.C.* bei einem Deputat von 21 Wochenstunden 2–3 Fächer am ↑*collège.*

pelote basque *f.* Im frz. Baskenland, in Spanien u. Südamerika beliebtes Schlagballspiel (‚Pelota'), das sich aus dem alten frz. ↑*jeu de paume* entwickelt u. wahrscheinlich das mod. anglo-amerikanische Squash-Spiel beeinflußt hat. Es wird in Mannschaften zu je zwei o. drei Spielern *(pelotaris),* seltener einzeln gespielt. Die weiß-gekleideten Teams unterscheiden sich durch die Farbe ihrer Gürtel. Es gibt verschiedene Spielarten, die jeweils nach dem Schlaggerät benannt sind: 1. *main nue* (mit bloßer Hand, 90-g-Ball); 2. *petit(e) chistera* o. *joko garbi, grand(e) chistera* (löffelartiger Schläger aus Leder u. Korbgeflecht); 3. *pala, paleta* u. *saré* (Holzschläger in Racketform); 4. *rebot* (das älteste bask. Pelotaspiel, das mit einer *chistera* ähnlich wie Tennis, jedoch ohne Netz gespielt wird) u. *pasaka* (mit Netz). Es kann im Freien (sog. „place libre" o. „mur à gauche") o. in einer speziellen Halle („trinquet") gespielt werden. Bei der beliebtesten Spielart, der *Grand(e) Chistera,* wird auf eine an der Stirnseite des Feldes stehende, 9 m hohe u. 18 m breite Wand *(fronton)* vom Aufschlagfeld (16 × 16 m) der harte (Ø 6,5–7 cm), 120 g schwere Ball *(pelote)* mit einer *chistera* (s. oben) so gegen die Mauer geschlagen, daß er oberhalb eines Striches in 80 cm Höhe von der Wand ins Spielfeld zurückspringt. Die andere Mannschaft versucht, den Ball aufzufangen u. sofort zurückzuschleudern, wobei der Ball abwechselnd gegen die Wand u. das vom Aufschlagfeld getrennte Spielfeld zurückgeschlagen werden muß. Gelingt dies nicht, gewinnt der Gegner Punkte. In der Halle wird meist auf drei o. vier Wänden gespielt. Der Punktrichter, der den Spielstand lautstark verkündet, heißt *chacharia.*

pelure d'oignon *f.* Wörtl. ‚Zwiebelschale'. 1. Bez. für einen leichten prov. Roséwein aus dem Gebiet zwischen Aix-en-Provence u. Avignon; 2. *pej* Bez. für rötlich-braun gewordene Rotweine.

penn-baz [pɛnbɑs] *m.* Gehstock des breton. Bauern.

percherons ↑Pferderassen.

Père-Lachaise *m.* Nach dem Père de la Chaise, dem Beichtvater Ludwigs XIV., benannter berühmter Friedhof im Pariser 20. Arr., der 1803 von der Stadt auf dem Gelände eines ehem. Jesuitenheims angelegt wurde. Auf dem Friedhof befinden sich die Gräber vieler berühmter Künstler, Literaten usw. (z.B. Chopin, Rossini, Bizet, La Fontaine, Molière, H. de Balzac, Proust, Delacroix, Modigliani, Cocteau, Edith Piaf). An der *Mur des Fé-*

dérés (Mauer der Verbündeten) wird am 1. Mai der 147 Verteidiger der *Commune de Paris (↑Revolutionen)* gedacht. Weitere berühmte Pariser Friedhöfe sind der *Cimetière de Montparnasse* (14. Arr.) mit den Gräbern u. a. von Baudelaire, Maupassant, Sartre, sowie der *C. de Montmartre* (18. Arr.), wo sich u. a. die Gräber von Heinrich Heine, Degas, Stendhal, J. Offenbach, Berlioz, S. Guitry befinden.

périphérique ↑boulevard périphérique.

Pernelle, Madame ~. In Molières Komödie *Tartuffe* die Mutter Orgons; sie wurde zum Prototyp der zänkischen Schwiegermutter.

Perrier ↑Mineralwasser.

perroquet ↑Liköre, Schnäpse, Aperitifs: pastis.

pervenche *f, fam.* Hilfspolizistin; Anspielung auf ihre immergrünblaue Uniform. Vgl. ↑*aubergine*.

P. et T. ↑P. T. T.

pétanque ↑boules.

petite couronne ↑Région parisienne.

Petite France. Malerisches Altstadtviertel an der Ill in Straßburg (ehem. *Quartier des Tanneurs* ‚Gerberviertel').

Petite-Roquette, la ~. Ehem. Frauengefängnis in Paris.

petit suisse *m.* Kleiner, runder Rahmfrischkäse aus der Normandie.

Peur: la Grande Peur. Bez. für die allg. Panik u. die Bauernunruhen, die in Fr. im Juli u. August 1789 auf dem Lande ausbrachen, aus Furcht vor Gegenmaßnahmen der adeligen Grundbesitzer.

peyourde *f.* Traditioneller Schäfertanz in SW-Fr. (Bordeaux, Landes).

Pferderassen. In Fr. gibt es fünf schwere Rassen (Kaltblüter), die v. a. als Zugpferde eingesetzt werden: *ardennais, boulonnais, bretons, comtois, percherons.*

Phénix ↑C. E. A.

physiocratie ↑ colbertisme.

P. I. B. *produit intérieur brut,* Bruttoinlandsprodukt.

pibales *fpl* o. *civelles fpl.* Junge Aale (Glasaale) in Olivenöl, meist in Steinguttellern mit roten Pfefferschoten serviert (bask. Spezialität).

picador ↑Stierkampf.

pichet *m.* Kleiner Krug, Karaffe für Wein.

pieds noirs ↑Algerien.

Pierrot, Pierrette. Aus der ital. Commedia dell'Arte hervorgegangene dumm-naive Komödienfigur mit weißer Maske u. weiten, weißen Kleidern.

pignada *f,* gaskonisch *pinhada,* heißen die Pinienwälder in SW-Fr., vor allem in den *Landes.*

pinard *m.* 1. Urspr. ↑*argot:* die tägliche Ration Rotwein der Soldaten; 2. *fam.* Bez. für billigen, offenen Wein, auch für Wein überhaupt.

pineau des Charentes ↑Liköre, Schnäpse, Aperitifs.

piperade *f.* Omelette mit spanischem Pfeffer u. ↑*jambon de Bayonne* (frz. Pyrenäengebiet).

pissaladière, pissaladiera *f.* Prov. Pizza mit Tomaten, Zwiebeln, Sardellen u. schwarzen Oliven.

pistou: soupe au pistou. Dicke prov. Gemüsesuppe, Art Minestrone, mit gekochtem Gemüse, zerkleinertem Speck, Knoblauch, Basilikum, Olivenöl u. Parmesan.

P.J. ↑Polizei.

Plaine ↑Montagnards.

plan Câble *m.* 1984 verabschiedetes Regierungsprogramm für die flächendeckende Glasfaser-Verkabelung Fr.s unter Federführung der *Direction Générale des Télécommunications (DGT)* im Postministerium. Die ersten Kabelnetze wurden zum Jahreswechsel 1985/86 in Cergy-Pontoise (Dép. Val-d'Oise) u. Biarritz (Dép. Pyrénées-Atlantiques) offiziell eröffnet. Anfang 1987 stoppte die Regierung Chirac die von den Sozialisten beschlossene systematische Verkabelung Fr.s. Lediglich 52 Städte, die sich vor den Parlamentswahlen 1986 für ihre Verkabelung entschieden hatten, sollen verkabelt werden.

plan Calcul *m.* Abkommen, das nach dem Verkauf des einzigen bedeut. frz. Computerunternehmens *Machines Bull* an den US-Konzern General Electric im Jahre 1966 zwischen Staat u. Industrie zur Entwicklung einer eigenständigen frz. Computerindustrie geschlossen wurde. Der p. führte zur Gründung der *Compagnie internationale pour l'Informatique (CII)* (Sitz: Clayes-sous-Bois/Dép. Yvelines) u. – mit hohen staatl. Subventionen – 1976 zu deren Fusion mit dem US-Konzern Honeywell-Bull; seit 1983 „groupe Bull".

Plan Monnet ↑plans économiques.

plan ORSEC *m, plan d'Organisation des Secours.* Staatl. Katastropheneinsatzplan (seit 1952).

Plan Pleven [...plevɛn] Dt. Pleven-Plan; Plan des frz. Ministerpräsidenten René Pleven vom ↑*MRP* zur Bildung einer Europa-Armee, die parallel zur Montanunion im Rahmen einer *Communauté européenne de défense (CED),* dt. Europäische Verteidigungsgemeinschaft (EVG), zu schaffen sei; 1950 vorgeschlagen, um die Bildung eigener dt. Streitkräfte u. ein etwaiges Wiederaufleben des dt. Militarismus zu verhindern. 1952 wurde der Vertrag über die Errichtung der EVG von den Mitgliedstaaten Fr., BRD, Italien u. den Beneluxländern unterzeichnet, scheiterte dann aber daran, daß er 1954 vom frz. Parlament nicht ratifiziert wurde.

planification ↑plans économiques.

plans économiques, planification. Die frz. Wirtschaft hat sich seit dem Zweiten Weltkrieg erheblich gewandelt. Von einem traditionellen Agrarstaat wurde Fr. in wenigen Jahrzehnten zu einem der führenden Industrieländer der Welt. Nach der Befreiung Fr.s (1944) war die Hauptaufgabe der Wirtschaftspolitik der Wiederaufbau u. gleichzeitig die Modernisierung der frz. Wirtschaft. Dies geschah durch starke staatliche Eingriffe, durch Verstaatlichungen *(↑nationalisation)* u. eine spezifisch frz. Form der Wirtschaftsplanung *(planification)*. Hierfür wurde das staatliche Planungskommissariat *(Commissariat au Plan)* geschaffen, das eine Reihe von Fünfjahresplänen *(plans quinquennaux)* ausarbeitete, deren erster, nach dem langjährigen Leiter des Amtes, Jean Monnet, als *plan Monnet* bezeichnet wurde. Die Wirtschaftspläne *(plans économiques)* sind für den staatlichen Wirtschaftssektor verbindlich, für die Privatwirtschaft sollen sie richtungsweisend *(indicatif)* sein. Da ein großer Teil der Wirtschaft nach 1946 u. noch mehr nach 1982 verstaatlicht o. vom Staat abhängig ist, kommt diesen Plänen eine große Bedeutung zu. Ihr Hauptverdienst war, anfangs z.T. mit Hilfe des Marshallplans, die Technisierung u. Modernisierung der Landwirtschaft, die Schaffung eines modernen Straßennetzes, der Bau von zahlreichen Wasserkraftwerken, später auch von einigen Atomkraftwerken, die Modernisierung der Stahlindustrie u. der Kohlenzechen, der Ausgleich zwischen wirtschaftlich stärkeren u. schwächeren Gebieten u. die Erschließung neuer Energiequellen, um die Abhängigkeit Fr.s vom Erdöl zu verringern. Der VIII. Plan (1981 bis 1985) wurde unter Mitterrand durch einen Übergangsplan *(plan intermédiaire)* für 1982/83 beendet. Der IX. Plan (1984–88) hat eine verstärkte Beteiligung der Sozialpartner an der Planung zum Ziel, ferner die Weiterführung der inzwischen eingeleiteten Dezentralisierung (↑*Region u. Regionalisierung)* u. eine bessere Einbetung der Planziele in die laufende Regierungspolitik. Weitere Schwerpunkte sind u.a.: Einführung neuer Technologien, Reform des Bildungswesens, bes. Förderung der Forschung u. Stärkung des eigenen Energiepotentials.

P.L.M. ↑S.N.C.F.

plous *mpl.* Kleine Weiler im bret. ↑*Argoat.*

P.M.E. 1. *Petites et Moyennes Entreprises.* Kurzbez. für kleine u. mittlere Unternehmen; 2. *Programme de Modernisation et d'Equipement.* Modernisierungs- u. Ausrüstungsprogramm im Rahmen des ↑*aménagement du territoire.*

P.M.I. 1. *Petites et moyennes industries.* Gewerbliche Klein- u. Mittelbetriebe (Handel, Handwerk, Industrie); 2. *Protection maternelle et infantile.* Mutter- u. Kinderschutz. Staatl. Mütterberatungs- u. Kinderbetreuungsdienst, der insbes. die ärztliche Kontrolle von Säuglingen, Kleinkindern bis 6 Jahren u. werdenden Müttern gewährleistet.

P.M.U., *Pari Mutuel Urbain.* Pferdewettsystem außerhalb der Rennbahnen. Überall in Fr. gibt es Wettannahmestellen, z.B. in ↑*cafés* u. Tabakläden *(↑bureau de tabac).* Bis wenige Minuten vor dem Start eines Rennens können in allen Ortschaften Einsätze in beliebiger Höhe auf die ersten drei o. vier Pferde *(↑tiercé),* möglichst in richtiger Reihenfolge, getätigt werden.

P.N.B., *produit national brut,* Bruttosozialprodukt.

pneu *m.* Rohrpostbrief, der in Paris über den *Service de pneus* (auch *poste pneumatique*) verschickt werden kann.

P.N.O. ↑Regionalismus.

P.O. Abk. für das Dép. *Pyrénées-Orientales* (↑*Catalogne française*).

pôchouse, var. *pouchouse f.* Burgund. Ragout aus Süßwasserfischen in Weißwein.

poilu *m.* Bez. des frz. Soldaten im 1. Weltkrieg u. zu Beginn des 2. Weltkrieges, im Dt. etwa ‚Landser'.

poiré *m.* Birnenmost, wird wie ↑*cidre* hergestellt.

police parallèle *f.* Seit langem übliche Bezeichnung der verschiedenen Nachrichten- und Abwehrdienste in Fr. (↑*DGSE; DST, RG*: ↑*Polizei), fam.* auch *barbouzerie,* nach den falschen Bärten, die die Agenten manchmal verwenden sollen.

Polizei *(la police).* Die der Hauptabteilung für öffentliche Sicherheit u. Ordnung *(Direction générale de la Sûreté nationale)* im Innenministerium unterstehende Landespolizei *(police nationale)* ist in fünf große Einsatzbereiche gegliedert: 1. *Sécurité publique,* Ordnungspolizei, mit Stadt- u. Gemeindepolizei u. den ↑*CRS;* 2. *Police judiciaire (PJ),* Kriminalpolizei, deren Sitz am Pariser *Quai des Orfèvres* durch einen gleichnamigen Film von H. G. Clouzot mit Louis Jouvet 1947 u. Georges Simenons *Commissaire Maigret* berühmt wurde; 3. *Police de l'Air et des Frontières (PAF),* Luft- u. Grenzpolizei; 4. *Renseignements Généraux (RG),* in Fr. eine Art Verfassungsschutz, der v.a. Unterlagen über staatsfeindliche Aktivitäten sammelt; 5. *Direction de la Surveillance du Territoire (DST),* „Hauptabteilung für die Überwachung des Staatsgebietes", zuständig für die Spionageabwehr u. die damit verbundenen Aufgaben im Inland. Kompetenzüberschneidungen mit dem v.a. im Ausland agierenden frz. Geheimdienst ↑DGSE.

Polizeiliche Aufgaben werden in Fr. auch von der *Gendarmerie nationale* übernommen, die als Teil der Streitkräfte zwar dem Verteidigungsministerium untersteht, in Friedenszeiten jedoch dem Innenminister zur Verfügung steht. Die größte Einheit bildet die *gendarmerie départementale,* deren Brigaden auf das gesamte Territorium verteilt sind, etwa eine pro Kanton *(*↑*Departement).* Hinzu kommen die *gardes mobiles,* eine an keinen festen Standort gebundene motorisierte Einsatztruppe, sowie die *gardes républicaines de Paris,* eine Spezialeinheit, die hpts. zur Eskortierung u. zu Repräsentationsaufgaben bei Staatsbesuchen u. Paraden herangezogen wird. Weitere kleinere Einheiten der Gendarmerie sind der der dt. GSG 9 vergleichbare *GIGN (Groupe d'intervention de la Gendarmerie nationale), g. de l'air, g. maritime, g. des transports aériens, g. de l'armement* u. *g. des* ↑*FFA (1.).* Vgl. a. ↑*PVM.*

polyvalent *m.* Bez. für den ‚Steuerfahnder'.

ponente ↑Winde.

pont-l'évêque *m.* Quadratischer, würziger Weichkäse aus der Normandie mit geschützter Ursprungsbez.

ports ↑cols.

P.O.S., *Plan d'Occupation des Sols.* Durch Dekret vom 28. 10. 1970 geschaffener Bodennutzungs- u. Bebauungsplan (Städtebau). In Paris strebt der *P.O.S.* eine ausgewogene Neugestaltung der Stadt an, u.a. eine Renovierung unter Berücksichtigung der historischen Gewachsenheit von Stadtvierteln. Vgl. ↑*COS*, ↑*SDAU*.

potée *f.* Kräftiger Gemüsetopf mit Fleisch u. Wurst *(potée auvergnate, p. lorraine).*

potje vlesh [pɔtʃflɛʃ] *m.* Fläm. Pastete.

pottok *m.* Bask. Pyrenäen-Pony, lebt in halbwilden Herden.

poujadisme *m.* Pierre Poujade gründete 1953 zur Verteidigung der Rechte der kleinen Kaufleute u. Gewerbetreibenden die *Union de défense des commerçants et artisans (UDCA)*, die relativ starken Zulauf hatte. Unter dem Titel *Union et Fraternité françaises* nahm die poujadistische Partei an den Wahlen teil u. errang 63 Sitze, später ist sie praktisch verschwunden. Ihre Ideen wirken jedoch weiter.

pouponnière ↑Kindergarten.

pourvoi en cassation ↑Rechtsmittel.

pousse-café *m.* Gläschen Likör o. Schnaps, das man oft nach dem Kaffee am Ende eines opulenten Essens (als *digestif*) einnimmt. Vgl. ↑*Liköre, Schnäpse, Aperitifs.*

poustagnac *m.* Mit Paprikaschoten gewürzter Frischkäse aus SW-Fr.

P.P.C.A. ↑Regionalismus.

P.P.F. ↑Vichy-Regime.

P.R. ↑Parteien.

P.R.D.E.S.A.T. ↑aménagement du territoire.

Précieuses, préciosité ↑salons littéraires.

préfectorale *f.* Laufbahn der Beamten einer *préfecture (↑Departement)*, war lange Zeit nur Männern zugänglich; 1974 wurde erstmals eine Absolventin der *ENA (↑Grandes Ecoles)* zum *sous-préfet* ernannt. Erster weiblicher *Préfet* 1981.

préfet ↑Departement.

préfet de défense ↑Region u. Regionalisierung.

préfet régional ↑Region u. Regionalisierung.

Premier Empire ↑Empire.

premier ministre ↑Regierung.

prépas ↑classes préparatoires aux grandes écoles.

pré-salé *m.* Hammel, die auf Salzwiesen an der Atlantik- o. Kanalküste weiden, bzw. das Fleisch dieser Tiere.

Président du Conseil ↑Regierung.

Président de la République. Staatspräsident, bildet mit dem Premierminister u. der ↑*Regierung* die für die V. Republik charakteristische doppelköpfige Exekutive. Er wird in allgemeiner direkter Wahl auf sieben

Jahre gewählt *(↑septennat)*. Er ist vor dem Parlament nicht verantwortlich, trifft aber die wichtigsten Entscheidungen in Fr. o. wirkt an ihnen mit. Dadurch ist seine Stellung sehr stark. Er ernennt den Premierminister u. – auf dessen Vorschlag – die übrigen Minister, leitet die Sitzungen des Ministerrates, nimmt die Ernennungen für die meisten wichtigen Staatsämter vor. Er ist Oberbefehlshaber der Streitkräfte, verkündet die Gesetze u. übt das Begnadigungsrecht aus. Er kann den Premierminister entlassen, einmal im Jahr die Nationalversammlung auflösen u. verfügt in Krisensituationen, über deren Vorhandensein er selbst entscheidet, über außergewöhnliche Vollmachten (nach Art. 16 der Verfassung). Er übt zusammen mit dem Premierminister die Verordnungsgewalt *(pouvoir réglementaire)* aus, durch die unter der V. Republik die Befugnisse des Parlaments erheblich eingeschränkt werden. Die Exekutive unter der V. Republik kann nur funktionieren, wenn sich Staatspräsident u. Premierminister in den wichtigen Fragen einig sind, was bisher immer der Fall war.

presse du cœur *f.* ‚Regenbogenpresse'.

Prévention routière *f.* Verband zur Verhütung von Verkehrsunfällen.

primeur, vin de ~, *m.* Junger Rotwein (bes. aus dem Beaujolais), der kurz nach Abschluß einer schnellen Gärung abgefüllt wird u. wenige Monate später getrunken sein sollte. *Primeurs* dürfen von etwa Mitte November bis zum 31. Januar des auf die Ernte folgenden Jahres verkauft werden. Den Zusatz *nouveau* (neu) kann ein junger Wein bis zum 31. August tragen.

prix littéraires ↑Literaturpreise.

procureur de la République ↑Justiz.

professeur certifié ↑C.A.P.E.S.

profiterole *f.* Windbeutel mit Creme- o. Eisfüllung.

Programme commun. Das Wahlprogramm der sozialistischen Partei, kommunistischen Partei u. des *Mouvement des radicaux de gauche,* das am 26. 6. 72 gemeinsam unterzeichnet wurde u. das Wahlbündnis der *Union de la Gauche* begründete. Es sah u.a. vor: erhebliche Lohnverbesserungen, erhöhte Mitbestimmung, eine Reihe von ↑*nationalisations,* eine echte Dezentralisierung, Reformen des Bildungs- u. Gesundheitswesens; ein Teil des P.C. wurde unter der Präsidentschaft von François Mitterrand bereits verwirklicht, der dann aber in der 2. Hälfte seiner Amtszeit eine ganz andere Politik verfolgte.

protestantisme ↑Kirche.

provençale, à la ~. Speisen ‚nach provenzalischer Art' werden meist mit Knoblauch, Olivenöl, Tomaten(mark) u. verschiedenen Provence-Kräutern *(herbes de Provence),* z.B. Rosmarin *(romarin),* Thymian *(thym),* Majoran *(marjolaine),* Basilikum *(basilic)* u. Pfefferkraut *(sariette),* zubereitet.

provinces *fpl,* auch *gouvernements* genannt, hießen unter dem ↑*Ancien Régime* die dem Staat nachgeordneten Gebietskörperschaften. Sie wurden unter der Revolution abgeschafft u. durch ↑*Departements* ersetzt. Heute begegnen uns viele Namen alter Provinzen in den Namen der Regionen wieder. Vgl. die Karte ‚Provinzen' u. ‚Wirtschaftsregionen' im Anhang.

proviseur ↑lycée.

prunes d'Agen. Die begehrten Backpflaumen aus dem Obstanbaugebiet von Agen (Dép. Lot-et-Garonne). Eine besondere Spezialität sind die in Alkohol eingelegten *pruneaux d'Agen.*

P.S. ↑Parteien.

P.S.U. ↑Parteien.

P.T.T. *mpl, Postes, télégraphes, téléphones.* Immer noch geläufige Bez. für das frz. Postwesen, das seit 1960 offiziell *Postes et Télécommunications (P et T)* heißt, heute nur noch *la Poste.*

puech [pwɛtʃ] ↑puy.

puig [putʃ] ↑puy.

P.U.K., *Péchiney-Ugine-Kuhlmann.* Frz. multinationales Unternehmen (Aluminium, Eisen-Metalle, Chemie), Europas größter Aluminiumproduzent. Unternehmensbereiche u.a. in Guinea, Kamerun, USA, Belgien. Vgl. ↑*nationalisation.*

pupilles de la Nation. ‚Mündel der Nation', Sozialprogramm des *Office national des anciens combattants et victimes de guerre* (ehem. Frontkämpfer u. Kriegsopfer), das Kindern von Gefallenen u. Kriegsopfern finanzielle Unterstützung für ihre Ausbildung o. Studienbeihilfen gewährt. Dagegen: *pupille de l'Etat* Waisenkind o. von den Eltern verlassenes Kind, für das der frz. Staat sorgt.

pupille de l'Etat ↑pupilles de la Nation.

puy, var. *puech;* katalanisch *puig,* Bez. für ‚Berg', ‚Bergkuppe', z.T. auch nur ‚Anhöhe' in Südfr., kommt auch in vielen Eigennamen vor, z.B. *Puy de Dôme* (Berg in der Auvergne), *Le Puy* (Stadt im Dép. Haute-Loire).

P.V. *m.* Fam. Abk. für *procès-verbal* Strafzettel.

P.V.D. *m, Pays en voie de développement.* Entwicklungsland.

P.V.M. *peloton voltigeur motocycliste.* Motorradfahrerbrigade der Pariser Polizei.

Q

Quai des Orfèvres ↑Polizei.

Quai d'Orsay. Am Pariser Quai d'Orsay befindet sich das frz. Außenministerium, für das dieser Name auch symbolisch gebraucht wird.

quarté [karte] ↑tiercé.

Quartier latin *m.* Altes Universitäts- u. Studentenviertel von Paris am linken Seine-Ufer *(↑rive gauche)* im 5. u. 6. Arr. Hier befinden sich die ↑*Sorbonne* u. das ↑*Collège de France* sowie eine Reihe von Fakultäten, ↑*Grandes écoles,* Verlagen, Gymnasien. Hauptstraße des Q. ist der *Boulevard Saint-Michel* („Boul' Mich") mit Cafés, Kinos, Restaurants, Buchhandlungen u. Boutiquen. Durch die

Verlegung von Fakultäten u. Universitätsneubauten an den Stadtrand ist die wissenschaftliche Ausbildung in Paris nicht mehr auf das Q. beschränkt. Über 200000 Studenten sind inzwischen im Großraum Paris auf 13 Universitäten verteilt.

quatre vieilles, les ~ ~. Name der 1791 in Fr. eingeführten direkten Steuern, der Grundsteuer, der Steuer auf bewegliche Güter, der Gewerbesteuer u. der Türen- u. Fenstersteuer.

quenelles de brochet *fpl.* Hechtklößchen (Spezialität der Franche-Comté).

quetsche [kwɛtʃ] *m* ↑Liköre, Schnäpse, Aperitifs.

Q.H.S. *m, Quartier de haute sécurité.* Hochsicherheitstrakt in Gefängnissen.

quiche lorraine [kiʃ ...] *f.* Lothr. Speckkuchen, meist mit Mürbteigboden (*pâte brisée*).

quichenotte *f.* (aus engl. *kiss not?*). Von Bäuerinnen in der Charente (SW-Fr.) noch heute gelegentl. getragene, kapuzenförmige Haube.

quimper [kɛ̃pɛr] *m.* Volkstüml. Bez. für handwerklich gefertigte Tonwaren aus der bretonischen Stadt Quimper.

R

rabottes *fpl.* Burgund. Apfeltaschen.

radicaux *mpl.* Als *radicaux* bezeichnet man seit der III. Republik die Mitglieder des *Parti Radical et Radical-Socialiste,* von denen man etwas ironisch, aber zu Recht, gesagt hat, sie seien weder radikal (d.h. extremistisch) noch sozialistisch (im Sinne einer Linkspartei). Vgl. a. ↑*Parteien,* ↑*centrisme.*

Radio bleue ↑Rundfunk u. Fernsehen.

radio-guidage *m.* Verkehrsdurchsagen im Rundfunk, insbes. von *France-Inter* u. *FIP (↑Rundfunk u. Fernsehen).* Vgl. ↑*Bison futé.*

radios libres ↑Rundfunk u. Fernsehen.

radios locales ↑Rundfunk u. Fernsehen.

ramequin *m.* Flaches, salziges Käsetörtchen aus der Franche-Comté.

R.A.S. *rien à signaler.* Urspr. militärische Abk. für ‚entfällt', ‚Fehlanzeige' (z.B. auf Fragebögen), im medizinischen Bereich ‚ohne Befund (o.B.)'.

Rassemblement du Peuple Français ↑R.P.F.

Rassemblement pour la République ↑Parteien.

Rassemblement pour le civisme, le dialogue et le renouveau ↑C.D.R.

R.A.T. ↑Umweltbewegungen.

ratatouille *f.* Im ganzen Mittelmeergebiet beliebter Gemüseeintopf aus Auberginen, Paprikaschoten, Tomaten u. Zucchini (frz. *courgettes*), Zwiebeln u. Knoblauch, in Olivenöl geschmort.

ratchs, var. *rajols mpl, reg.* Stromschnellen in den Flüssen der ↑*gorges.*

raton(n)ade *f.* Verfolgung nordafrikanischer Bevölkerungsgruppen (↑*argot:* „ratons") wegen (angeblicher) Gesetzesüberschreitungen einzelner ihrer Mitglieder durch rassistische Franzosen. Zu Gegenreaktionen der Betroffenen vgl. ↑*SOS Racisme.*

R.A.T.P. *f, Régie autonome des transports parisiens.* Halbstaatl. Pariser Verkehrsbetriebe, die ↑*métro-, autobus-* u. zwei der drei ↑*RER*-Linien betreiben.

razeteur ↑Stierkampf.

reblochon *m.* Cremiger, milder Weichkäse aus Savoyen mit geschützter Herkunftsbez.

R.C., *registre du commerce.* Handelsregister, seit 1980 offiziell *R.C.S. (Registre du commerce pour les sociétés).*

Rechtsmittel. Die wichtigsten R., die gegen Entscheidungen von Gerichten eingelegt werden können, sind: 1. *Le recours simple,* Beschwerde während des Prozesses gegen prozeßleitende Beschlüsse des Gerichts; 2. *appel,* Berufung zur tatsächlichen Überprüfung eines Urteils mit dem Zweck seiner Abänderung durch eine zweite Instanz, meist die *cour d'appel* (↑*Cour* 1.); 3. *pourvoi en cassation,* Revision, die nur im Falle einer Verletzung formalen Rechtes möglich ist. Sie bezweckt die Aufhebung *(cassation)* des Urteils, in Fr. nur durch die *cour de cassation* (↑*Cour* 3.) möglich; 4. *révision,* Wiederaufnahme des Verfahrens (nicht mit der dt. Revision im Sinne von 3. zu verwechseln!), wenn nach dem endgültigen Urteil neue Tatsachen bekannt werden. Der (seltene) Wiederaufnahmeantrag im Zivilverfahren heißt *recours en révision,* früher *requête civile; 5. recours en grâce,* Gnadengesuch, um die Änderung eines Urteils zu erreichen, meist die Herabsetzung einer längeren Freiheitsstrafe.

recours en révision ↑Rechtsmittel.

reculées *fpl.* Tiefe Taleinschnitte im frz. Jura, durch unterirdische Flüsse, die wieder an die Oberfläche getreten sind, entstanden, insbes. zwischen Arbois u. St. Amour. Die bekanntesten r. sind der *Cirque de Baume* u. die *Reculée des Planches.*

référendaire heißen die Beamten am frz. Rechnungshof (*Cour des Comptes,* ↑*Cour* 5.), nachdem sie die unterste Rangstufe der Laufbahn, die eines ↑*auditeur,* durchlaufen haben.

referendum. Durch die Verfassung der V. Republik von 1958 in Fr. eingeführte Volksbefragung. Vorläufer: die wegen ihres demagogischen Mißbrauches verpönten Plebiszite *(plébiscites)* Napoleons III. u. die Referenda unter der vorläufigen frz. Regierung zur Regelung des Übergangsregimes (1943) u. zur Billigung des Verfassungsentwurfes für die IV. Republik (1946). Ein Referendum muß formal von der Regierung o. von beiden Kammern des Parlaments ausgehen. In der Praxis der V. Republik gab hierzu jedoch stets der Staatspräsident den Anstoß, der das Referendum als persönliches Machtmittel benutzte, um direkten Kontakt – vor allem nach Fernsehansprachen – mit den Wählern zu haben u. so ein Gegengewicht zum Parlament zu bilden.

Nach dem für ihn negativ ausgegangenen Referendum von 1969 trat de Gaulle zurück.

réfractaires ↑Résistance.

régalade, boire à la ~. Eine südfrz. Art des Trinkens; aus einem hochgehobenen Krug mit spitzer Tülle fließt das Getränk in einem feinen Strahl direkt in den Mund; da das Trinkgefäß nicht berührt wird, können bei dieser Trinkart mehrere Personen aus demselben Gefäß, meist einem Tonkrug *(↑gargoulette)*, trinken. Man sagt daher auch *boire à la gargoulette.*

régie *f* heißen in Fr. die staatlichen Betriebe, deren Kapital dem Staat gehört u. die vom Staat selbst durch Beamte geführt werden, z. B. die Tabakmonopolgesellschaft ↑*SEITA*. *Régie autonome* heißen Betriebe, deren Kapital dem Staat gehört, die aber finanzielle Autonomie haben, z. B. die *Régie Nationale des Usines Renault (↑RNUR)* u. die ↑*RATP*. – *Régie* heißt auch die technische Leitung, Verwaltung eine Theaters o. Filmstudios. Dt. ‚Regie' ist frz. *mise en scène.*

Régie française des espaces (RFE) ↑Rundfunk u. Fernsehen.

Regierung *(gouvernement)*. Sie besteht aus dem Premierminister *(premier ministre)* (unter der III. u. IV. Republik: *président du Conseil* ‚Ministerpräsident') u. den Ministern *(ministres)*, unter der V. Republik ist jedoch der wirkliche Chef der Exekutive der Staatspräsident *(↑Président de la République)*. Der Premierminister wird vom Staatspräsidenten vorgeschlagen, der seinerseits die Minister vorschlägt. Die so zustande gekommene Regierung bedarf der Bestätigung *(investiture)* durch das Parlament. Sie kann jederzeit durch ein Mißtrauensvotum *(vote de censure)* der Nationalversammlung zum Rücktritt gezwungen werden o. freiwillig zurücktreten *(démissionner)*. Der Ministerrat *(Conseil des ministres)*, der alle wichtigen politischen Entscheidungen trifft, tagt unter Vorsitz des Staatspräsidenten. Der sog. *Conseil de Cabinet* (‚Kabinettsrat') tritt unter Vorsitz des Premierministers zusammen. Der Premierminister leitet, jedoch in starker Abhängigkeit vom Staatspräsidenten, die Tätigkeit der Regierung, die die allgemeine Politik festlegt, für Durchführung der Gesetze zu sorgen hat u. für die Landesverteidigung verantwortlich ist.

région de programme ↑Region u. Regionalisierung.

région militaire ↑Region u. Regionalisierung.

Région parisienne. Die Pariser Region, die aus den Departements Seine, Seine-et-Oise u. Seine-et-Marne bestand, wurde 1964 umstrukturiert. Sie umfaßt heute die folgenden Departements: Paris (das Gebiet der Stadt Paris); Hauts-de-Seine (Hauptort: Nanterre); Seine-St-Denis (Hauptort: Bobigny); Val-de-Marne (Hauptort: Créteil); Yvelines (Hauptort: Versailles); Val d'Oise (Hauptort: Pontoise); Seine-et-Marne (Hauptort: Melun); Essonne (Hauptort: Evry). Die Departements Hauts-de-Seine, Seine-St-Denis u. Val-de-Marne bilden den inneren Gürtel um Paris, die sog. *Petite couronne,* die übrigen den äußeren Gürtel, die sog. *Grande couronne.* 1976 trat an die Stelle der *Région parisienne* die *Région Ile-de-France.* Der Name *Ile-de-France* wiederum hatte zu Beginn des 15. Jhs. die ältere Bezeichnung *pays de France* verdrängt, da der Name *France* das inzwischen erheblich vergrößerte Königreich Frankreich bezeichnete.

In der *Ile-de-France* wurden gleichzeitig fünf neue Städte *(↑villes nouvelles),* in Anlehnung an schon vorhandene kleine Städte geplant, die noch im Zuge der Fertigstellung sind: Cergy-Pontoise, Saint-Quentin-en-Yvelines, Evry, Melun-Sénart u. Marne-la-Vallée.

régions économiques ↑Region u. Regionalisierung.

Region und Regionalisierung. Noch vor wenigen Jahren war die gesamte Territorialverwaltung Fr.s von Paris zentral gelenkt: Die für die Departements verantwortlichen Präfekten *(préfets)* bzw. die Unterpräfekten *(sous-préfets)* für die Arrondissements wurden vom Staatspräsidenten auf Vorschlag des Innenministers ernannt, die gewählte Versammlung des Departements, der *Conseil général,* hatte relativ wenige Befugnisse, u. selbst für die Gemeinde, deren Bürgermeister u. Gemeinderat demokratisch gewählt wurden, bestand eine durch den Präfekten ausgeübte Rechtsaufsicht *(tutelle administrative),* durch die Anordnungen des Bürgermeisters u. Beschlüsse des Gemeinderates aufgehoben werden konnten. (↑*Departement,* ↑*Gemeinde*). Die nach dem 2. Weltkrieg erst zögernd begonnene Dezentralisierung hatte verschiedene Gründe: 1. Das Departement hatte sich als Rahmen für die Aufrechterhaltung der öffentlichen Ordnung u. Landesverteidigung als zu klein erwiesen; 2. auch als wirtschaftlicher Planungsrahmen war es zu klein, bes. für die Raumordnung *(↑aménagement du territoire);* 3. die Bestrebungen vieler Gruppen der Bevölkerung nach regionaler Autonomie, vor allem auf dem Gebiet der Kultur *(↑Regionalismus),* erforderten eine Reform der Gebietsverwaltung.

Erste Schritte in Richtung Regionalreform waren bereits 1941 von der Vichy-Regierung unternommen worden, die 1944 das Amt des Regionalpräfekten *(préfet régional)* schuf, der für mehrere Departements zuständig war u. dem ein *intendant de police* u. ein *intendant des affaires économiques* zur Seite standen. Es gab 20 Regionalpräfekturen. Bei der Befreiung Fr.s 1944 *(↑Libération)* traten an die Stelle der Regionalpräfekten die sog. *Commissaires de la République,* deren Amt aber nach kurzer Zeit wieder abgeschafft wurde. Die IV. Republik schuf dann das Amt des *Inspecteur général de l'administration en mission extraordinaire* (IGAME), der mehreren Präfekten übergeordnet und für mehrere Departements vor allem in Fragen der öffentlichen Ordnung zuständig war (1947). 1962 wurden die IGAMEs in *préfets de défense* umbenannt. Um Wirtschaftspolitik in einem größeren Rahmen planen zu können, wurde Fr. 1955 in 21 sog. *régions de programme* (Programmregionen) eingeteilt, die zwar keine eigene Rechtspersönlichkeit hatten, aber immerhin einen ersten Ansatz für die Regionalisierung darstellten; 1960 wurden an ihrer Stelle 21 sog. *circonscriptions d'action régionale* (mit Ausnahme der Pariser Region) geschaffen. 1969 hatte der damalige Staatspräsident General de Gaulle weitere Schritte in Richtung auf die Regionalisierung vorgesehen, das hierfür durchgeführte Referendum ging jedoch wegen eines unglücklichen Junktims mit der Abschaffung des Senats negativ aus. 1972 wurden die Pläne General de Gaulles zum großen Teil in einem Gesetz verwirklicht, das die *régions* anstelle der *circonscriptions d'action régionale* schuf. Gleichzeitig wurde Korsika zu einer eigenen, der 22. Region.

An der Spitze der Region stand seit 1964 der *préfet de région* (Regionalpräfekt), einer der Präfekten der Departements, die die Region bilden. Der Regionalpräfekt war für die Wirtschaftsplanung u. Raumordnung in seinem Bereich zuständig. Er war der Vertreter des Staates u. hatte alle Vollmachten hinsichtlich der regionalen Wirtschaftsplanung, koordinierte die Tätigkeit der Präfekten u. war für die Durchführung der Beschlüsse des Regionalrats verantwortlich. 1964 wurde die *Conférence administrative régionale* (*CAR* = regionale Verwaltungskonferenz) geschaffen. Sie bestand aus den Präfekten der Departements der betr. Region, dem *trésorier-payeur régional* (oberster Finanzbeamter der Region) u. dem *inspecteur* bzw. *inspecteur général de l'économie nationale* der betr. Region. Jeder Regionalpräfekt war auch für die Infrastruktur der Landesverteidigung verantwortlich. Diejenigen Regionalpräfekten, die ihren Sitz am Hauptort der *régions militaires* (Wehrbereiche) hatten, waren außerdem sog. *préfets de (zone de) défense* (früher IGAME, vgl. oben). 1972 wurden zwei Organe neu geschaffen: a) der *Conseil régional* (Regionalrat), aus allen Parlamentariern der Region u. einer mindestens gleichen Zahl von Vertretern des Departements u. der Gemeinden; er war für die Geschäftsführung der Region als öffentlich rechtliche Anstalt zuständig u. verabschiedete ihren Haushalt; b) das *Comité économique et social* (Wirtschafts- u. Sozialausschuß), aus Vertretern von Wirtschafts-, Sozial-, Kultur-, Wissenschafts-, Sport- u. Familienorganisationen mit beratender Funktion gegenüber dem Regionalrat, aber keiner Entscheidungsbefugnis. Beide Organe ersetzten die frühere CODER *(Commission de développement économique régional)*. Die Region hatte so keine eigenen Dienststellen, war keine Gebietskörperschaft u. voll von der Zentralregierung abhängig. Daneben gibt es noch 17 Polizeiregionen, 29 Justizregionen, 27 sog. ↑*académies* für das Erziehungswesen, 8 *régions militaires* (Wehrbereiche).

Unter der Präsidentschaft von François Mitterrand wurden durch das Gesetz vom 3. März 1982 wesentliche Reformen durchgeführt, die eine echte Regionalisierung herbeiführen sollen. Die Region erhielt jetzt ein eigenes Budget (geringe eigene Mittel durch Steuereinnahmen u. Staatszuschüsse) u. wurde eine echte Gebietskörperschaft. Der Regionalpräfekt wurde durch den *Commis-*

saire de la République ersetzt, der ein Vertreter der Zentralgewalt ist, aber keine Rechtsaufsicht *(tutelle administrative)* mehr ausüben kann. Der Leiter der Exekutive in der Region wurde der Präsident des *Conseil régional*. Diese Reform ging Hand in Hand mit zwei weiteren wichtigen Reformen: Im Departement wird der Präfekt durch den *commissaire de la République* ersetzt. Dieser ist Vertreter der Zentralgewalt, Spitze aller staatlichen Dienststellen *(services extérieurs)* im Departement, wo er den Premierminister u. jedes einzelne Ministerium vertritt. Er muß die Durchführung der Gesetze u. Verordnungen überwachen. Er hat nach wie vor entscheidende Befugnisse bei Infrastrukturinvestitionen, im Steuerwesen, in der Arbeits- u. Sozialverwaltung u. Landwirtschaft. Er ist allein zuständig für Fragen der öffentlichen Ordnung u. Sicherheit. Er kann als Vertreter des Staates Verträge mit dem Departement abschließen. Besteht der Verdacht, daß Beschlüsse der Gemeinderäte u. Departementkammern *(conseils généraux)* gegen höherrangiges Recht verstoßen, muß er versuchen, zunächst durch Verhandlungen Abhilfe zu schaffen. Gelingt ihm das nicht, so muß er ein Verwaltungsgericht anrufen. Er hat nicht mehr wie früher der Präfekt die Befugnis, Beschlüsse einfach aufzuheben. An der Spitze der Exekutive im Departement steht nunmehr der Präsident des *Conseil général*, der auch das Budget des Departements vorbereitet. Das Departement erhält ein eigenes Budget (z.T. aus eigenen Steuereinnahmen, z.T. aus Staatszuschüssen). Der *Conseil général* wird zum echten Departementsparlament. Auf der Ebene des Arrondissements tritt an die Stelle des *sous-préfet* (Unterpräfekten) der *commissaire adjoint de la République*.

Auf der Ebene der ↑*Gemeinden* wurde ebenfalls die Rechtsaufsicht aufgehoben. Zu klären bleibt noch, wie die Kompetenzen in einem viergliedrigen System mit Staat, Regionen, Departements u. Gemeinden verteilt werden sollen u. wie die Finanzierung u. Finanzzuständigkeit gestaltet werden sollen. Grundvoraussetzung für eine echte regionale Autonomie ist nämlich, daß Region, Departement u. Gemeinden über genügend eigene Mittel verfügen.

Regionalismus bedeutet in Fr. in erster Linie Kampf gegen den übermäßigen Zentralismus u. erst in zweiter Linie Eintreten für die Wahrung regionaler Sprachen, Dialekte, Sitten, Gebräuche usw. In Fr. begann der Zentralismus unter Ludwig XIV. (↑*Ancien Régime*) mit der Konzentration der politischen Macht u. des kulturellen Lebens am königlichen Hof, jedoch wurden die Besonderheiten der ↑*provinces*, die einen z.T. unterschiedlichen Status hatten, ihre Institutionen u. Gewohnheiten respektiert. Die konsequente Zentralisierung, von den ↑*jacobins* mit Fanatismus vorangetrieben, ist das Werk der frz. Revolution (↑*Revolutionen*) u. Napoleons I. Nach dem 2. Weltkrieg war Paris nicht nur das politische u. administrative, sondern auch das wirtschaftliche, kulturelle u. gesellschaftliche Zentrum von Fr.; die Provinz spielte nur eine untergeordnete Rolle. Regionalismus gab es in

Fr. seit dem 19. Jh., sei es als sprachlich-kulturelle Bewegung wie die ↑*Félibrige*-Gruppe unter Frédéric Mistral, sei es als – meist recht utopischen – Föderalismus. Im 20. Jh. entstand ein wirtschaftlicher Regionalismus, der gegen die wirtschaftliche Unterentwicklung u. Benachteiligung einzelner Regionen protestierte u. sich z. T. mit dem sprachlich-kulturellen R. verband, wie z. B. in der Bretagne o. im großen Weinbaugebiet des Languedoc. Zwar haben verschiedene frz. Regierungen seit 1945 Anstrengungen im Sinne einer Dezentralisierung u. Regionalisierung (↑*Region u. Regionalisierung*) unternommen, doch gehen diese für Anhänger des Regionalismus in einzelnen Gebieten nicht weit genug. Die verschiedenen regionalistischen Bewegungen *(mouvements régionalistes)* sind reformistisch, auch revolutionär orientiert; manche schrecken vor Gewalttaten nicht zurück, weshalb solche Bewegungen häufig verboten werden; ihre Mitglieder gründen nach kurzer Zeit vielfach eine neue Bewegung unter neuem Namen. Seit den ↑*événements de mai* von 1968 treten gewisse regionalistische Bewegungen auch für die Erhaltung der Umwelt (Reinerhaltung des Wassers, Kampf gegen landschaftsverändernde Großprojekte wie ↑*Fos* u. ↑*Larzac*, Kampf gegen Errichtung von Atomkraftwerken u. ä.) ein.

In der Bretagne, wo es schon lange autonomistische u. z. T. separatistische Bewegungen gab, haben einige ihrer Führer im Zweiten Weltkrieg zur Durchsetzung ihrer Ziele mit der dt. Besatzungsmacht kollaboriert. Die 1960 entstandene *Front de Libération de la Bretagne (FLB)*, die eine Reihe spektakulärer Attentate verübte, wurde 1974 aufgelöst. Reformistische Tendenzen vertritt das *Comité d'étude et de liaison des intérêts bretons (CELIB)*. Die 1964 gegründete, 1974 aufgelöste *Union démocratique bretonne (UDB)* besteht im Untergrund weiter. Die Bewegung *Strollard Ar Vro (SAV)* ist gegen Gauchismus u. Gewaltanwendung. Daneben gibt es noch den *Mouvement pour l'organisation de la Bretagne (MOB)*, der regionalistische u. föderalistische Tendenzen vertritt. Zwei im Untergrund arbeitende, extremistische Organisationen sind die *Armée revolutionnaire bretonne* (rechts) u. die *Libération nationale et socialisme* (links). Die Plakette *BZH*, häufig auf Kraftfahrzeugen zu finden ist, gilt als Symbol des bretonischen Regionalismus.

Das zweite, in den 80er Jahren durch regionalistische, z. T. militante Aktivitäten bekannte Gebiet ist Korsika, wo zahlreiche Attentate verübt wurden u. man überall hören u. lesen kann: „*Français Fora*" (‚Franzosen raus'). Die extremste Aktivistenbewegung ist hier der *Front de libération nationale corse (FLNC)* (1976 gegründet), für Unabhängigkeit u. Sozialismus, heute im Untergrund; sein „legales Aushängeschild", die *Consulte des comités nationalistes (CCN)*, wurde ebenfalls verboten. Daneben gab o. gibt es die *Action pour la rennaissance de la Corse (ARC)*, 1967 gegründet, 1975 verboten, 1977 ersetzt durch das *Comité anti-répression (CAR)*; die *Associu di patrioti corsi (APC)*, gegründet 1976, autonomischer Tendenz, 1977 ersetzt durch die *Unione di u Populu Corsu (UPC);* die *Parti du peuple corse pour l'autonomie (PPCA),* die 1974 aus der Fusion des *Parti du peuple corse* u. des *Parti corse pour le progrès* entstand; die *Front paysan corse de la libération (FPCL),* 1973 gegründet, 1974 verboten; die Untergrundbewegung *Ghjiustizia Paolina,* die die Unabhängigkeit der Insel anstrebt; die *Fronte Corsu,* autonomistischer Tendenz, 1976 gegründet u. die *Consulte di i Studenti Corsi,* autonomisch orientiert *(CSC).* 1966 entstand der *Front régional corse* aus der Fusion der *Union Corse* u. des *Comité d'étude et de la défense des intérêts corses (CEDIC).* Das autonomistische *Mouvement corse pour l'autodétermination (MCA)* wurde im Oktober 1983 gegr., Anfang 1987 aber verboten. Bei den Regionalwahlen im Aug. 1984 erhielt diese Bewegung wie die *UPC* über 5% der Stimmen.

Nach dem 2. Weltkrieg haben sich auch okzitanische Regionalbewegungen entwickelt, die z.T. die offizielle Anerkennung des Okzitanischen, Schulunterricht in dieser Sprache sowie eine größere wirtschaftliche u. politische Autonomie fordern. Die okzitanische Bewegung i.w. S. erfaßt heute die Regionen Aquitanien, Languedoc, Limousin, Midi-Pyrénées, Provence, Côte d'Azur u. z.T. auch Rhône-Alpes. 1945 wurde in Toulouse ein *Institut d'Études Occitanes (IEO)* geschaffen. 1959 entstand le *Parti nationaliste occitan (PNO);* 1962 das *Comité occitan d'études et d'action (COEA),* bis 1969 aktiv, dann durch *Lutte Occitane (LO)* ersetzt. 1973 wurde die Bewegung *Volem viure al païs* gegründet, die sich von der *PNO* (vgl. oben) abspaltete. Im Languedoc haben die Absatzschwierigkeiten der Winzer in diesem größten frz. Weinbaugebiet Auswirkungen auf die regionalistische Bewegung gehabt.

In der ↑*Catalogne française* entstand 1960 das *Grup rossellonès d'Estudis Catalans (GREC),* als kulturelle Vereinigung, 1968 das *Institut Rossellonès d'Estudis Catalans (IREC),* das sich vom *GREC* abspaltete.

Die frz. Basken, die weniger zahlreich sind als ihre in Spanien lebenden Landsleute, haben die terroristische Tätigkeit der ETA in Spanien z.T. unterstützt. Im frz. Baskenland war die wichtigste regionalistische Organisation die 1963 gegründete *Enbata,* die die Selbstregierung des frz. Baskenlandes anstrebt; sie wurde 1974 verboten. Von *Enbata* hat sich *Euskal Herri alderdi sozialista (EHAS)* als sozialistische Partei des Baskenlandes abgespalten. Seit 1982 macht die aktivistische Bewegung *Iparretarak* („Die von der ETA des Nordens") durch Polizistenmorde u. Attentate gegen das bewegliche u. unbewegliche Eigentum von Touristen von sich reden; sie lehnt den Tourismus als unerwünschte Überfremdung des Baskenlandes ab. Die ETA hatte stets im frz. Baskenland starken Rückhalt. Seit 1986 werden aber aktive ETA-Mitglieder laufend von Fr. entweder an Spanien ausgeliefert o. in andere Länder abgeschoben.

Im Elsaß gibt es einen gemäßigten Regionalismus, der sich auf die Verteidigung der bodenständigen Sprache u. Kultur u. den Kampf gegen die Verschlechterung der Umweltbedingungen beschränkt. Regionale Kulturinteressen vertritt dort der *Cercle René Schickelé.*

In Flandern (Dép. Nord) tritt der *Cercle Michel-de-Swaen* für die Erhaltung der flämischen Sprache u. Kultur ein, verfolgt aber keine politischen Ziele. Vgl. ↑*DPLF.*

Es bleibt abzuwarten, inwieweit die unter der Präsidentschaft von François Mitterand eingeleitete zweite Regionalisierungswelle die Anhänger der verschiedenen regionalistischen Bewegungen zufriedenstellen kann u. ihnen die Möglichkeit gibt, ihre Ziele im Rahmen regionaler Institutionen zu verfolgen.

Regionalsprachen *(langues régionales).* In Fr. werden neben dem Frz., das die allgemeine Umgangs-, Verkehrs-, Amts- u. Handelssprache ist, 7 Regionalsprachen in Gebieten gesprochen, die politisch im Laufe der Geschichte Fr. zwar eingegliedert, sprachlich u. kulturell aber nicht o. nicht ganz integriert wurden. Es sind dies:

1. das Flämische *(le flamand)* in Teilen des Dép. Nord, dessen Verlängerung das flämische Sprachgebiet in Belgien ist.

2. Deutsche Dialekte im größten Teil des Elsaß (Alemannisch) u. dem Ostteil von Lothringen (Moselfränkisch). Neben diesen Dialekten wird in diesen Gebieten auch die dt. Schriftsprache gepflegt, sei es in der Schule, sei es durch Zugang zu deutschen Massenmedien o. durch deutschsprachige Veröffentlichungen im Lande selbst.

3. Das Bretonische *(le breton)* im Westteil der Bretagne, der sog. *Bretagne bretonnante.*

4. Das Okzitanische *(l'occitan),* in weiten Teilen Südfrs. noch lebendig, im Mittelalter auch als *limousin* u. später als *provençal* (Provenzalisch) i.w.S. bezeichnet, hat keine einheitliche Schriftsprache entwikkelt. Im Mittelalter wurden die südfrz. Dialekte unter dem Oberbegriff *langue d'oc* zusammengefaßt, im Ggs. zur nordfrz. Dialektgruppe *langue d'oïl* (nach dem Wort für ‚ja' in beiden Sprachen: *oc* im Süden; oïl, und später *oui,* im Norden). Die wichtigsten Dialekte des Okzitanischen sind das Provenzalische i.e.S. *(le provençal),* das Languedokische *(le languedocien),* die Dialekte des Zentralmassivs u. der südl. Alpen u. in den westlichen Pyrenäen das Gaskonische *(le gascon),* das eine so starke Sonderstellung einnimmt, daß man es oft als eigene Sprache angesehen hat. Trotz vieler Bemühungen um die Wiederbelebung der okzitanischen Sprache u. Kultur (mit Zentrum im Languedoc) ist die Französisierung so weit fortgeschritten, daß nicht mehr daran gedacht werden kann, das Okzitanische zum gleichwertigen Kommunikationsmittel neben dem Frz. o. gar an seine Stelle treten zu lassen.

5. Das Katalanische *(le catalan)* hat sich neben dem Frz. in der ↑*Catalogne française* behaupten können, jetzt bes. gestärkt durch die Wiederbelebung der katalanischen Sprache u. Kultur im benachbarten Katalonien seit der Demokratisierung Spaniens.

6. Das Baskische *(le basque)* wird im frz. Baskenland gesprochen, ist im spanischen Baskenland jedoch stärker verbreitet.

7. Das Korsische *(le corse)*, genauer die auf Korsika noch lebendigen italienischen Dialekte. Vgl. Karte S. 205.

Neben diesen seit Jahrhunderten verwurzelten Regionalsprachen spielen heute die Sprachen der ausländischen Arbeitskräfte, vor allem Arabisch, Spanisch, Portugiesisch u. Italienisch, als Minderheitensprachen anderer Art eine nicht unbedeutende Rolle.

règlement ↑ordonnance.

Réhoboam ↑Flaschenformen.

Relais routier ↑routier.

Renseignements généraux ↑Polizei.

Républicains Indépendants ↑Parteien.

Republiken. In Fr. gab es bisher fünf Republiken.

Die I. Republik *(Première République)* wurde vom Nationalkonvent 1792 ausgerufen. Sie erlebte die Schreckensherrschaft der Jakobiner (1792–1793), die Regierung des *Directoire* (1795–1799) u. die Konsulatsregierung Napoleons (1799–1804). Unter ihr wurden eine Reihe von frz. Institutionen geschaffen, die heute noch bestehen. Die Proklamation Napoleons zum Kaiser u. die Gründung des Ersten Kaiserreiches *(↑Empire)* beendeten die I. frz. Republik. –

Die II. Republik *(Deuxième République,* niemals *Seconde!)* wurde durch die Revolution von 1848 begründet. Sie führte das allgemeine Wahlrecht ein u. versuchte, trotz der herrschenden Wirtschaftskrise umfangreiche Sozialreformen durchzuführen *(↑ateliers nationaux)*, scheiterte aber am Widerstand der Rechten. Louis-Napoléon wurde Präsident, beendete die II. R. durch einen Staatsstreich (2. Januar 1851) u. errichtete kurz darauf das zweite Kaiserreich *(↑Empire)* (1852). –

Die III. Republik wurde nach der verlorenen Schlacht von Sedan am 4. Sept. 1870 (↑*Geschichtsdaten*) proklamiert. Durch die *Lois constitutionnelles* (Verfassungsgesetze) von 1875 wurde sie de jure begründet. In ihren Anfängen drohte eine Restauration der Monarchie. 1879 begann nach Überwindung eines Konfliktes zwischen der republikanischen Kammermehrheit u. dem konservativen Präsidenten Mac Mahon durch dessen Rücktritt die sog. *République des Républicains*. Nach mehreren Krisen, dem ↑*boulangisme* u. der ↑*affaire Dreyfus,* konsolidierte sich die Republik. Nach einem längeren Kirchenkampf erfolgte die strikte Trennung von Staat u. Kirche (1905). Die Übermacht des Parlaments u. das Fehlen klarer Mehrheitsverhältnisse führten häufig zu Regierungskrisen; die meisten Regierungen hatten nur eine kurze Lebensdauer. Nach dem schnellen Zusammenbruch Fr.s im Mai-Juni 1940 wurde das autoritäre ↑*Vichy-Régime* errichtet, das der III. R. de facto ein Ende setzte.

Die IV. Republik wurde nach der ↑*Libération* (1944) errichtet, als die provisorische Französische Regierung *(Gouvernement Provisoire de la République française = GPRF)* unter de Gaulle die Regierungsgeschäfte übernahm. Am 21. Oktober 1945 wurde eine verfassunggebende Versammlung *(Assemblée constituante)* gewählt. Die Verfassung wurde am 13. Oktober 1946 angenommen, womit die IV. Republik de jure begann. Der Staatspräsident hatte geringe Befugnisse, von den beiden Kammern, der *Assemblée nationale* (Nationalversammlung) u. dem *Conseil de la République* (Rat der Republik), war die erstere allmächtig, weshalb man von einem *régime d'assemblée* sprach. Die Exekutive der IV. R. litt unter ähnlichen Strukturmängeln wie die III. Republik, weshalb es häufig zu Regierungskrisen kam. Unter der IV. Republik fanden der Indochinakrieg *(↑guerre d'Indochine)* u. Beginn des Algerienkrieges *(↑Algérie)* statt. Der erste Algerienputsch u. die legale Machtübernahme durch de Gaulle, der als letzter Ministerpräsident *(président du Conseil)* die Verfassung der V. Republik ausarbeiten ließ, deren erster Präsident er wurde, setzte der IV. R. ein Ende.

Die V. Republik begann mit der Annahme ihrer Verfassung durch das Referendum vom 28. September 1958. Ihre Präsidenten waren Charles de Gaulle (1958–1969), Georges Pompidou (1969–1974), Valéry Giscard d'Estaing (1974–1981), François Mitterrand (seit 1981). Wesentliche Züge der V. R. sind die starke Stellung des Staatspräsidenten *(↑Président de la République)*, die Beibehaltung der parlamentarischen Demokratie (die Regierung ist dem Parlament verantwortlich, kann durch Mißtrauensvotum von diesem gestürzt werden), die Abschwächung der Befugnisse des Parlaments, Sondervollmachten bei Staatsnotstand, Errichtung der frz. Gemeinschaft *(↑Kolonien)*. Unter der Präsidentschaft von François Mitterrand wurden eine Reihe wichtiger Reformen durchgeführt, z.B. bedeutende Lohnerhöhungen, Stärkung der Selbstverwaltung in den Regionen *(↑Region u. Regionalisierung)*, *↑Departements* u. *↑Gemeinden*, eine Reihe von Verstaatlichungen *(↑nationalisation)*, Abschaffung der *cour de sûreté* (↑*Cour* 6.) u. der Militärgerichte *(tribunaux militaires)*, Umstrukturierung von Rundfunk u. Fernsehen, Hochschulreformen, stärkere Besteuerung der großen Vermögen u. Abschaffung der Todesstrafe. Mitterands Außen- u. Sicherheitspolitik ist durch eine klare prowestliche Haltung gekennzeichnet.

R.E.R. [ɛr-ø-ɛr] *m, Réseau Express Régional.* Regionales Schnellbahnnetz für den Pariser Ballungsraum (seit 1969). Es gibt drei Linien: *A, B, C.* Die Linien *A* u. *B* werden von der *↑RATP*, die Linie *C* von der *↑SNCF* betrieben. Für die in der Stadt gelegenen Abschnitte der R.E.R. gilt der Tarif u. Fahrschein der *↑métro.*

réserve 1. ↑Liköre, Schnäpse, Aperitifs: cognac, calvados; 2. ↑Ursprungsbezeichnungen.

Résistance *f.* Widerstandsbewegung; Oberbegriff für die Gruppen, die im Untergrund gegen die deutsche Besatzungsmacht u. z.T. auch gegen die mit dieser zusammenarbeitenden frz. Behörden, Polizeieinheiten usw. tätig waren. Spontane Aktionen gab es schon seit 1940; nach 1942 wurden sie straffer organisiert. Zur Tätigkeit der *R.* gehörten u.a. nachrichtendienstliche Arbeit für die *R.* selbst u. die Zentrale der *↑France libre* in

London, Sabotage von Eisenbahnlinien, um den Nachschub der deutschen Besatzungstruppen zu treffen, Verteilung von Flugblättern u. im Untergrund gedruckter Zeitungen, Beschaffung falscher Papiere für die *résistants,* Fluchthilfe für Frz., die über die Grenze, meist nach Spanien, geschleust wurden u. von dort nach London gingen *(réseaux d'évasion),* Überfälle auf Angehörige u. Dienststellen der dt. Besatzungstruppen u. der bewaffnete Kampf mit diesen. Die aktiv kämpfenden Widerstandskämpfer hießen *maquisards.* Unter *maquis* verstand man einerseits die einzelnen, meist in unzugänglichem Gelände (Alpen, Zentralmassiv, Jura usw.) operierenden Widerstandsgruppen, andererseits ihre Gesamtheit, z.B. *le maquis de l'Ain* (↑*maquis).* Die wichtigsten Partisanenorganisationen waren die seit Beginn des Rußlandfeldzuges sehr aktiven kommunistischen *Franc-Tireurs et Partisans (FTP),* unter denen sich viele spanische Republikaner befanden, u. die gaullistisch orientierte *Armée secrète (AS),* der auch viele Berufsoffiziere angehörten. Unter den verschiedenen, schwierigen Versuchen, die Tätigkeit der stark autonomen Gruppen der *R.* in ganz Fr. zu koordinieren, ist vor allem die Gründung des *Conseil National de la Résistance* (1943) zu erwähnen. Die Versorgung der Widerstandskämpfer mit Waffen, Munition, Medikamenten, Geld usw. erfolgte meist aus der Luft *(parachutage),* z.T. auch auf dem Seewege. Nach der Einführung des sog. *Service du Travail Obligatoire (STO)* durch die dt. Besatzungsmacht, der Zwangsverschleppung junger Frz. nach Deutschland zum Arbeitseinsatz in der Rüstungsindustrie, flohen Tausende junger Frz., die sog. *réfractaires,* in die einzelnen Widerstandsgruppen *(prendre le maquis),* die dadurch entscheidend gestärkt wurden. Von der Gestapo (SD = Sicherheitsdienst) u. SS, auch von größeren Einheiten der Wehrmacht u. den Vichy-Behörden (↑*Vichy-Regime)* als *„terroristes"* bekämpft, führten die *maquisards* ein gefährliches Leben. Viele von ihnen wurden im Kampf erschossen, gefangengehalten, gefoltert, deportiert o. hingerichtet. Ihr heroischer Einsatz u. die z.T. bis zur Mythologisierung gesteigerte Bewunderung für die *R.* ist vielen Frz. ein Ausgleich für die Niederlage von 1940 *(Débâcle,* ↑*Weltkriege: 2. Weltkrieg).*

Im Hinblick auf die erwartete Landung der Alliierten *(Jour J)* wurden im Februar 1944 alle kämpfenden Widerstandsgruppen in den *FFI (Forces françaises de l'Intérieur)* zusammengefaßt, die dann nach der Landung der Alliierten in der Normandie am 6. Juni 1944 einen wichtigen Beitrag zur ↑*Libération* leisteten, durch aktiven Kampf gegen deutsche Einheiten, Sabotage von deren Nachschubwegen zur Normandiefront u.v.a., vgl. ↑*France libre, collaboration:* ↑*Vichy-Regime.* Die *R.* hatte großen Einfluß auf die unmittelbare Nachkriegspolitik in Frankreich.

restaurant *m.* 1. Speiselokal, das mittags (bis etwa 14.30 Uhr) u. abends warme Mahlzeiten serviert, meist nicht Getränke allein; 2. ↑*baguette.*

restaurants du cœur *mpl.* Anfang 1986 von dem frz. Komiker Coluche (Michel Colucci, * 1944) eingerichtete Billigrestaurants, in denen warme Speisen kostenlos an Bedürftige verteilt werden. Coluche fand wenig später bei einem Verkehrsunfall den Tod († 19. 6. 1986).

Restauration ↑Monarchie.

restoroute *m.* Autobahnraststätte o. Restaurant an großen Fernverkehrsstraßen.

Resto-U *m.* Fam. Abk. für *restaurant universitaire,* Mensa.

réveillon ↑Feiertage: Noël.

révision ↑Rechtsmittel.

Revolutionen, Staatsstreiche, Unruhen.

Die erste Revolution, als „Französische Revolution" schlechthin bezeichnet *(Révolution française),* umfaßt 4 Perioden: 1. Verfassunggebende Nationalversammlung *(Assemblée nationale constituante),* auch kurz *Constituante* (1789–1791). Aus verschiedenen Gründen war die Zeit reif für einen Umschwung *(↑Ancien Régime).* Unmittelbarer Anlaß für die Frz. Revolution war die Einberufung der Generalstände *(Etats Généraux)* am 5. Mai 1789. Am 17. Juni erklärte sich der *tiers-état,* der dritte Stand (Bürger usw.), zur Nationalversammlung, am 14. Juli folgte die Erstürmung der Bastille (↑*Geschichtsdaten*); am 4. August die Abschaffung aller Privilegien u. sonstigen feudalen Institutionen; am 26. August die Verkündung der Erklärung der Menschen- u. Bürgerrechte *(Déclaration des droits de l'homme et du citoyen);* dann nach u. nach die Aufhebung der Klöster u. Orden, die Einziehung der Kirchengüter, Verstaatlichung der Schulen u. Einführung der Zivilehe; am 15. Januar 1790 die Abschaffung der Provinzen u. Einrichtung der ↑*Departements.* 1791 wurde das Werk der *Constituante,* die neue Verfassung, die eine konstitutionelle Monarchie vorsah, verabschiedet. 2. Gesetzgebende Versammlung *(Assemblée législative,* kurz *Législative).* Die gesetzgebende Gewalt lag bei einer Kammer, der *Législative,* die Exekutive beim König. In der G. V. wurde die Stimmung immer königsfeindlicher, vor allem unter den Girondisten *(Girondins)* unter Brissot (daher auch *Brissotins* genannt), die für eine föderative Republik eintraten, während die gemäßigten *Feuillants* für die konstitutionelle Monarchie waren. Die Feindschaft gegen den König wuchs, als dieser der Kirchenpolitik der Revolution nicht folgen wollte u. mit seiner Familie einen Fluchtversuch unternahm, der bei Varennes in Lothringen kläglich endete. Die zunehmende Feindschaft Österreichs u. die Unterstützung ausgewanderter Adeliger durch die deutschen Fürsten veranlaßten die G. V. am 26. April 1792, Österreich den Krieg zu erklären. Am 10. August wurde der Palast der Tuileries gestürmt, drei Tage später der König mit seiner Familie ins Gefängnis geworfen. Nach mehreren Niederlagen kam es in den Gefängnissen zu Greueltaten gegen die Feinde der Revolution. Etwa tausend Personen wurden ermordet *(massacres de septembre).* Am 1. September 1792 wurde die Monarchie formell abgeschafft. 3. Der Nationalkonvent *(la Convention nationale,* 1792–1795). Die feindlichen Armeen wurden zurückgeschlagen, die ↑*Montagnards* gewannen die Oberhand. Unter ihrer Führung wurde der König verurteilt u. am 21. Januar 1793 hingerichtet. Im April schalteten die ↑*jacobins* die Girondisten aus, deren Führer hingerichtet wurden. Die allgemeine Wehrpflicht wurde eingeführt. Von November 1793 bis Juli 1794 dauerte die Schreckensherrschaft der Jakobiner *(la Terreur)* unter dem mächtigen Robespierre *(↑Incorruptible);* während dieser Zeit lag die Macht beim ↑*Comité de salut public* u. beim ↑*Comité de sûreté générale.* Tausende von Menschen, auch Revolutionäre wie Danton u. Hébert, wurden damals hingerichtet. Am 27. Juli 1794 wurde Robespierre gestürzt u. selbst hingerichtet. Eine neue Verfassung, die ein Direktorium als Exekutive schuf, wurde am 22. August 1795 verabschiedet. 4. Das Direktorium *(le Directoire,* 1795–1799) errang zunächst eine Reihe militärischer Erfolge, vor allem dank der Siege Bonapartes in Italien; doch brachte das Jahr 1799 einige militärische Niederlagen, anarchische Zustände auf dem Lande u. royalistischen Aufruhr in verschiedenen Provinzen. Napoleon stürzte das Direktorium 1799 durch seinen Staatsstreich vom *18 brumaire (↑Geschichtsdaten).* Damit war die Revolution abgeschlossen. Der Sieg der Französischen Revolution verhalf den Prinzipien der Freiheit u. Gleichheit, der Volkssouveränität u. dem Nationalismus zu weltweitem Einfluß. Für Fr. brachte die Revolution neue Strukturen in Verwaltung, Finanz- u. Steuerwesen, Rechts- u. Bildungssystem, Militärwesen u. Landwirtschaft, eine neue Gebietseinteilung u. v. a. m.

Die *Julirevolution von 1830 (↑Geschichtsdaten, ↑Monarchie)* führte zum Sturz von Karl X., an seine Stelle trat der „Bürgerkönig" Ludwig-Philipp.

Die *Revolution von 1848* (22.–24. Februar 1848), die von Arbeitern u. Kleinbürgern getragen wurde u. von sozialistischen Ideen inspiriert war, richtete sich vor allem gegen das Großbürgertum. Sie brachte das Ende der Monarchie u. führte zur Errichtung der II. Republik *(↑Republiken).* Diese wurde am 2. Dezember 1851 durch den Staatsstreich von Louis-Napoléon Bonaparte gestürzt, der sich kurz darauf zum Kaiser proklamierte *(↑Empire).*

Die *Commune de Paris* (1871) war ein Volksaufstand gegen die konservative Regierung Thiers, aus Furcht vor einer Wiederherstellung der Monarchie, vor den Augen der untätig bleibenden deutschen Besatzungstruppen. Er wurde blutig niedergeschlagen; seine Führer, soweit sie nicht in den erbitterten Straßenkämpfen in Paris gefallen waren, wurden hingerichtet.

Der Versuch eines Staatsstreiches von General Georges Boulanger (1886) gegen die III. Republik scheiterte *(↑boulangisme).*

Die Krise des Parlamentarismus, verbunden mit einer Wirtschaftskrise u. dem Stavisky-Skandal führten am 6. Februar 1934 zu Unruhen, bei denen die rechtsextremen *Ligues* der Polizei u. der republikanischen Garde Straßenkämpfe lieferten.

Wegen der Unzufriedenheit mit der IV. Republik kam es am 13. Mai 1958 zum ersten Algerienputsch unter General Salan. Die Rebellen forderten, General de Gaulle solle die Macht übernehmen. Es wurden ↑*comités de salut public* gegründet. Daraufhin trat Pierre Pflimlin, der gerade als Ministerpräsident bestätigt worden war, zurück u. machte den Weg frei für General de Gaulle, der dadurch legal, wenn auch unter Druck, der letzte Ministerpräsident der IV. Republik wurde. Die Unzufriedenheit vieler Offiziere u. der weißen Siedler in Algerien, aber auch gewisser politischer Kreise im Mutterland mit der Algerienpolitik de Gaulles war die Ursache für den zweiten Algerienputsch (21.–26. April 1961) unter den Generälen Salan, Challe, Zeller u. Jouhaud. Der nationale Notstand nach Art. 16 der Verfassung wurde ausgerufen, der Putsch liquidiert. Bis 1963 dauerte noch die subversive Tätigkeit der ↑*OAS*.

Als letzte revolutionäre Bewegung sind hier noch die ↑*événements de mai* von 1968 zu nennen.

Révolution nationale ↑Vichy-Regime.

Revolutionskalender. Der frz. Revolutionskalender wurde vom Nationalkonvent 1793 eingeführt. Das Jahr I des R. begann am 22. September 1792 u. endete am 21. September 1793, ebenso waren die folgenden Jahre eingeteilt. Die Monate waren: *Vendémiaire* vom 22. September bis 21. Oktober; *Brumaire* vom 22. Oktober bis 20. November; *Frimaire* vom 21. November bis 20. Dezember; *Nivôse* vom 21. Dezember bis 19. Januar; *Pluviôse* vom 20. Januar bis 18. Februar; *Ventôse* vom 19. Februar bis 20. März; *Germinal* vom 21. März bis 19. April; *Floréal* vom 20. April bis 19. Mai; *Prairial* vom 29. Mai bis 18. Juni; *Messidor* vom 19. Juni bis 18. Juli; *Thermidor* vom 19. Juli bis 17. August; *Fructidor* vom 18. August bis 16. September, vom 17. bis 21. September. Die Woche wurde durch die *décade* (Zeitraum von 10 Tagen) ersetzt, an die Stelle des Sonntags trat der *décadi*. Das letzte Jahr, in dem der Revolutionskalender Gültigkeit hatte, war das Jahr XIV, das am 23. September 1805 begann, danach wurde von Napoleon I. wieder der gregorianische Kalender eingeführt.

R.F. 1. *République française*. Offizieller Name Fr.s; 2. *route forestière*, Forststraße.

R.F.I. ↑Rundfunk u. Fernsehen.

R.G. ↑Polizei.

rillettes [rijɛt] *fpl.* Pastete aus Schweinefleisch u. Schmalz. Die *r. de Tours* sind aus Geflügel- *o.* Schweinefleisch, die *r. du Mans* aus Gänse- *u.* Schweinefleisch, oft nach Hausmacherart.

Riom [rjɔ̃]. In Riom, einem kl. Städtchen in der Auvergne, begann der Prozeß, der vom ↑*Vichy-Regime* gegen die angeblich für die Niederlage Fr.s 1940 Verantwortlichen inszeniert (u.a. gegen Léon Blum, Edouard Daladier, General Gamelin) u. – nicht zuletzt auf Betreiben der dt. Besatzungsmacht – bald sang- u. klanglos eingestellt wurde.

rive droite/rive gauche. Inoffizielle Zweiteilung von Paris in einen rechts (= nördlich) u. links (= südlich) der Seine gelegenen Teil. Mit *rive droite* werden meist „Eleganz" u. „Geschäftswelt" assoziiert. Hier befinden sich die großen Kaufhäuser *(↑grands magasins)*, die Banken, die Börse, die großen Zeitungsredaktionen u. die meisten großen ↑*Theater*. *Rive gauche* gilt als die Domäne der Studenten, Intellektuellen, Künstler u. Schriftsteller. Hier liegen das ↑*Quartier latin*, das Viertel *Saint-Germain-des-Prés* mit seinen berühmten „existentialistischen" Cafés *Flore* u. *Les Deux Magots* u. das *Montparnasse*-Viertel.

R.M.C. ↑Rundfunk u. Fernsehen.

R.N. ↑N + Nummer.

R.N.U.R., *Régie nationale des Usines Renault*. Offizielle Bez. des staatl. Automobilkonzerns Renault, Sitz Boulogne-Billancourt bei Paris.

roi-citoyen ↑Monarchie.

Roi-Soleil ↑Ancien Régime.

Roissy-Charles-de-Gaulle ↑Flughäfen (Paris).

Roland-Garros. Tennisstadion in Paris, in dem seit 1928 die Intern. frz. Tennismeisterschaften stattfinden, vgl. Wimbledon (GB), Flushing Meadow (USA).

roquefort *m*. Würziger, grüngrauadriger Edelpilzkäse aus der südfrz. Ortschaft Roquefort-sur-Soulzon (Dép. Aveyron); Herkunftsbez. geschützt seit 1925. Im Ggs. zu anderen Blauschimmelkäsesorten wie Gorgonzola, Stilton, Danablu o. ↑*bleu* wird der *r.* aus reiner Schafsmilch gewonnen. 800000 Schafe (brebis), die auf den umliegenden kargen Hochflächen der ↑*Causses*, aber auch auf Korsika u. in den Pyrenäen weiden, liefern die Milch u. die daraus gewonnenen Käselaiber *(pains)*. Der frische Käse wird mit den Sporen des Roquefort-Pilzes *(penicillium roqueforti)* „geimpft" u. – zwischen Mai u. August – zur Reifung in die kilometerlangen, über Felsspalten (sog. *fleurines*) natürlich belüfteten Höhlenkeller des Berges Combalou gebracht, wo er gesalzen, gebürstet u. mit Nadeln vielfach angestochen wird *(piquage)*; durch die Löcher kann die Kohlensäure entweichen. Die Kellerluft hat eine konstante Temperatur von 9° C; zusammen mit der hohen Luftfeuchtigkeit (80%) ist sie die notwendige Voraussetzung für das Gedeihen des Pilzes. Fünf Wochen später werden die zylindrischen Laibe in Zinnfolie gewickelt; der Sauerstoffmangel bremst die weitere Entwicklung des Pilzes, u. die gebildeten eigentlichen Gärungsstoffe haben jetzt drei Monate Zeit, das Milchfett teilweise zu den typischen Aromastoffen abzubauen, die das Besondere des Roquefort ausmachen. 15 Firmen (die größte ist die *Sociéte des Caves et des Producteurs réunis)* teilen sich das Roqueforter Käsemonopol, das die Echtheit des R. mit einem roten *Label* garantiert.

roteuse ↑Flaschenformen.

rôtisserie *f*. Grillrestaurant.

Route Napoléon. Alpenstraße (heute N 85) von Juan-les-Pins (Dép. Alpes-

Maritimes) über Sisteron u. Gap nach Grenoble (Dép. Isère), auf der Napoléon Bonaparte bei seiner Rückkehr von der Insel Elba mit etwa 1000 Anhängern im März 1815 nach Paris marschierte (↑*Cent-Jours).*

routier, auch *relais routier m.* Volkstümliches Restaurant für Fernfahrer *(routiers)* mit gutbürgerlicher Küche zu vernünftigen Preisen, meist an den gr. Fernverkehrsstraßen gelegen.

royalistes ↑Monarchie.

R.P.F., *Rassemblement du Peuple Français.* 1947 begründete Sammlungsbewegung der Gaullisten, die die Einrichtungen der IV. Republik bekämpfte, aber wenig Erfolg hatte; 1955 wurde das *R.P.F.* aufgelöst, General de Gaulle zog sich nach ↑*Colombey-les-deux-Eglises* zurück, um erst 1958 nach dem ersten Algerienputsch wieder politisch aktiv zu werden *(↑Revolutionen).*

R.P.R. ↑Parteien.

R.S.V.P., *Répondez, s'il vous plaît!* ‚Um Antwort wird gebeten', Zusatz auf Einladungsschreiben.

R.T.F. ↑Rundfunk u. Fernsehen.

R.T.L. ↑Rundfunk u. Fernsehen.

rue de Rivoli. Dort befindet sich das frz. Finanzministerium. Oft symbolisch für dieses gebraucht.

Rundfunk u. Fernsehen *(radiodiffusion et télévison).* Bis zur Verabschiedung des Rundfunkgesetzes vom 7. 8. 1974 unter Staatspräsident Giscard d'Estaing hatte die staatl. Rundfunk- und Fernsehanstalt *ORTF* (*Office de Radiodiffusion-Télévision française,* 1964 mit neuem Statut aus der *RTF = Radiodiffusion et télévision française* hervorgegangen) das Monopol für den gesamten Rundfunk- u. Fernsehbetrieb innerhalb des frz. Staatsgebietes einschl. der ↑*überseeischen Gebiete.*

Am 1. 1. 1975 wurde das *ORTF* aufgelöst u. ersetzt durch

1. die drei staatl., untereinander konkurrierenden Fernsehgesellschaften *TF 1 (Télévision française 1), A 2 (Antenne 2)* u. *FR 3 (France-Regions 3),* die die drei Fernsehprogramme fortsetzen. *FR 3* übernimmt daneben auch die Regionalsendungen (19 regionale Stationen) des frz. Rundfunks (zur neueren Entwicklung seit März 1986 s. weiter unten);

2. die staatl. Rundfunkgesellschaft *Radio-France* mit den vier landesweiten Sendern *France-Inter* (Unterhaltung u. Information), *France-Culture* (Wissenschafts- u. Kulturbeiträge, Schulfunk), *France-Musique* (anspruchsvolle, meist klassische Musik) u. *Radio Bleue* (für die ältere Generation) sowie *Radio France Internationale* (*RFI*, Sendungen für das Ausland) – *FIP* (*France Inter Paris,* die „Service-Welle" von *France-Inter* mit 11 Regionalstudios, *FIR*) u. *Sorbonne Radio France* sind noch auf Paris u. die ↑*région parisienne* beschränkt;

3. die TV-Produktionsgesellschaft *SFP (Société française de production);*

4. die für die Sendeanlagen verantwortliche Monopolgesellschaft *TDF (Télédiffusion de France)* u.

5. das *Institut national de la communication audiovisuelle (INA),* mit den Aufgabenbereichen Ton- u. Filmarchivverwaltung, Ausbildung, Forschung u. Produktion.

Diese Gesellschaften werden hpts. über die Funk- und Fernsehsteuer finanziert. Die drei Fernsehanstalten senden wöchentlich etwa 150 Programmstunden im ↑*SECAM*-Farbfernsehsystem. In Konkurrenz zum staatlichen Fernsehen gibt es seit Ende 1984 den kommerziellen Pay-TV-Kanal *Canal Plus,* seit Anfang 1986 den von der sozialistischen Regierung Mitterrand/Fabius geschaffenen Privatkanal *La Cinq* (das „fünfte Programm", v.a. Filme, Krimiserien, Quiz- u. Magazinsendungen mit Unterbrechungswerbung nach angelsächsischem Muster; Sendeanlage auf der Spitze des Eiffelturms) u. *TV 6,* urspr. ein reiner Musikkanal (v.a. Video-Clips), sendet seit Anfang 1987 unter neuem Namen *(M 6)* auch ein allgemeines Programm. Ein siebter (Kultur-)Kanal, die *SEPT (Société d'Edition de Programmes de Télévision),* getragen vom Staat als Mehrheitsaktionär von *FR 3, Radio-France* u. dem *INA,* ist in Planung.

Im Januar 1984 nahmen in Fr. zwei Kabelfernsehkanäle den Betrieb auf: 1. die *Régie française des espaces (RFE),* reserviert für Vereine, Gewerbe u. Firmen; 2. *TV 5* („la télévision francophone par satellite"), ein gemeinsames Programm der frankophonen Fernsehgesellschaften Westeuropas (↑*francophonie*).

Neben *Radio-France* gibt es in Fr. vier kommerzielle Peripherie-Sender *(postes périphériques),* deren Anlagen im Prinzip außerhalb des frz. Territoriums liegen: 1. *RTL (Radio-Télévision Luxembourg),* 2. *Europe No 1* (Sender auf dem Felsberg im Saarland), 3. *RMC (Radio Monte Carlo,* mit Sender im frz. Dép. Alpes-de-Haute-Provence), 4. *Sud-Radio (Radio des Vallées-Andorre,* 1981 Sendebetrieb eingestellt, 1983 wieder aufgenommen), an denen der frz. Staat über die Finanzierungsgesellschaft *SOFIRAD (Société financière de radiodiffusion)* bedeutende Aktienanteile besitzt. – Die Kritik an der Programmgestaltung des staatl. u. kommerziellen Rundfunks führte gegen Ende der 70er Jahre zu einer starken Zunahme von lokalen Piratensendern („radios libres", offiziell: *radios locales privées*), die anfänglich von Regionalisten (z.B. *Radio Occitanie)* u. Umweltschützern (z.B. *Radio Dreyeckland* = ex-*Radio Verte Fessenheim*), später u.a. auch von ↑*Parteien* (z.B. *Radio Riposte* der *PS*) u. Gewerkschaften (z.B. *Radio Quinquin* der *CGT* ↑*Arbeitnehmerorganisationen)* betrieben wurden. Die privaten Sender, deren Zahl landesweit auf 1250 geschätzt wird, haben sich mittlerweile weitgehend auf lokale Gegenberichterstattung o. – v.a. in Paris – auf bes. Hörer spezialisiert. Unter der Präsidentschaft von François Mitterrand wurde 1981 eine Reform in die Wege geleitet, die unter bestimmten Auflagen die *radios libres* legalisierte. So erlauben die Gesetze vom 8. 11. 1981 u. 29. 7. 1982 (*Loi sur la communication audiovisuelle*), unter der Kontrolle der *TDF* eigene Sendeanlagen zu betreiben. Ihre Sendestärke muß jedoch amtlich genehmigt sein. Lokale Privatsender dürfen keine Senderketten bilden u. müssen außerdem ihre Finanzierungsquellen offenlegen. Werbung ist seit 1984 erlaubt. Diese Liberalisierung führt zu immer mehr professionell geführten *radios privées* (z.B.

Radio NRJ in Paris u. anderen frz. Großstädten), die zu ernsthaften Konkurrenten der etablierten kommerziellen Peripherie-Sender werden.

Im Zuge der Rundfunk- u. Fernsehreform von 1982/84 richtete *Radio-France* vermehrt lokale Sender (*radios locales publiques*) ein, z.B. Radio Berry-Sud, Radio Mayenne, Fréquence Nord). Spektakulärste Neuerung dieser auf Dezentralisierung hin angelegten Reform war die Einrichtung einer unabhängigen Medienkontrollkommission *Haute Autorité de la communication audiovisuelle* (9 Mitglieder). Nach dem Amtsantritt der bürgerlich-liberalen Regierung Chirac im März 1986 kam es zu einer umfassenden Neuordnung der audiovisuellen Kommunikation: 1. Die *Haute Autorité* wurde aufgelöst u. durch eine neue unabhängige Medienbehörde, die *Commission nationale de la communication et des libertés (CNCL)* mit 13 Mitgliedern und erweiterten Kompetenzen ersetzt: Ernennung der Intendanten der verschiedenen Anstalten, (Neu-)Vergabe von Sendelizenzen, Programmaufsicht u. -koordinierung; 2. *TF 1* („la Une") wurde – nach heftiger öffentlicher Debatte – im April 1987 privatisiert. Die erste *TF 1*-Hälfte ging an eine Teilhabergruppe unter Führung des frz. Bauunternehmers F. Bouygues (25%), die 2. Hälfte wird zu 40% in Form von Volksaktien vergeben, 10% gehen an die Belegschaft; 3. Die Konzession von *La Cinq* und *TV 6* wurde zurückgezogen u. mit präzisierten Auflagen von der *CNCL* neu zum Erwerb freigestellt: *La Cinq* wurde an ein Konsortium unter Führung des frz. Großverlegers R. Hersant verkauft, die Konzession des 6. Kanals, bisher *TV 6*, erhielt ein zu je 25% von der *Compagnie luxembourgeoise de télédiffusion (CLT)* u. der *Lyonnaise des Eaux* getragenes Konsortium („Métropole Télévision"). Seit März 1987 strahlt dieser Kanal unter der neuen Bez. *M 6* ein vollständiges Programm aus; 4. Auch *FR 3* und *SFP* sollen auf längere Sicht privatisiert werden. *A 2* bleibt als staatl. „chaîne de référence" erhalten.

Rungis [rœ̃ʒis]. Name des Pariser Vororts im Dép. Val-de-Marne, steht für die Ende der 60er Jahre von Paris hierher verlegten Großmarkthallen (↑*Halles*). Lange fabrikartige Flachbauten haben die Nachfolge der Glas- u. Metallarchitektur Baltards, des Architekten der alten Pariser Hallen, übernommen. Das 1969 eröffnete *Centre de distribution alimentaire* von Rungis erstreckt sich über ein Gelände von 600 ha (gegenüber 15 ha der alten Hallen!) u. versorgt heute mehr als 10 Millionen Verbraucher in Paris, Fr. u. über Fr. hinaus.

S

S.A., *Société anonyme*. Aktiengesellschaft (AG).

sabot (de Denver) *m.* ‚Parkkralle', die die (Pariser) Polizei an den Rädern falsch geparkter Autos anbringt.

S.A.C. [sak] *Service d'Action Civique*. Urspr. der „gaullistische Ordnungsdienst", später Sammelbecken ultrarechter Gaullisten. Unter der Präsidentschaft von Mitterrand 1982 wegen aktiver Beteiligung an Gewalttaten verboten.

S.A.C.D., *Société des auteurs et compositeurs dramatiques.* Gesellschaft zum Schutz der Autorenrechte dramatischer u. musikalischer Werke, 1777 von Beaumarchais gegründet.

S.A.C.E.M. [sasɛm] *Société des auteurs, compositeurs et éditeurs de musique.* Frz. GEMA (Gesellschaft für musikalische Aufführungs- u. mechanische Vervielfältigungsrechte).

S.A.C.I.L.O.R., *Société des Aciéries lorraines.* Ehem. *Wendel-Sidélor* Gesellschaft lothring. Stahlwerke. Nach ↑*USINOR* Fr.s zweitgrößter Stahlkonzern. Vgl. ↑*Fos.*

Sadowa, bataille de ~. In Fr. üblicher Name für die Schlacht von Königgrätz (1866) im preußisch-österreichischen Krieg, in dem Fr. neutral blieb. Dennoch war Preußens Sieg in Fr. unerwünscht, u. so kam in Fr. das Schlagwort *„revanche pour Sadowa"* ‚Rache für Königgrätz' auf.

S.A.F.E.R. *fpl, Sociétés d'aménagement foncier et d'établissement rural.* Staatl. Gesellschaften für Bodenordnung (Flurbereinigung) u. Landansiedlung, gegr. 1960, mit der Aufgabe, auf regionaler Ebene Strukturverbesserungen in der Landwirtschaft herbeizuführen. Sie kaufen aufgrund eines Vorkaufsrechts das Land kleinerer Landwirte o. Austragsbauern (Altenteiler) auf, das sie dann für die Schaffung größerer Betriebe mit Betriebsflächen von 10 bis 100 ha günstig abgeben. Vgl. ↑*FASASA.*

Saint-Denis. Ort bei Paris mit einer berühmten Abteikirche, wo früher die frz. Könige gekrönt wurden u. mehrere von ihnen begraben sind. Wichtiges Symbol des älteren frz. Königtums.

Sainte-Catherine, coiffer ~. ‚Ein alte Jungfer werden, keinen Mann finden'. Ironischer Ausdruck, der sich im allg. auf Mädchen, die mit 25 Jahren noch nicht verheiratet sind, bezieht: *elle coiffe Sainte-Catherine.* In katholischen Ländern war es Brauch, die Statuen der Heiligen in den Kirchen zu schmücken *(coiffer).* Da es sich bei der Hl. Katharina um die „Reine, Makellose" handelt, war das Schmücken dieser Heiligen für junge, unverheiratete Mädchen eine ehrenvolle Aufgabe, die für sie mit zunehmendem Alter jedoch an Reiz verlor.

sainte-maure. Kräftiger Ziegenkäse in Rollenform aus der Touraine.

Saint-Jean ↑Feiertage.

saint-marcellin *m.* Runder milder Weichkäse aus dem Dép. Isère.

saint-nectaire *m.* Milder, halbfester Schnittkäse aus der Auvergne (Herkunftsbez. geschützt), wahrscheinlich einer der ältesten frz. Käse seiner Art. Typisch seine dünne, mit weißen, gelben u. manchmal auch roten Schimmelpilzen bewachsene Rinde.

saint-paulin *m.* In ganz Fr. verbreiteter, milder, halbfester Schnittkäse mit gelborangefarbener Rinde.

salade niçoise *f.* ‚Nizza-Salat', gemischter Salat aus Tomaten, harten Eiern, schwarzen Oliven, Zwiebeln, Anchovis, z.T. auch Thunfischstückchen, mit ↑*vinaigrette*-Sauce angemacht.

salons (littéraires) *mpl.* Im Paris des 17./18. Jhs.: literarische Zirkel von Adligen, Künstlern, Schriftstellern u. Gelehrten in den privaten Empfangsräumen *(salons)* vornehmer, schöngeistiger Damen (Marquise de Rambouillet, Mlle de Scudéry, Mme de Tencin, Mlle de Lespinasse u. a.). Sie pflegten die Kunst der zwanglosen galanten Konversation, ergingen sich in der Diskussion, Analyse u. Fixierung ästhetischer Maßstäbe u. wurden so zu kleinen inoffiziellen „Akademien", an denen der literarische Ruhm u. die literarische Mode kreiert wurden. Ihre eigene literarische Produktion war belanglos.

In den meisten *salons,* insbes. im Salon der Marquise de Rambouillet, wurde das Stilideal der *préciosité* gepflegt, die von „Geistreichelei", Galanterie u. Geziertheit im zwischenmenschlichen Verhalten u. gespreiztem Ausdruck in der Sprache geprägt war. Die dem preziösen Ideal lebenden adligen Damen hießen *précieuses;* ihre bürgerlichen, alles übertreibenden Nachahmerinnen wurden in Molières Komödie *Les Précieuses ridicules* (1659) verspottet.

S.A.M.U. *m, Service d'aide médicale urgente.* Zentraler Ärztenotdienst mit Außenstellen in den Departements. Daneben gibt es die *SOS médecins,* die über Autofunk an den Unfallort gerufen werden.

sanisette *f.* Moderne öffentliche Toilette aus vorfabriziertem Beton (3,40 m × 1 m × 2 m), die in Paris u. anderen frz. Städten die alten ↑*vespasiennes* ablösen soll. Im Ggs. zu diesen (kostenlosen) anachronistischen Pissoirs haben die (gebührenpflichtigen) beheizten *s.* meist einen Plastiksitz u. beschallen den Benutzer mit Musik. Nach jeder Benutzung reinigen u. desinfizieren sie sich automatisch.

sans-culottes *mpl.* Beiname der frz. Revolutionäre, die im Ggs. zur zeitgenössischen aristokratischen Mode nicht die Kniehosen *(culottes),* sondern die langen Hosen *(pantalons),* dazu die kurze Jacke *(carmagnole)* u. die rote Mütze trugen. Vgl. ↑*Revolutionen.*

Santé, la ~. Name eines bekannten Pariser Gefängnisses.

santon *m.* Von prov. *santoún* ‚kleiner Heiliger'; prov. Krippenfigur. Urspr. wurden die *s.* aus Brotkrumen modelliert, mit Ölfarbe bemalt u. lackiert. Jean-Louis Lagnel (1764–1822) aus Marseille stellte die ersten *s.* aus Ton her. Heute sind sie i. d. R. aus gebranntem Ton u. 2 bis 35 cm groß. Sie werden fast immer zu Hause nach Feierabend von sog. *santonniers,* meist Familien aus der Umgebung von Aubagne (Dép. Bouches-du-Rhône), hergestellt. Schon seit Anfang des 19. Jhs. mischten sich unter die biblischen typisch provenzalische Figuren, z. B. der Pistazienverkäufer, die Frau mit dem Fußwärmer, der Mann mit der Knoblauchkette u. einem Rettich in der Hand, der Fischer mit der roten Mütze, die Fischverkäuferin, ja sogar der Bürgermeister mit seiner dreifarbigen Schärpe (↑*Staatssymbole).* Alte *s.* sind ein begehrtes Sammelobjekt. Jedes Jahr finden auf der

↑*Canebière* in Marseille (Dezember) u. in Aubagne *santon*-Märkte statt.

sarbacane *f.* ‚Blasrohr', ein volkstümliches Spiel in der Gegend von Saint-Etienne, bei dem kleine Pfeile aus einem Stahlröhrchen auf eine Zielscheibe gepustet werden.

sardane, var. *sardana f.* Volkstüml. katal. Gruppentanz *(↑Catalogne française),* bei dem die Tänzer einen Kreis bilden u. sich die Hände geben. Jeder kann sich einreihen u. wieder weggehen. Der Kreis öffnet u. schließt sich jeweils wieder. Je nach Zahl der Tänzer wird entweder in konzentrischen Kreisen getanzt, o. es bilden sich mehrere Kreise. Es gibt auch *s.,* die nur gesungen werden, u. Instrumentalsardanas. Ihre Musik ist oft dem katal. Volksliedgut entnommen. Das S.-Orchester, die *cobla,* besteht aus 9–14 Musikern mit folgenden Instrumenten: *flabiol* (flötenähnlich), *tamborí* (kleine Trommel, die an der Schulter hängt), *tible* (oboenähnliches Blasinstrument), *tenora* (sieht wie eine Klarinette aus, im Klang eher oboenähnlich) sowie Trompete, Posaune u. Streichbaß.

S.A.R.L. [sarl] *Société à responsabilité limitée.* Gesellschaft mit beschränkter Haftung (GmbH).

S.A.U. *f, Surface agricole utile.* Landwirtschaftliche Nutzfläche.

sauveté *f.* Im 11./12. Jh. in der Gaskogne von Abteien gegr. Ansiedlungen, deren Bewohner bei der Urbarmachung der klösterlichen Ländereien eingesetzt wurden.

S.A.V. 1. ↑Regionalismus; 2. *Service après-vente* Kundendienst.

S.A.V.I.E.M. *f, Société anonyme des véhicules industriels et d'équipements mécaniques.* Aktiengesellschaft für Industriefahrzeuge u. Maschinenausrüstungen, baut u. a. Lkw u. Busse, Tochterfirma von Renault (↑*RNUR*).

S.B.M., *Société des Bains de Mer.* 1863 von François Blanc in Monaco gegr. Gesellschaft, die das Spielcasino von Monte-Carlo lancierte u. so für den wirtschaftlichen Aufschwung des Fürstentums sorgte. Heute betreibt die *S.B.M.* (Hauptaktionär: Fürst Rainier III.) 2 Casinos, 5 Luxushotels, die meisten Restaurants, Schwimmbäder sowie den exklusiven Sporting-Club von Monaco. Ihre Einnahmen machen etwa 2–3% des monegassischen Staatshaushalts aus.

schlittage *m.* Trad. Verfahren in den Vogesen, bei dem geschlagene Baumstämme mit langen Schlitten *(schlittes)* auf spez. Wegen zu Tal befördert werden.

schtroumpfs *mpl* heißen in Fr. die lustigen Zwerge, die wir in D. ‚Schlümpfe' nennen.

Sciences Po ↑I.E.P.

scoutisme *m.* Zur frz. Pfadfinderbewegung zählen hpts. 5 Verbände: die nichtkonfessionellen *Eclaireurs et Eclaireuses de France* (EDF), die protestantischen *Eclaireurs et Eclaireuses Unionistes,* die katholischen *Scouts de France* u. *Guides de France* sowie die *Eclaireurs et Eclaireuses israélites de France.*

S.D.A.U., *Schéma directeur d'aménagement et d'urbanisme.* Dt. etwa:

Flächennutzungsplan, betrifft Gemeinden mit über 10000 Einwohnern. Vgl. ↑*POS*, ↑*ZAC*.

S.E.C.A.M. [sekam] *Séquentiel (en) couleur à mémoire.* Farbsequenzverfahren mit Speicherung. Frz. Farbfernsehsystem (1959), erfunden von dem Ingenieur Henri de France (1911–1986). Das System steht in Konkurrenz zum dt. PAL-System (Phase Alternation Line) u. amerik. NTSC-System (National Television System Committee) u. wird verwendet u. a. in Frankreich, DDR, Bulgarien, Luxembourg, Monaco, Polen, Ungarn, Tschechoslowakei, Sowjetunion, Saudi-Arabien, Elfenbeinküste, Kuba, Ägypten, Tunesien, Marokko, Libanon, Iran, Irak, Haiti. 1985 einigten sich Frankreich u. die Bundesrepublik Deutschland auf eine neue gemeinsame Farbfernsehnorm (D-2-Mac), die bei den direktstrahlenden Satelliten (↑*TDF 1/TV-Sat*) eingesetzt wird.

Second Empire ↑Empire.

Secours Rouge ↑Parteien.

Secrétariat général ↑Regierung.

Section Française de l'Internationale Ouvrière ↑Parteien.

Sécurité sociale (S.S.) *f.* Frz. Sozialversicherung, wurde durch eine Verordnung von 1945 u. ein Gesetz von 1946 geschaffen u. setzt sich aus zahlreichen Versicherungssystemen zusammen: 1. *régime général* (allgemeines System) für Arbeitnehmer in Industrie u. Handel; erfaßt über 70% der Erwerbstätigen; 2. *régimes spéciaux* (Sondersysteme) für Eisenbahner, Bergarbeiter, öffentlichen Dienst; 3. *régimes autonomes* (autonome Systeme) für Selbständige: Landwirte, Handwerker, Kaufleute, freie Berufe; 4. *régimes complémentaires* (Ergänzungssysteme), die allein auf tariflichen Vereinbarungen beruhen u. u. U. später gesetzlich verankert werden.

Die Leistungen der *S.S.:* 1. *Assurance-maladie* (gesetzl. Kranken- u. Unfallversicherung). Bei Krankheit übernimmt die *S.S.* rd. 70%–75% der Krankenbehandlungs- u. Arzneikosten; das Krankengeld beträgt im allg. 50% des Tagesverdienstes. Die Selbstbeteiligung an den Krankheitskosten (sog. „*ticket modérateur*"), die meist durch eine private Zusatzversicherung (*mutuelle,* s. unten) abgedeckt ist, kann in bestimmten schweren Fällen bei sozialer Indikation ausgesetzt werden. 2. *Assurance-maternité* (Mutterschutz) *mit allocations prénatales, postnatales, maternité:* Arbeitsbefreiung 6 Wochen vor u. 10 Wochen nach der Geburt, Schwangerschafts-, Entbindungs- u. Mutterschaftsbeihilfe. 3. *Prestations familiales* (Familienbeihilfe, wird von den Familienausgleichskassen *Caisses nationales des allocations familiales* = *CNAF* ausbezahlt) mit u. a. a) *allocations familiales,* Kindergeld ab dem 2. Kind; b) *allocations de salaire unique,* bei nur einem Alleinverdiener in der Familie; c) *allocations de parent isolé,* für alleinerziehende Väter o. Mütter; d) *allocations de logement* u. *primes de déménagement* Wohngeld u. Umzugsprämie. Seit einer Reform der Familienbeihilfe im Jahre 1985 gibt es eine Babyprämie ab dem dritten Schwangerschaftsmonat, einen zweijährigen bezahlten Mutter- o. Vaterurlaub beim dritten Kind u. einen zinslosen Startkredit für 150000 Familien pro Jahr. 4. *Assurance-accidents de travail et invalidité* (Arbeitsunfall- u. Invalidenversicherung). Bei Arbeitsunfähigkeit wird eine Rente ausbezahlt. Die Beiträge hierfür gehen ganz zu Lasten der Arbeitgeber u. richten sich nach der Risikohäufigkeit des Betriebs. 5. *Pension de vieillesse* (Altersversicherung). Die Alterspensionen richten sich nach Dauer u. Höhe der Beitragszahlung; hinzu kommen Altersruhegeld u. Altersruhebeihilfe. Die Finanzierung der Leistungen der *S.S.* erfolgt über Beitragszahlungen in die verschiedenen Kassen, zu denen der Staat einen Zuschuß leistet. Sammelkasse für den Einzug der Beiträge für die Kranken-, Unfall- und Rentenversicherung sowie für die Familienausgleichskassen ist die sog. *URSSAF* (*Union de Recouvrement des Cotisations de Sécurité sociale et d'allocations familiales*), vergleichbar der dt. *AOK*. – Neben der Pflichtversicherung gibt es die Privatversicherungen, die Versicherungsvereine auf Gegenseitigkeit *(mutuelles)* u. Berufsgenossenschaften, die zusätzliche Leistungen gewähren (z.B. Abdeckung der gesetzlichen Selbstbeteiligung).

S.E.D.E.S. ↑F.A.C.

S.E.F.R.A.N.E., *Service de l'emploi pour les français de l'étranger*. Arbeitsamt für die im Ausland lebenden Frz., Sitz in Paris.

ségala. Unwirtlicher, saurer Boden auf Kalkgestein im Zentralmassiv. Der Name kommt von okzit. *segle* o. *segal* ‚Roggen', da dort fast nur Roggen angebaut werden kann.

S.E.I.T.A. *f*, *Société nationale* (bis 1980: *Service* ...) *d'exploitation industrielle des tabacs et des allumettes*. Staatsbetrieb (↑*régie*) für die Herstellung u. den Vertrieb von Tabak- u. Zündholzwaren. Das seit Colbert 1674 bestehende Herstellungsmonopol ist seit 1976 aufgehoben. Die wichtigsten frz. Zigarettenmarken im Vertrieb der *S.E.I.T.A.* sind *Gauloises, Gitanes, Royale, Seitanes, Gallia, Française* u. *Bastos*.

self-service *m* (fam. *self*). Selbstbedienungsrestaurant. Ein Geschäft mit Selbstbedienung heißt *libre-service (↑grandes surfaces, ↑superette)*.

S.E.M. *f*, *Société d'économie mixte*. Gemischtwirtschaftliche Gesellschaft, d.h. Gesellschaft mit staatl. Beteiligung.

semeuse *f*. ‚Säerin', Motiv auf frz. Münzen.

Sénat ↑Parlament.

SEPT ↑Rundfunk u. Fernsehen.

September: 4. September ↑Geschichtsdaten.

septennat heißt die seit Beginn der III. Republik durch die siebenjährige Amtszeit von Marschall Mac Mahon üblich gewordene Amtszeit des frz. Staatspräsidenten.

S.E.R.N.A.M. *m*, *Service national des Messageries*. Güterbeförderungsgesellschaft der ↑*SNCF*.

serres *fpl*. Schmale, langgestreckte Hügel in den ↑*Causses*, die aus der

Fragmentierung eines Plateaus durch Paralleltäler entstanden sind. Nach Westen hin verbreitern sie sich zu kleinen Hochflächen *(chams).*

service. 1. Allg. Bez. für ‚Behörde', ‚Amt', ‚Dienststelle'; 2. ↑*ministère.*

service national *m.* Wehrdienst. In Fr. sind alle Männer mit frz. Staatsangehörigkeit im Alter von 18–50 Jahren zum Wehrdienst verpflichtet. Nach der Wehrerfassung *(recensement)* u. der Musterung *(sélection)* mit 18 Jahren bestehen vier Möglichkeiten, den Wehrdienst abzuleisten: 1. *service militaire* (Dienst in den Streitkräften, 12 Monate); 2. *service de défense* (Zivilschutzdienst in den Streitkräften, 12 Monate); 3. *service de l'aide technique* (technische Hilfe im ↑*Überseeischen Fr.*, 16 Monate); 4. *service de la coopération technique (↑coopérant)* (Entwicklungshilfedienst, 16 Monate). Das Recht auf Wehrdienstverweigerung aus Gewissensgründen *(objection de conscience)* besteht auch in Fr. Der Zivildienst (*service des objecteurs de conscience*) dauert hier 2 Jahre.

S.E.S., *Sections d'éducation spécialisée.* An bestimmte Grundschulen *(↑école élémentaire)* u. ↑*collèges* angegliederte Sonderschulklassen für Kinder mit leichter geistiger Behinderung.

S.F.I.O. [ɛsɛfi-o] ↑Parteien.

S.F.P. ↑Rundfunk u. Fernsehen.

S.G., *selon la grosseur.* ‚(Preis) je nach Größe u. Gewicht', auf Speisekarten, meist bei Fischgerichten, Langusten usw.

S.G.D.G., *(breveté) sans garantie du gouvernement.* ‚(Patentiert) ohne Garantie der Regierung'; in Fr. werden die Patente ohne Haftung für die Neuheit o. den Wert der Erfindung erteilt.

S.G.E.N. ↑Arbeitnehmerorganisationen.

S.I. ↑Syndicat d'initiative.

SICOVAM, *Société interprofessionnelle de compensation des valeurs mobilières.* 1949 geschaffene Einrichtung, bei der alle Wertpapiere von Banken, Finanzeinrichtungen u. Börsenmaklern hinterlegt werden können.

Siècle des Lumières *m.* In Fr. übliche Bez. für das Jahrhundert der Aufklärung (18. Jh.).

Sire ↑Anreden.

S.I.R.E.T., *Système Informatique du Répertoire des Entreprises et Etablissements.* Zentraler EDV-Katalog aller frz. Firmen, in welchem jedem Betrieb eine best. Ordnungsnummer zugewiesen ist, die meist auf Geschäftspapieren angegeben wird.

sirocco ↑Winde.

S.I.V.O.M. ↑district.

S.M.I.C. [smik] *Salaire minimum interprofessionnel de croissance.* Der allgemein garantierte, gesetzliche Mindestlohn. Seine Bezieher heißen *smicards.* Der Vorläufer des *S.M.I.C.* war der *SMIG (Salaire minimum interprofessionnel garanti).*

S.N.A.L.C. ↑Arbeitnehmerorganisationen.

S.N.C.F. *f, Société nationale des Chemins de Fer français.* Die frz. Staatseisenbahnen. Der Staat verfügt über 51% des Kapitals, der Rest gehört den 1937 enteigneten fünf Privatgesellschaften *Est, Nord, Etat, Paris-Orléans* u. *PLM (Paris-Lyon-Méditerranée),* die noch als Finanzgesellschaften bestehen. 1983 wurde die Aktiengesellschaft *S.N.C.F.* ein öffentl. Unternehmen („établissement public à caractère industriel et commercial"). Vgl. ↑*aérotrain,* ↑*carte vermeil,* ↑*corail,* ↑*Bahnhöfe (Paris),* ↑*micheline,* ↑*omnibus,* ↑*RER,* ↑*SERNAM,* ↑*TAC,* ↑*TGV,* ↑*turbotrain.*

S.N.E.-Sup ↑Arbeitnehmerorganisationen.

S.N.E.C.M.A. *f, Société nationale d'Etude et de Construction de Moteurs d'Avion.* Staatl. Gesellschaft für die Entwicklung u. den Bau von Flugzeugmotoren, gegr. 1945; Fr.s größter Hersteller von Strahltriebwerken.

S.N.E.S. ↑Arbeitnehmerorganisationen.

S.N.I. ↑Arbeitnehmerorganisationen.

S.N.I.A.S. ↑Aerospatiale.

S.N.I.-P.E.G.C. ↑Arbeitnehmerorganisationen.

S.N.J., *Syndicat national des journalistes.* Autonome Journalistengewerkschaft, gegr. 1918, in Konkurrenz zu den in der *CGT, CFDT, CGT-FO* organisierten Journalistenverbänden *(↑Arbeitnehmerorganisationen).*

S.N.P.A. ↑Lacq.

Société des Comédiens ↑Theater.

S.O.F.I.R.A.D. ↑Rundfunk u. Fernsehen.

S.O.F.R.E.S. *f, Société française d'enquête par sondages.* Größtes frz. Meinungsforschungsinstitut *(↑IFOP).*

Soixante-huitards ↑événements de mai.

S.O.L. ↑Légion française des combattants.

solà *(m),* **solana** *(f)* ↑adret.

S.O.M.I.V.A.C. ↑aménagement du territoire.

S.O.M.I.V.A.L. ↑aménagement du territoire.

Son et Lumière *m,* var. *spectacle* ~. ‚Ton- u. Lichtschauspiel'; in den Sommermonaten stattfindende Veranstaltung an histor. bedeutsamen Stätten (Schlössern, Burgen, Kirchen), deren Vergangenheit u. Eigenart mit Ton- u. Lichteffekten, Texten u. musikalischer Untermalung dem touristischen Publikum nahegebracht werden sollen.

sonneur *m, reg.* Breton. Dudelsackpfeifer *(↑biniou).*

S.O.P.E.X.A. *f, Société pour l'expansion des ventes de produits agricoles et alimentaires.* Halbstaatl. Verkaufsförderungsgemeinschaft für frz. Agrarprodukte mit zahlreichen Auslandsbüros (in der BRD: Düsseldorf).

Sophia-Antipolis, offiziell: *Parc international d'activités de Valbonne Sophia-Antipolis.* Fr.s führender „Technologiepark" (2300 ha) an der Côte d'Azur auf dem Boden der Gemeinden Biot, Valbonne, Mougins, Vallauris u. Antibes (Dép. Alpes-Maritimes), gegr. 1974 von Pierre Laffitte, Senator für das Dép. Alpes-Maritimes u. Direktor der *Ecole des Mines* (↑*grandes écoles*). Ansiedlung staatl. u. privater Forschungszentren, technischer Ausbildungsstätten u. zukunftsorientierter Branchen (Elektronik, Informatik, Automatisierung). Weitere große Technologieparks gibt es in Meylan bei Grenoble, in Rennes, Nancy, Toulouse.

Sorbonne *f.* Die Universität im Pariser ↑*Quartier latin*. Der Name geht auf das 1253 von Robert de Sorbon gegr. Kolleg *(la Sorbonne)* zurück, in dem mittellose Studenten auf seine Kosten wohnen u. studieren konnten. Im Mittelalter war die S. *die* Autorität für theologische u. kirchenrechtliche Fragen. Im 17. Jh. begann unter Richelieu der Neubau der S.; Napoleon I. baute sie weiter aus u. machte sie 1806 zur staatl. Universität. Der heutige Bau entstand 1885–1908. Durch die Hochschulreform von 1968 wurde die S. in 13 autonome Univ. (Paris I–XIII) aufgespalten, die über die Stadt u. die Vororte verteilt sind. Die „alte" Sorbonne wurde dabei zur Sprach- u. Literaturwiss. Fakultät „Paris IV". Vgl. ↑*Universität.*

S.O.S. médecins ↑S.A.M.U.

SOS Racisme *m.* Unkonventionelle Selbsthilfe-Organisation gegen Rassismus u. Ausländerfeindlichkeit unter Führung des Martinique-Franzosen Harlem Désir (* 1960). Vorläufer dieser 1984 gegr. Initiative waren die „marches des ↑*beurs*", Protestmärsche junger, in Frankreich geborener Nordafrikaner gegen die zunehmenden fremdenfeindlichen Tendenzen in Fr. (↑*raton(n)ades*). Ein großer Erfolg war ihr Emblem, eine kleine Hand zum Anstecken mit der zum geflügelten Wort gewordenen Aufschrift: „Touche pas à mon pote", dt. „Mach meinen Kumpel nicht an" in der Version der Deutschen Gewerkschaftsjugend. Vgl. ↑*LICRA*, ↑*MRAP*.

sotchs *mpl.* Trichter- o. schüsselartige Erdvertiefungen (∅ 10–50 m) in den ↑*Causses*, die durch Auslaugung des Kalkgesteins entstehen. Aufgrund des darin abgelagerten fruchtbaren Bodens lassen sich mancherorts inmitten der Karstlandschaft Felder u. Wiesen bewirtschaften. Kleine s. heißen *cloups*.

sou ↑Geld u. Währung.

soupions à la niçoise *mpl.* Südfrz. Gericht, kleine gebackene Tintenfische.

sous-direction ↑ministère.

sous-préfet ↑Departement.

soyeux *mpl* nennt man in Lyon die Seidenfabrikanten. Vgl. ↑*canuts*.

S.P.A., *Société protectrice des animaux*. Tierschutzverein.

spahis ↑Algerien.

Sprachpflege. Es gibt in Fr. zahlreiche staatl., halbstaatl. u. private Organisationen, die sich der *défense de la langue française*, der Reinerhaltung, Pflege, Verteidigung u. Vereinheitlichung der frz. Sprache, insbes. im Hinblick auf die ↑*francophonie*, widmen: 1. die ↑*Académie française;* 2. das *Office du Vocabulaire français (OVF)* (gegr. 1957), das die Arbeit des 1937 gegr. *Office de la langue* *française* fortführt; ihm gehören namhafte Autoren u. Linguisten an, die sich gegen das ↑*franglais,* für die Entwicklung von Fachvokabularen u. Terminologielisten u. die Pflege eines einheitlichen Frz. für die gesamte ↑*francophonie* einsetzen (Zusammenarbeit mit der *Fédération internationale pour la sauvegarde et l'unité de la langue française = Fédération du français universel,* gegr. 1963); 3. *Cercle de presse Richelieu,* gegr. 1952 von Journalisten, die sich in Sprachglossen (z.B. *Chroniques du langage)* gegen Modernismen im Zeitungsfranzösisch wenden; 4. *Association „Défense de la langue française",* gegr. 1958 unter dem Patronat der ↑*Académie française;* tadelt Sprachverstöße u. wendet sich gegen die Ausuferung der modernen Fachterminologie, bezieht sich auf die klassischen Wörterbücher *Littré, Dictionnaire de l'Académie, Grand Robert;* 5. *AFNOR-Association française de normalisation en matière de langage technique,* die frz. „Gesellschaft für Standardisierung des technisch-industriellen Wortschatzes", 1926 als Fortsetzung der *commission permanente de standardisation* gegr. Entspricht in etwa dem dt. Normenausschuß (DNA, Verbandszeichen DIN-Deutsche Industrienorm). Zusammenarbeit mit 6. dem *Comité d'études des termes techniques français,* gegr. 1954, das sich v. a. mit der Französisierung ausländischer Entlehnungen sowie der Schaffung von Neuwörtern für neue Sachen beschäftigt. Publikation: *La Banque des Mots.* 7. *Haut Comité pour la défense et l'expansion de la langue française,* gegr. 1966 unter der Regierung de Gaulle/Pompidou, untersteht direkt dem Regierungschef, propagiert die Einheit u. Reinheit des Frz. im Sinne einer modernen, von Anglizismen freien Sprache; 1973 umbenannt in *Haut Comité de la langue française,* 1983 abgelöst durch das *Commissariat Général de la langue française;* 8. *CILF – Conseil international de la langue française,* „Internationaler Rat für die frz. Sprache", gegr. 1967, wacht über die sprachliche Einheitlichkeit des in Fr. u. im frankophonen Ausland *(*↑*francophonie)* gesprochenen Frz.; Neologismus- u. Fachsprachenforschung unter Mitarbeit namhafter Linguisten.

Über die durch Dekret vom 7. 1. 1972 eingesetzten *commissions de terminologie* greift der Staat direkt in die Entwicklung des Wortschatzes ein. Sie veröffentlichen fachterminologische Neologismenlisten, deren Verwendung seit Januar 1973 laut Dekret für die öffentliche Verwaltung u. das Unterrichtswesen verbindlich sind. Sprachgesetzgebung hat in Fr. Tradition: die Verordnung von Franz I. aus dem Jahr 1539 hatte den ausschließlichen Gebrauch der frz. Sprache im Gerichtswesen durchgesetzt u. hier das Latein endgültig abgelöst *(Ordonnance de Villers-Cotterêts).* Die zweite Maßnahme war das heute noch gültige Gesetz vom 2. Thermidor des Jahres II (= 20. 7. 1794), das jeden Beamten u. im öffentlichen Dienst Tätigen verpflichtete, in Ausübung seiner Funktion nur die frz. Sprache, d.h. keine der gebrandmarkten Minderheitensprachen *(*↑*Regionalsprachen)* zu verwenden. Das letzte Sprachgesetz *(loi linguistique)* vom 31. 12. 1975 *(Loi re-*

lative à l'emploi de la langue française) wendet sich zwar „zum Schutz der Arbeitnehmer und Verbraucher" primär gegen das Eindringen angloamerik. Elemente *(↑franglais)* in die frz. Sprache, zielt aber auch auf die ↑*Regionalsprachen* ab. Unter Androhung von hohen Bußgeldern bei Zuwiderhandlung schreibt es den Gebrauch des Frz. in öffentlichen Inschriften, in Verträgen, Gebrauchsanweisungen, Garantiescheinen u. Stellenanzeigen vor u. verbietet den Gebrauch von Fremdwörtern, sofern frz. Entsprechungen gemäß den seit 1972 erlassenen Terminologie-Dekreten vorliegen. Zusätzliche Übersetzungen sind allerdings jederzeit möglich. Im Zusammenhang mit dem Sprachgesetz wurde 1976 der Sprachschutzbund *AGULF (Association générale des usagers de la langue française)* gegründet, der Verstöße gegen dieses Gesetz brandmarkt.

S.S. ↑Sécurité sociale.

Staatssymbole waren unter dem ↑*Ancien Régime* das Lilienbanner *(drapeau fleurdelisé)* mit dem Symbol der Lilien *(fleur-de-lys)*. Noch früher (v. 12.–15. Jh.) war die *oriflamme,* dt. das flammenförmige Banner der Abtei ↑*Saint-Denis,* das Symbol der frz. Könige. Unter der frz. Revolution wurde der 14. Juli zum Symbol des Sturzes des Ancien Régime u. später Nationalfeiertag; das Symbol der frz. Revolutionäre war neben dem Wahlspruch *„Liberté, Egalité, Fraternité"* (Freiheit, Gleichheit, Brüderlichkeit) die blau-weiße *cocarde,* die Jakobinermütze, *le bonnet phrygien (↑Jacobins)*. Die unter der Revolution entstandene *Marseillaise* ist noch heute frz. Nationalhymne. Die frz. Republik wird auch häufig durch die Figur der *Marianne,* die eine Jakobinermütze trägt, versinnbildlicht. Die offizielle frz. Staatsflagge ist heute die blau-weiß-rote Trikolore, *le tricolore.* Ein anderes Symbol der frz. Nation ist der gallische Hahn, *le coq gaulois.* Unter der Vichy-Regierung war die Devise der Republik: *Liberté, Egalité, Fraternité* durch *Travail, Famille, Patrie* u. die Figur der Marianne auf Amtssiegeln usw. durch die *francisque* ersetzt worden – eine Streitaxt der Franken, die zum Symbol des ↑*Vichy-Regimes* geworden war. Das Lothringer Kreuz, *la croix de Lorraine,* war vor allem im 2. Weltkrieg das Symbol der ↑*France libre* u. der Gaullisten, ist aber kein offizielles Staatssymbol.

Steuern (*impôts* mpl; *taxes* fpl). Das frz. Steuersystem weist gegenüber dem dt. einige wesentliche Unterschiede auf. Für Fr. typisch ist der hohe Anteil der indirekten Steuern, *taxes* (vgl. Anteil der ↑*TVA* über 40%). Dagegen beträgt der Anteil der Körperschaftsteuer (*impôt sur les sociétés*) kaum mehr als 10%, der Einkommensteuer (*impôt sur le revenu*) etwa 20%. Eine Lohnsteuer im dt. Sinne mit Lohnsteuerkarte u. Einbehaltung durch den Arbeitgeber gibt es nicht. Jeder Steuerpflichtige muß unabhängig von der Art des Einkommens seine Einkommensteuererklärung (*déclaration des revenus*) selbst erstellen (Abgabetermin: Ende Februar). Die Vermögensteuer (*impôt sur les grandes fortunes*) wurde erst 1982 unter der sozialistischen Regierung

Mitterrand/Mauroy eingeführt, aber unter der Regierung Chirac wieder abgeschafft. Die Kraftfahrzeugsteuer (*taxe différentielle sur les automobiles*) wird jährlich in Form einer ↑*vignette* entrichtet.

Besondere steuerliche Verhältnisse bestehen im Fürstentum Monaco. Dort werden weder Einkommen- noch Vermögensteuer erhoben. Auch der Wertzuwachs an Kapital ist nicht besteuert. 1963 wurden die von der frz. Wirtschaft u. von Frz. in Monaco wahrgenommenen Steuervorteile auf Betreiben von Staatspräsident de Gaulle erheblich eingeschränkt. – Vgl. a. ↑*polyvalent,* ↑*quatre vieilles,* ↑*taxe professionnelle,* ↑*TVA*.

Stierkampf *(tauromachie)*. In den an Spanien angrenzenden Gebieten Südfr.s hat sich eine eigenständige Stierkampftradition herausgebildet. Die ↑*Camargue* mit ihrer berühmten Stierzucht nimmt dabei eine zentrale Stellung ein. Die größten Stierkampfarenen mit mehr als 10000 Plätzen befinden sich in Nîmes, Béziers, Toulouse, Arles, Fréjus, Dax, Bayonne, Vic-Fezensac u. Mont-de-Marsan. In diesen u. anderen provenzalischen u. baskischen Städten, die im Verband der *Union des Villes taurines de France (UVTF)* zusammengeschlossen sind, finden von April bis Oktober jährlich etwa 80–90 Stierkämpfe *(corridas, courses de taureaux)* statt. Ein Gesetz aus dem Jahre 1952 erlaubt klassische Stierkämpfe mit berittenen Stiertreibern *(picadors)* u. mit Tötung der Stiere *(mise à mort)* nur in den Städten, die eine mind. 50-jährige Stierkampftradition aufweisen, was für etwa 30 Orte südlich der Linie Bordeaux-Fréjus, sowie Vichy, gilt.

Für Südfr. typisch sind eher unblutige Stierkampfspiele, bei denen der Stier nicht getötet wird. Man unterscheidet im wesentl. drei Arten: 1. *course à la cocarde*. Hier werden Kokarden zwischen den Hörnern des Stieres *(cocardier)* befestigt; der Stierkämpfer *(razeteur)* muß in etwa 10 Minuten versuchen, mit einem Haken diese Kokarden von den Hörnern zu schlagen u. an sich zu bringen. Dem erfolgreichen *razeteur* winken meist wertvolle Prämien, die vom Veranstalter, von Geschäftsleuten o. anderen Stierkampfanhängern *(aficionados)* ausgesetzt werden. 2. *course landaise*. Hierbei steht nicht ein einzelner, sondern eine ganze Gruppe von *razeteurs* dem *cocardier* gegenüber, wobei jeder möglichst viele Punkte zu sammeln hat. 3. *abrivado*. Prov. ‚Einschließung der Stiere'; dieses Stierkampfspiel hat in der ↑*Camargue* eine lange Tradition. Zehn Hirten *(gardians)* reiten zu Pferde in Keilformation durch die offenen Straßen des Ortes u. treiben in der Mitte die Stiere vor sich her. Das Publikum als Gegenspieler versucht, die Reiterformation zu durchbrechen, um die Stiere mit einem Strick zu fangen o. ihnen das Ausbrechen zu ermöglichen. Vgl. ↑*ferrade,* ↑*Camargue*.

S.T.O. ↑Résistance, ↑Vichy-Regime.

Strollard Ar Vro ↑Regionalismus.

S.T.S. *fpl, Sections de techniciens supérieures*. An bestimmten Gymnasien *(↑lycées)* u. nicht-staatlichen Schulen eingerichtete Fachingenieurschulen, die in zwei Jahren auf das Diplom

↑*BTS* vorbereiten. Sie stehen Inhabern des ↑*BT*, ↑*BTn* u. ↑*baccalauréat* offen. Vgl. ↑*enseignement professionnel*, ↑*IUT*.

Studentenverbände *(syndicats* o. *mouvements d'étudiants)*. In Fr. sind etwa 10% der Studenten organisiert. Ihre wichtigsten Organisationen sind die gemäßigte *CNEF (Confédération nationale des étudiants de France)*, die 1982 aus der Fusion des *CLEF (Comité de liaison des étudiants de France)* u. der *FNEF (Fédération nat. des étudiants de France)* hervorging u. Dachverband für 7 kleinere Einzelverbände ist; ferner die kommunistische *UNEF-SE (Solidarité étudiante)* u. die linksorientierte *UNEF-ID (Indépendante et Démocratique)*. Die Studentenverbände vertreten ihre Mitglieder in verschiedenen Gremien, so z.B. im Fachbereichsrat *(UFR* ↑*Universität)*, im ↑*CNESER*, in den Studentenwerken ↑*CNOUS* u. in den studentischen Ersatzkassen ↑*MNEF*. Vgl. ↑*Grandes Ecoles*.

substitut ↑Justiz.

superette *f.* Kleiner Lebensmittelmarkt mit Selbstbedienung *(libre-service)*, 120–400 m^2 Fläche. Vgl. ↑*grandes surfaces*.

supermarché ↑grandes surfaces.

Super-Phénix ↑C.E.A.

Support-Surfaces. Gruppe junger Künstler der Jahre 1969–1971, u.a. Vincent Bioulès, Louis Cane, Marc Devade, Daniel Dezeuze, Patrick Saytour, Claude Viallat, die stark von Matisse, der neuen abstrakten Kunst u. vom amerikanischen *minimal art* beeinflußt wurden.

s.v.p. Abk. für *s'il vous plaît* ‚bitte'.

syndicat d'initiative (**S.I.**) *m.* Fremdenverkehrsverband, Verkehrsverein.

syndicats. 1. Arbeitgeberverbände; 2. ↑Arbeitnehmerorganisationen; 3. ↑Studentenverbände.

système D *m.* Die Art u. Weise, wie sich findige Leute in Schwierigkeiten immer wieder zu helfen wissen. *D* steht für *débrouillard* ‚findiger Kopf, Schlaumeier'.

T

T.A.A.F. ↑Überseeisches Frankreich.

table d'hôte *f.* Tisch für Stammgäste in ↑*restaurants*.

Table ronde. 1. *Hist.* Tafelrunde: die von den 12 Rittern des Königs Artus gebildete u. – um eine Bevorzugung zu vermeiden – an einem runden Tisch *(table ronde)* versammelte Tischgesellschaft; 2. Neologismus aus engl. *round table (conference)*. Bez. für eine Konferenz, auch ein Kolloquium o. Symposium, bei der sämtliche Teilnehmer gleichberechtigt über bestimmte Themen diskutieren.

tableau d'honneur *m.* Ehrentafel mit den Namen der besten Schüler, die in jeder Schule aushängt.

T.A.C. [tak] *Trains autos-couchette*. Autoreisezüge mit Liegewagen der ↑*SNCF*. Nur am Tag verkehren die *TAJ (trains autos-jour)*.

Tac-o-tac *m.* Von der staatl. *Loterie nationale* seit 1984 veranstaltetes Lotteriespiel mit doppelter Gewinnchance auf zwei getrennten Spielabschnitten: 1. „Rubbeln" mit sofortiger Gewinnauszahlung (*gros lot* = 200000 F); 2. Öffentliche Ziehung im Fernsehen jeden Mittwochabend.

taillole, var. *tayole f, reg.* In der Provence: lange, meist rote Wollbinde, die man mehrmals um die Taille schlingt u. statt Hosenträgern trägt, der katalanischen *faixa* vergleichbar.

Taizé: Communauté de ~. Ökumenische Gemeinschaft, gegr. 1940 von Frère Roger Schutz (* 1915) in Taizé (Dép. Saône-et-Loire). 80 kath. u. evang. Brüder (1981) aus etwa 20 Ländern verpflichten sich nach dreijährigem Noviziat zu Ehelosigkeit, Gütergemeinschaft u. Anerkennung einer Autorität, bleiben aber Mitglieder ihrer jeweiligen Konfessionen. Bekannt wurde die Communauté de Taizé bes. durch das 1974 erstmals veranstaltete „Konzil der Jugend" *(Concile des jeunes)*. Vgl. ↑*Kirche*.

tarasque *f.* Feuerspeiendes Ungeheuer, das in der Gegend von Arles u. Avignon sein Unwesen getrieben haben soll u. nach der Legende von der Hl. Martha besiegt wurde. Zur Erinnerung an diese Tat findet in der prov. Stadt Tarascon (Dép. Bouches- du-Rhône) jährlich am 29. Juli ein Umzug statt, bei dem eine Nachbildung der t. von Bauern getragen u. von einem 10–12-jährigen Mädchen an einem blauen Seidenband geführt wird. Ähnliche Umzugsbräuche mit Tierattrappen gibt es in Gignac, Montpellier u. Béziers (Dép. Hérault).

Tartarin de Tarascon. Von dem südfrz. Schriftsteller Alphonse Daudet (1840–1897) geschaffene Romanfigur, Prototyp des naiven, aufschneiderischen Jägers aus der Provence, der z.T. erlebte, z.T. erfundene Abenteuer erzählt (in den Romanen *Les Aventures prodigieuses de Tartarin de Tarascon, Tartarin sur les Alpes* u. *Port-Tarascon*).

Tartuffe. Hauptfigur in Molières gleichnamiger Komödie, wurde zum Prototyp des betrügerischen Heuchlers.

tasselots *mpl.* Felsplateaus in Burgund.

tastevin *m.* 1. Kleines, silbernes Schälchen, das in Burgund zur Weinprobe verwendet wird; 2. *Confrérie des Chevaliers du Tastevin,* angesehene burgund. Weinbrüderschaft mit Sitz im *Clos de Vougeot* (Dép. Côte- d'Or).

taupe ↑classes préparatoires.

Taureau du Var. Beiname des frz. radikalsozialistischen Politikers Edouard Daladier (1884–1970), der u.a. als französischer Ministerpräsident (1938–1940) das Münchner Abkommen (1938) unterzeichnete. Er stammte aus dem Dép. Var.

taxe professionnelle. Entspricht in D. etwa der ‚Gewerbesteuer' (früher: *la patente*).

T.C.F., *Touring Club de France.* Automobil-, Reise- u. Ferienclub mit über 500000 Mitgliedern; organisiert Gruppenreisen u. betreibt eine Reihe von Feriendörfern u. Campingplätzen.

tchirula [tʃirula] *m.* Volkstümliches Musikinstrument im frz. Baskenland, Art Flöte mit 3 Löchern, zus. mit dem ↑*thun-ttun* zur Begleitung von Volkstänzen.

T.D.F. ↑Rundfunk u. Fernsehen.

TDF 1 (Abk. f. *Télédiffusion de France* ↑*Rundfunk u. Fernsehen*). Das frz. Gegenstück zum direktstrahlenden dt. Fernsehsatelliten *TV-Sat 1*. Beide Satelliten sollen 1987 mit der europ. Trägerrakete ↑*Ariane* ins Weltall befördert werden. Über *TDF 1/TV-Sat 1* können Fernseh- u. Hörfunk-Satellitenprogramme erstmals in einem großen Teil Europas über kleine Parabolspiegel empfangen werden. Die Abstrahlung der Fernsehprogramme erfolgt mit dem neuen Übertragungsverfahren *D2-Mac* ohne jede Zwischenphase. Vgl. ↑*SECAM*.

télécratie [telekrɑsi] *f* nannte man in Fr., vor allem unter der Präsidentschaft von General de Gaulle, die konsequente Ausnützung des Mediums Fernsehen, um die Masse der Wähler zu beeinflussen u. für die eigene Politik zu gewinnen.

Télématin heißt das „Frühstücksfernsehen" (täglich von 6.45–8.45 Uhr) von *Antenne 2* (↑*Rundfunk u. Fernsehen*) nach angelsächsischem Vorbild. Das Frühstücksprogramm von *TF 1* („Bonjour la France") ist auf das Wochenende beschränkt (8–9 Uhr).

Télétel *m.* Bez. des von den frz. ↑*PTT* entwickelten Bildschirmtextsystems, das von Telefonkunden über ein eigenes Anschlußgerät (↑*Minitel*) abgerufen werden kann. Vgl. ↑*Antiope*.

Tel Quel. 1. 1960 von Philippe Sollers, Jean-Edern Hallier u. a. in Paris gegr., dem frz. Strukturalismus u. ↑*nouveau roman* nahestehende Literaturzeitschrift mit Beiträgen zur Literaturtheorie u. Literaturkritik (u. a. von Roland Barthes, Francis Ponge); seit 1966 auch philosophisch u. politisch orientiert; 2. Bez. für die Autorengruppe um diese Zeitschrift (u. a. Philippe Sollers, Jacques Derrida, Jean-Pierre Faye, Julia Kristeva, Denis Roche). Die einzelnen Mitglieder heißen *Téliquéliens*.

tenora ↑sardane.

T.E.P. ↑Theater.

Terreur *f.* Die Schreckensherrschaft der Jakobiner unter dem Nationalkonvent *(Convention nationale)* (↑*Revolutionen*, ↑*Incorruptible*).

Terreur blanche ↑Monarchie.

Territoire de Belfort ↑Belfort.

terroir *m.* 1. Guter Boden für Weinbau; 2. *le goût du terroir*, je nach Anbaugebiet charakteristischer Geschmack eines Weines; 3. *écrivains du terroir*, mit ihrer engeren Heimat verbundene Schriftsteller, die diese auch in ihren Werken schildern o. zum Rahmen der Handlung machen, z. B. Jean Giono (1895–1970) aus der Haute Provence.

T.F. 1 ↑Rundfunk u. Fernsehen.

T.G.V. *m. Train à grande vitesse* ‚Hochgeschwindigkeitszug'. Der orange-weiß-schwarze Stromlinienzug der ↑*SNCF*, der mit seinen 8500 PS schon 380 km/h erreichte u. als der schnellste Zug der Welt gilt, verkehrt nach 14jähriger Planungs- u. Bauzeit seit 1981 zwischen Paris u. Lyon mit einer Reisegeschwindigkeit von 260 km/h u. verkürzte die Fahrtzeit auf der 426 km langen Strecke von 3 h 45 min. auf 2 h. Mit dem weiteren Ausbau der TGV-Strecke bis Grenoble bzw. Marseille sowie mit den Neubaustrecken Richtung Atlantik-Küste *(TGV Atlantique)* und Nordfrankreich *(TGV Nord,* seit 1984 Direktverbindung Lille-Lyon) tritt der TGV zunehmend in Konkurrenz zur innerfrz. Fluglinie ↑*Air Inter.*

Theater. *A. Théâtres dramatiques nationaux.* Es gibt in Fr. fünf staatl. Schauspielhäuser, die den Status eines „établissement public" besitzen: – 1. *La Comédie française,* auch *Théâtre-Français* o. *Le Français* (Paris, rue de Richelieu). Die *CF* wurde 1680 unter Ludwig XIV. von 27 Schauspielern gegründet u. steht zuvorderst in der Tradition u. Pflege des klassischen frz. Theaters (Corneille, Racine, Molière). Heute sind auch klassisch gewordene Stücke von Dramatikern des 18.–20. Jhs. im Repertoire. Eine Besonderheit ist die Struktur der *CF,* die seit ihrer Gründung von einer Schauspielerkooperative *(„Société des Comédiens")* geleitet wird. Die Mitgliedschaft ist hierarchisch festgelegt: die häufig nach einer Probezeit als *élèves-stagiaires* an der *CF* verpflichteten Schauspieler heißen *pensionnaires* (1983 waren es 25); sie erhalten einen (verlängerbaren) Jahresvertrag. Aus ihrer Mitte kommen als ständige Mitglieder die *sociétaires,* die vom *ministre de la Culture* per ↑*arrêté* ernannt werden. Seit 1975 bilden bis zu 40 *sociétaires* (vorher: 30) die *Assemblée générale.* Die nach 10, 15, 20, 25, 30 o. mehr Jahren ausscheidenden *sociétaires* können bei besonderen Verdiensten zu Ehrenmitgliedern *(sociétaires honoraires)* ernannt werden (1983: 19) – 2. *Théâtre national de l'Odéon,* kurz *l'Odéon* (Paris), gegr. 1781, seitdem häufige Namenwechsel (u. a. *Théâtre français,* 1782; *Théâtre du Peuple,* 1794; *Théâtre de France,* 1959; heutiger Name von 1941–45 u. seit 1971). Im Repertoire stehen hpts. zeitgenössische frz. Autoren. Zum „Odéon" gehören das *Théâtre de l'Europe* u. das *Petit Odéon.* – 3. *Théâtre national de Chaillot,* kurz *le Chaillot* (Paris), gegr. 1920 als *Théâtre du Trocadéro.* 1930 umbenannt in *Théâtre national populaire (TNP).* 1951–63 unter der Leitung von Jean Vilar. 1972 wurde das *TNP* im Rahmen der kulturellen Dezentralisierung nach Villeurbanne bei Lyon verlegt. Das neu eingerichtete Theater im Pariser Palais de Chaillot hat sich wegen seiner Experimentierfreudigkeit u. seiner Inszenierungen moderner Dramatiker den Ruf als „grand théâtre national de création" erworben. – 4. *Théâtre de l'Est parisien (TEP),* gegr. 1972 im 20. Arr. von Paris. Es veranstaltet neben den satzungsgemäß vorgesehenen Theateraufführungen auch Konzerte, Filmvorführ., Variétés. – 5. *Théâtre national de Strasbourg (TNS)* (Straßburg). 1968 hervorgegangen aus dem *Centre dramatique de l'Est,* dem ersten dezentralisierten Schauspielzentrum. Angeschlossen ist eine Fachhochschule für Schauspielkunst *(Ecole supérieure d'art dramatique),* die

Schauspieler, Bühnentechniker u. Bühnenbildner ausbildet. Vgl. ↑*Opéra de Paris.*

B. *Centres dramatiques nationaux (CDN).* Im Rahmen der kulturellen Dezentralisierung wurden schon seit 1948, verstärkt aber seit 1972 mit staatl. Unterstützung Schauspielzentren in zahlreichen Städten der Provinz u. der Pariser Region (↑*Région parisienne)* geschaffen (1986 waren es 26). Zu den bekanntesten CDN zählen der *Grenier de Toulouse,* die *Comédie de Saint-Etienne,* das *Théâtre de la Commune* (Aubervilliers). Vgl. ↑*Maison de la Culture.*

C. *Théâtres nationaux de région.* Drei Schauspielzentren wurden seit 1981 zu regionalen Staatstheatern erhoben: 1. *Théâtre national populaire (TNP),* 1972 von Paris nach Villeurbanne bei Lyon verlegt u. mit dem *Théâtre de la Cité* fusioniert. Es zeigt klassische u. moderne Stücke in oft experimentell-eigenwilligen Inszenierungen. – 2. *Théâtre national de Marseille (TNM),* vom früheren *CDN* hat es noch den Beinamen „La Criée". – 3. *Théâtre national de la région Nord-Pas-de-Calais „La Salamandre"* (Lille/Tourcoing).

D. *Centres de création* (seit 1983). 1. National: *Théâtre Gérard Philippe* (Saint-Denis), *Atelier de création populaire* (Toulouse). – 2. Regional: *Théâtre Paul Scarron* (Le Mans), *Théâtre des Fédérés* (Montluçon), *Théâtre des deux Rives* (Rouen).

E. *Compagnies dramatiques.* Es gibt in Fr. etwa 400 unabhängige Theatertruppen, die ebenfalls vom Staat – seit 1981 in erhöhtem Maße – subventioniert werden: z.B. *Théâtre du Soleil* in der Cartoucherie von Vincennes bei Paris, *Théâtre des Amandiers* (Nanterre), *Théâtre présent* im Kulturzentrum *La* ↑*Villette, Compagnie Renaud-Barrault* (Paris), *Centre de recherches Peter Brook* (Paris), *L'Attroupement* (Rhône-Provence), *La Carriera* (Provence).

F. *Théâtres privés.* Private Theater gibt es nur noch in Paris (etwa 50), z.B. *les Bouffes-Parisiens, Théâtre Hébertot, Athénée-Louis Jouvet, L'Atelier, La Huchette.*

G. *Cafés-théâtres.* Die bes. in Paris zahlreichen *cafés-théâtres* unterliegen anderen Bestimmungen als die festen Theater, da sie als Schankwirtschaften betrachtet werden u. nur die Getränkesteuer entrichten müssen. Dies ermöglicht jungen Autoren u. Schauspielern mit geringen Mitteln an die Öffentlichkeit zu treten. Gezeigt werden in ausgebauten Hinterzimmern, Kellern u. Nebenräumen zumeist Sketches, leichte Boulevardstücke o. auch musikalische Darbietungen („café-concert", kurz: „caf'conc").

H. *Tournées théâtrales.* Die bekanntesten Tourneetheater Frankreichs sind die *Galas Karsenty-Herbert* u. die *Galas Ch. Baret.*

I. *Festivals de théâtre.* Große Theaterfestivals finden im Mai in Nancy *(Festival mondial du jeune théâtre)* sowie Juli–Anfang August in Avignon *(Festival d'Avignon)* statt.

Thémis. Experimentelles Sonnenkraftwerk bei Targassonne (Dép. Pyrénées-Orientales), 1982 in Betrieb genommen, wegen hoher Störanfälligkeit u. geringer Rentabilität 1986 wieder geschlossen. Die 216 Spiegel der Anlage mit 10800 m² Fläche lieferten statt erwarteter 10 MW nur 1,3 MW. Vgl. ↑*four solaire.*

thun-ttun [tuntjun] *m.* Ein volkstümliches Musikinstrument im frz. Baskenland, eine Art Tamburin mit Saiten. Vgl. ↑*tchirula.*

tible ↑sardane.

ticket modérateur ↑Sécurité sociale.

tiercé *m.* Dreierwette (Pferde); beliebte Wette, bei der außerhalb der Rennbahn *(↑PMU)* in lizensierten ↑*cafés* o. Tabakläden *(↑bureau de tabac),* auf die ersten drei Pferde, möglichst in der Reihenfolge des Einlaufs, eines Galopp- o. Hindernisrennens gesetzt wird. Die Wette auf vier Pferde heißt *quarté.* Bekannte Galopprennbahnen: *Longchamp, Vincennes* (Paris), *Deauville* (Dép. Calvados), *Chantilly* (Dép. Oise). Hindernisrennen werden v.a. in *Auteuil* (Paris) u. *Enghien* (Dép. Val-d'Oise) ausgetragen.

Tiers-Etat ↑Ancien Régime.

Tigre. Beiname des frz. Politikers Georges Clemenceau (1841–1929); im 19. Jh. war sein Beiname *le tombeur de ministères* ‚Regierungsstürzer'.

titi (parisien) *m.* Prototyp des aufgeweckten, etwas frechen Pariser Gassenjungen (↑*gavroche*).

T.N.P. ↑Theater.

T.O.M. [tɔm] ↑Überseeisches Frankreich.

tomate ↑Liköre, Schnäpse, Aperitifs: pastis.

tom(m)e (de Savoie) *f.* Zylindrischer halbfester Schnittkäse aus den frz. Alpen mit trockener grauer Rinde.

tour Eiffel [turɛfɛl] *f.* Der nach einem Entwurf des Ingenieurs Gustave Eiffel für die Weltausstellung 1889 in Paris errichtete 307 m hohe Eiffelturm (320,75 m bis zur Antennenspitze) ist das Wahrzeichen von Paris. Die drei Plattformen des Turms sind täglich für das Publikum geöffnet.

Tour de France *m.* ‚Frankreichrundfahrt', Etappenrennen für Radprofis, seit 1903 mit Ausnahme der Kriegsjahre jährlich im Juni u./o. Juli von den Zeitungen *Le Parisien libéré* u. *L'Equipe* durchgeführt. Die Rennstrecke, die auch über Nachbarländer führen kann, wird jedes Jahr neu festgelegt u. beträgt zwischen 3600 km u. 4600 km bei 20–24 Etappen. Zielort ist stets die Avenue des Champs-Elysées in Paris. Während des Rennens finden Einzel- u. Mannschaftszeitfahren statt. Der jeweilige Spitzenradler trägt das gelbe Trikot *(le maillot jaune).*

tour (Maine-)Montparnasse. 210 m hohes Büro- u. Geschäftshochhaus (59 Etagen) im Pariser Viertel Montparnasse, mit Panoramarestaurant u. Aussichtsterrasse.

tourrain, var. *tourin m.* Pyrenäische Zwiebelsuppe mit Knoblauch u. Tomaten.

tourte d'Auvergne *f.* Dunkles Roggenbrot aus der Auvergne.

train jaune *m.* Aus zwei Wagen bestehender, kanariengelber Schienenbus (fam. *le canari*), der seit 1927 zwischen Villefranche-de-Conflent (bei Perpignan) (400 m ü. M.) u. dem Pyrenäenbahnhof Latour-de-Carol (1500 m ü. M.) auf Spezialgleisen (mit einem dritten elektrifizierten 850-Volt-Gleis) verkehrt. Im Sommer führt der mit 45 km/h fahrende Zug auch einen offenen Aussichtswagen *(barque* o. *baignoire).*

Traité franco-allemand *m* = *Traité entre la République fédérale d'Allemagne et la République française sur la coopération franco-allemande.* Sog. „dt.-frz. Freundschaftsvertrag", abgeschlossen am 22. 1. 1963 zwischen de Gaulle u. Adenauer, gilt als Wendepunkt in den dt.-frz. Beziehungen; nach der Aussöhnung mit dem „Erbfeind" sollte eine Phase enger Zusammenarbeit auf politischer u. kultureller Ebene die dt.-frz. Freundschaft festigen. Im Vertrag festgelegt sind u. a. halbjährliche Konsultationen der Regierungschefs, regelmäßige Konsultationen der Außen- u. Verteidigungsminister, der Wille zur Förderung des dt. u. frz. Sprachunterrichts in beiden Ländern u. zur Zusammenarbeit auf dem Gebiet der wissenschaftlichen Forschung. Er schuf die Voraussetzung für die Gründung des Deutsch-Französischen Jugendwerks (DFJW, ↑*OFAJ*) am 5. 7. 1963. Insgesamt wirkt(e) der Vertrag überaus stimulierend in vielen Bereichen der dt.-frz. Beziehungen, vgl. z. B. die Zunahme der Städte- u. Schulpartnerschaften *(↑jumelage)* seit 1963.

tramontane ↑Winde.

transhumance heißt der Weidewechsel, vor allem der Schafherden, im südlichen Fr; z. T. wurden hierbei im Sommer die Herden aus trockenen, heißen Gebieten in feuchtere Berge getrieben (Sömmerung), z. T. mußten die Herden wegen des rauhen Winters zu tiefer gelegenen Weidegründen gebracht werden, z. B. in den Pyrenäen. Heute ist die t., bei der die Wanderherden große Strecken zurücklegen, stark im Rückgang. Vgl. ↑*draille.*

Travail, Famille, Patrie ↑Staatssymbole.

Tribunal administratif. Verwaltungsgericht; 1953 wurde der sog. *Conseil de préfecture* als unterstes Verwaltungsgericht auf der Ebene des Departements durch das *tribunal administratif,* das heutige Verwaltungsgericht, ersetzt, das ein größeres Gebiet umfaßt. Es gibt in Fr. 25 Verwaltungsgerichte, die über Verwaltungsstreitigkeiten befinden, soweit nicht der ↑*Conseil d'Etat* direkt zuständig ist, der gleichzeitig Berufungsinstanz für Urteile der Verwaltungsgerichte ist.

tribunal de commerce. Handelsgericht. Während für Handelssachen in der BRD die ordentlichen Gerichte zuständig sind, besteht in Fr. dieses berufsständische Handelsgericht, dessen Mitglieder Kaufleute sind, die von den berufsständischen Organisationen gewählt werden. Bei höherem Streitwert ist Berufung zur *cour d'appel* (↑*Cour* 1.) möglich.

tribunal des conflits. Dieses Gericht entscheidet über Fragen der Zuständigkeit, wenn strittig ist, welches Gericht in einem bestimmten Fall tätig werden soll.

tribunal correctionnel ↑Justiz.

tribunal de grande instance ↑Justiz.

tribunal d'instance ↑Justiz.

tribunal paritaire des baux ruraux. Dieses paritätisch aus Vertretern der Pächter u. Verpächter, unter Vorsitz des Richters des *tribunal d'instance (↑Justiz)* bestehende Gericht ist für Streitigkeiten zwischen Pächtern u. Verpächtern über Fragen der Landpacht *(bail rural)* zuständig.

tribunal de police ↑Justiz.

tribunaux ordinaires ↑Justiz.

Trikolore ↑Staatssymbole.

trinquet ↑pelote basque.

troglodytes *mpl.* ‚Höhlenbewohner' in der Touraine; Bez. für die Bewohner der Felsenwohnungen, die sich im weichen kreidigen Tuffgestein der Loire-Hänge zwischen Amboise u. Tours finden. Es sind weder Elends- noch Notquartiere, sondern Behausungen von eigenem Reiz, im Winter warm, im Sommer kühl, die sich je nach Bedarf ohne besonderen Aufwand vergrößern lassen.

Trois Glorieuses ↑Geschichtsdaten.

troisième âge. In Fr. übliche, euphemistische Bez. der älteren Menschen wie in der BRD ‚Senioren'. 1973 wurde an der sozialwiss. Universität von Toulouse die erste *Université du Troisième Age* mit volkshochschulähnlichem Programm für Senioren gegründet, die inzwischen in zahlreichen Städten Nachahmung gefunden hat.

Troisième Collège ↑Umweltbewegungen.

Troisième République ↑Republiken.

troubadour, prov. *trobador* (prov. *trobar* ‚finden'). Prov. Minnedichter u. Minnesänger des 11.–13. Jhs., die von Ort zu Ort zogen u. ihre Lieder an den Höfen vortrugen. Sie verherrlichten darin eine von Leidenschaft freie Liebe zu einer oft unerreichbaren verheirateten Frau u. brachten ihre Hoffnungen, Zweifel u. Sehnsüchte in kunstvolle Versformen (Kanzonen). Die meisten T. waren ritterlichen Standes. Es gab unter ihnen Könige u. Fürsten (Wilhelm von Aquitanien gilt als der erste Troubadour überhaupt; Heinrich VI.), Mitglieder des Hochadels (Jaufré Rudel, Bertran de Born), aber auch bürgerliche Spielleute (Marcabru, Bernart de Ventadour) u. Kleriker aller Kategorien. Durch die Troubadourdichtung erlebte die altprov. Sprache eine Blütezeit. Sie war neben dem Lateinischen als Amtssprache anerkannt u. wurde am Papsthof in Avignon gesprochen. Grammatiken u. Wörterbücher wurden verfaßt, doch begann in dieser Zeit auch die Aufsplitterung der *langue d'oc (↑Regionalsprachen)* in zahlreiche Dialekte. – Auch in Nordfr. gab es zwischen dem 12. u. 14. Jh. höfische Dichter, die meist Motive u. Stoffe der prov. Troubadours in altfrz. Sprache übernahmen. Die bekanntesten dieser sog. *trouvères* waren Chrétien de Troyes, Thibaut IV de Champagne, Jean Bodel u. Conon de Béthune.

trou normand ↑Liköre, Schnäpse, Aperitifs: calvados.

T.S.C., *Taxes et services compris.* ‚Einschließlich aller Abgaben u. Dienste/Trinkgelder'.

T.S.F. *f, Télégraphie sans fil.* ‚Drahtlose Telegraphie', veraltete Bez. für frz. *radio* ‚Rundfunk(gerät)'.

TT ↑Autokennzeichen.

T.T.C., *Toutes taxes comprises.* ‚Einschließlich aller Gebühren u. öffentlichen Abgaben'.

ttoro [tjoro] *f.* Baskische Fischsuppe. Im Ggs. zur prov. ↑*bouillabaisse,* deren Vorläuferin sie gewesen sein soll, enthält sie Atlantikfische, die zuvor in Öl angebraten worden sind, u. verzichtet auf Safran.

T.U.C. [tyk] *mpl, Travaux d'utilité collective.* Im öffentl. Interesse liegende Arbeiten, die als Arbeitsbeschaffungsmaßnahmen von öffentlichen Körperschaften an 16–25-jährige vergeben werden, um die Arbeitslosigkeit zu mildern. Diese Jugendlichen (offiziell: *tucistes* [tysist], auch *les TUC*) bekommen für ihren Arbeitseinsatz (z.B. im Straßenbau o. in der Altenhilfe) 1200–1700 F im Monat für halbtägige Arbeit. 1986 gab es in Fr. rd. 2,44 Mio. Arbeitslose, davon waren 30% unter 25 Jahre alt.

tumulus ↑Megalithdenkmäler.

T.U.P., *titre universel de paiement.* Bankeinzugsermächtigung.

turbotrain *m.* Gasturbinentriebwagen der ↑*SNCF,* verkehrt nur auf bestimmten Strecken, z.B. Paris-Cherbourg, Strasbourg-Lyon.

tutelle administrative ↑Region u. Regionalisierung.

TV 5 ↑Rundfunk u. Fernsehen.

TV 6 ↑Rundfunk u. Fernsehen.

T.V.A. *f, taxe sur la valeur ajoutée.* Mehrwertsteuer; das frz. Mehrwertsteuersystem kennt mehrere Sätze. Der T.V.A.-Normalsatz ist höher als in der BRD. Der Anteil am Gesamtsteueraufkommen beträgt über 40% (↑*Steuern*).

U

ubac [ybɑk] ↑adret.

U.D.B. ↑Regionalismus.

U.D.C.A. ↑poujadisme.

U.D.F. ↑Parteien.

U.D.R. ↑Parteien.

U.D.T. ↑U.N.R.

Überseeisches Frankreich, frz. *France d'outre-mer.* Die nach der Entkolonialisierung u. de facto-Auflösung der frz. Gemeinschaft *(↑Kolonien)* Fr. verbliebenen überseeischen Gebiete werden in 2 Gruppen eingeteilt, die *Départements d'outre-mer (DOM)* (überseeische Departements) u. die *Territoires d'outre-mer (TOM)* (die überseeischen Gebiete). Die *DOM* sind a) in Amerika: *Guadeloupe,* Hauptort: Basse-Terre; *Martinique,* Hauptort: Fort-de-France; frz. Guyana *(la Guyane française),* Hauptort: Cayenne; b) im Indischen Ozean: *La Réunion,* Hauptort: Saint-Denis. Die *TOM* sind: *Mayotte,* die nach einer Volksabstimmung (1976) frz. gebliebene Hauptinsel der Komoren, deren übrige Inseln heute einen unabhängigen Staat bilden; Hauptort von Mayotte ist Mamoutzou; frz. Polynesien *(la Polynésie française)*, Hauptort: Papeete auf der Insel Tahiti; *Saint-Pierre-et-Miquelon*, eine Inselgruppe in der Nähe von Neufundland, Hauptort: Saint-Pierre; *Wallis-et-Futuna*, eine Inselgruppe in Melanesien, Hauptort: Mata-Utu; Neu-Kaledonien *(la Nouvelle-Calédonie)*, Hauptort: Nouméa; die *Terres australes et antarctiques françaises (TAAF)*. Die Neu-Hebriden *(les Nouvelles Hébrides)* waren bis 1980 ein engl.-frz. Kondominium. Seit Erklärung der Unabhängigkeit heißen sie Vanuatu. Hauptort: Port-Vila. In Neu-Kaledonien brachen 1984 größere Unruhen aus, als die einer Unabhängigkeitsbewegung angehörenden Melanesier (Kanaken) die Wahlen zum Inselparlament blockierten. Die Kanaken, die fast die Hälfte der Inselbevölkerung ausmachen, fordern die Unabhängigkeit des Landes, während die ebenfalls zahlreichen weißen Siedler – ähnlich wie seinerzeit die *pieds noirs* in Algerien (↑*Algerien*) – den Status quo aufrechterhalten möchten. Nach dem Pisani-Plan (Jan. 1985) soll 1987 eine Volksabstimmung stattfinden, die über die Unabhängigkeit des Landes entscheiden soll, die aber mit gewissen Rechten für Frankreich verbunden sein soll (Verbleib der weißen Siedler, der sog. *caldoches*, mit gesicherten Rechten, Verantwortlichkeit Frankreichs für die Verteidigung und öffentliche Sicherheit des Landes), also eine Art *association*, wie sie auch mit schwarzafrikanischen Staaten besteht. Die für die Unabhängigkeit eintretenden Melanesier, die ein freies *Kanaky* (= Kanakenland) fordern, sind im *Front de Libération Nationale Kanak Socialiste (FLNKS)* zusammengeschlossen, ihr Führer ist Jean-Marie Tjibaou.

U.E.C. ↑J.C.

U.E.R. ↑Universität.

U.F.C., *Union fédérale de la consommation.* Maßgebender Verband zum Schutz der Verbraucherinteressen, gegr. 1951, die frz. „Stiftung Warentest". Die Testergebnisse werden in der auflagenstarken Monatsschrift *„Que choisir?"* veröffentlicht. Zusammenarbeit mit ↑*CNC* u. ↑*INC*. Vgl. ↑*Verbraucherschutz*.

U.F.C.S. ↑Verbraucherschutz.

U.F.C.V. ↑centres de vacances et de loisirs.

U.F.E., *Union des Français à l'étranger.* Verband der im Ausland lebenden Franzosen; bekam 1980 Konkurrenz durch die sozialistisch orientierte *Association démocratique des Français de l'étranger (ADFE).*

U.F.I.C., *Union pour le financement de l'industrie cinématographique.* ‚Union für die Finanzierung der Filmindustrie', auf die Filmbranche spezialisiertes Kreditinstitut.

U.F.R. ↑Universität.

U.H.T., *ultra-haute température.* Ultrahocherhitzt, z.B. *lait U.H.T.* ‚H-Milch'.

U.I.M., *Union internationale de maires pour la compréhension franco-allemande et le rapprochement des peuples d'Europe.* Internationale Bürgermeister-Union für dt.-frz. Verständigung u. europäische Zusammenarbeit (IBU), gegr. 1948 in der Schweiz; initierte mit dem Rat der Gemeinden Europas (RGE) Anfang der 50er Jahre lange vor Abschluß des dt.-frz. Vertrages *(↑Traité franco-allemand)* die ersten dt.-frz. Städtepartnerschaften *(↑jumelage)*, z.B. Ludwigsburg – Montbéliard, Celle – Meudon, Ettlingen – Epernay, Heidenheim – Clichy, u. führt seit langem dt.-frz. Jugendleiter- u. Expertenseminare durch.

U.J.C. ↑J.C.

U.L.M. [y-ɛl-ɛm] *m, Ultra-léger motorisé.* Ultraleicht-Flugzeug, entwikkelt aus dem Flugdrachen (*deltaplane*), daher auch ‚motorisierter Hängegleiter'. Gewicht: bis zu 100 kg; Spitzengeschwindigkeit 120 km/h.

ultramontanisme ↑gallicanisme.

ultras *mpl.* 1. Bez. der *ultraroyalistes* o. radikalen Königstreuen unter der *Restauration* *(↑Monarchie)* von 1815; 2. Personen mit eng konservativer, reaktionärer, oft übertrieben nationalistischer Einstellung.

Umweltbewegungen *(mouvements écologistes).* Aus der diffusen frz. Ökologiebewegung der frühen 70er Jahre haben sich drei nennenswerte Gruppierungen entwickelt: 1. *RAT, Réseau des Amis de la Terre.* 1970 in Fr. nach dem Vorbild der amerikanischen *Friends of the Earth* gegr. Umweltschutzbewegung mit zahlreichen Lokalkomittees. Bekanntester Vertreter des nach basisdemokratischen Grundsätzen geführten *RAT* ist Brice Lalonde, der 1981 gemeinsamer Präsidentschaftskandidat der frz. Ökologiegruppen war; 2. *MEP, Mouvement d'écologie politique.* 1979 von Aktivisten der frz. Ökologiebewegung gegr. parteiähnliche Gruppierung, die bei den Präsidentschaftswahlen 1981 mit dem *RAT* u. dem *Troisième Collège* (s. unten) ein Wahlbündnis schloß. 1982 wandelte sie sich zunächst in einen *parti écologiste* um u. gab sich später nach dem Vorbild der dt. *Grünen* den Namen *les Verts; 3. Troisième collège.* Dritte wichtige Strömung in der frz. Umweltschutzbewegung: im Vgl. zum RAT u. MEP weniger organisiert u. stärker libertär ausgerichtet. Der politische Einfluß der drei Umweltgruppen ist (noch) gering. Vgl. *↑Fos, ↑Larzac, ↑Regionalismus.*

U.N.A.F. ↑Verbraucherschutz.

Unanimisme *m,* nach dem Gedicht *Vie unanime* (1908) von J. Romains. Literarphilosophische Bewegung, gegr. um 1910 von J. Romains und anderen jungen Dichtern u. Schriftstellern wie R. Arcos, G. Duhamel, Ch. Vildrac, die alle der Dichtergruppe *↑Abbaye* in Créteil angehörten. Ihren Werken liegt der Gedanke zugrunde, daß die Gruppenseele *(Ame unanime)* über dem Leben des Individuums steht.

U.N.E.D.I.C., *Union nationale pour l'emploi dans l'Industrie et le Commerce.* Gesamtverband für die Beschäftigung in Industrie u. Handel, in Fr. für die Arbeitslosenversicherung zuständig. Vgl. *↑ASSEDIC.*

UNEF ↑Studentenverbände.

Union des démocrates pour la Ve République ↑U.N.R.

Union pour la Démocratie française ↑Parteien.

Union démocratique bretonne ↑Regionalismus.

Union Démocratique du Travail ↑U.N.R.

Unione di u Populu Corsu ↑Regionalismus.

Union française ↑Kolonien.

Union de la Gauche ↑Programme commun.

Union pour la Nouvelle République ↑U.N.R.

Union sacrée ↑Weltkriege: 1. Weltkrieg.

Universität. 1. *L'Université:* a) Gesamtheit der Lehrenden u. Lernenden an einer Hochschule; b) Alma Mater. 2. *université,* Hochschule *(↑enseignement supérieur)* mit der Rechtsform eines *„établissement public à caractère scientifique, culturel et professionnel"*, dt. etwa ‚Körperschaft/Anstalt des öffentlichen Rechts, die wiss. u. Bildungsaufgaben erfüllt u. auf berufliche Tätigkeiten vorbereitet'. Jede Universität umfaßt mehrere Ausbildungs- u. Forschungseinheiten *(Unités de formation et de recherche = UFR),* die die alten Fakultäten (z.B. *faculté de droit, de lettres, des sciences, de médecine)* u. die *UER (Unités d'enseignement et de recherche)* abgelöst haben u. den ‚Fachbereichen' an dt. Universitäten entsprechen. I.d.R. wird der Zugang zur U. durch das Abitur *(↑baccalauréat)* eröffnet. Es gibt keinen numerus clausus, die Selektion erfolgt während des Studiums.

Es gibt einen kurzen, zweijährigen akademischen Studiengang an einem ↑*IUT* u. einen langen Studiengang, der drei Stufen *(cycles)* umfaßt: die erste Stufe *(premier cycle)* dauert zwei Jahre (Grundstudium). Der Studienerfolg wird hier durch laufende Kontrolle *(contrôle continu)* in Form von Teilprüfungen o. *Unités de Valeur (UV),* die den dt. ‚Seminarscheinen' entsprechen, nachgewiesen. (I.w.S. werden mit *UV* auch ‚universitäre Lehrveranstaltungen' bezeichnet.) Das Grundstudium schließt mit dem ↑*DEUG* bzw. ↑*DEUST* ab. Die zweite Stufe *(deuxième cycle),* das Hauptstudium, führt in einem Jahr zur ↑*licence* (= Voraussetzung für ↑*CAPES/CAPET)* u. in zwei Jahren zur ↑*maîtrise* (Voraussetzung für die ↑*agrégation*). Seit 1985 gibt es an den U. ein neues stark berufsbezogenes Spezialdiplom (↑*magistère*) für ausgewählte Studenten. Die dritte Stufe *(troisième cycle),* eine Art Forschungsstudium, führt in einem Jahr zum ↑*DEA* u. zum ↑*DESS*. Nur das *DEA* erlaubt die Abfassung einer Dissertation *(thèse)* u. den Abschluß mit dem ↑*doctorat (du troisième cycle).* Ein noch höheres Niveau hat das der dt. Habilitation vergleichbare *doctorat d'Etat.* Seit dem Hochschulgesetz von 1984 gibt es nur noch einen einheitlichen Doktorgrad *(↑doctorat).* Das Medizinstudium dauert mindestens sieben Jahre u. umfaßt drei Stufen: 1. *PCEM (premier cycle d'études médicales),* zwei Jahre; 2. *DCEM (deuxième cycle d'études médicales),* 4 Jahre inkl. sechssemestriges Klinikum an einem ↑*CHU*. 3. *Troisième cycle,* 1 Jahr Praktikum, klinische Prüfungen u. Doktorarbeit zur Erlangung des Titels *docteur en médecine.* Die Besonderheit des Medizinstudiums besteht in einem ↑*concours* am Ende des 1. Studienjahres, den im allg. nur ein Drittel der Kandidaten bestehen.

Unter Staatspräsident Mitterrand ist am 26. Januar 1984 eine neue Hochschulreform in Kraft getreten, (*Loi sur l'enseignement supérieur,* kurz *Loi Savary,* nach dem frz. Erziehungsminister). Das neue Gesetz, das das 1968 als Folge der ↑*événements de mai* entstandene Hochschulrahmengesetz (*loi d'orientation*) ablöst, sieht u.a. vor, die schon 1968 eingeführte *pluri-disciplinarité* der Grundstudiengänge konsequent weiterzuführen u. auf die immer schon stark fachspezifisch orientierten juristischen u. medizinischen Fachbereiche auszudehnen sowie die *sélection* nach dem zweiten Studienjahr zu verstärken. Das Prinzip der *professionnalisation* soll die Hochschulausbildung mehr an die Praxis u. die Bedürfnisse der Berufswelt anpassen u. die Studiengänge nach dem Arbeitsmarkt ausrichten (vgl. ↑*DEUST,* ↑*magistère*).

Organe der Universität sind der Präsident u. der Verwaltungsrat (*Conseil d'administration,* entspr. etwa dem ehem. *Conseil de l'université*). Neu hinzugekommen sind zwei Gremien mit Beratungsfunktion: 1. der Wissenschaftsausschuß (*Conseil scientifique*); 2. der Ausschuß für studentische Angelegenheiten (*Conseil des études et de la vie universitaire*). Der Einzug größerer Kontingente von universitätsfremden Delegierten in diese Aufsichts- u. Verwaltungsgremien beschneidet die Autonomie der Hochschulen. In keinem der drei Gremien haben die Professoren auch nur annähernd die Mehrheit. Von den 30–60 Mitgliedern des Verwaltungsrates entfallen 40–50% auf alle Mitglieder des Lehrkörpers, 20–30% auf sog. „personnalités extérieures", d.h. Vertreter der Gebietskörperschaften, der Wirtschaft u. der Gewerkschaften, 20–25% Studenten u. 10–15% nichtwissenschaftliches Personal. Das neue Gesetz verstärkt in erheblichem Maße die Exekutivbefugnisse des Universitätspräsidenten, der selbst Hochschullehrer sein muß u. von den Mitgliedern der drei *Conseils* auf 5 Jahre gewählt wird; unmittelbare Wiederwahl ist nicht möglich.

Der nationale Hochschul- u. Forschungsrat (↑*CNESER*) vertritt die Interessen aller Mitglieder der Universitäten auf nationaler Ebene. Er wird mittlerweile von der Präsidentenkonferenz (*Conférence des Présidents d'université = CPU,* seit 1971) an Bedeutung übertroffen. Vorsitzender der *CPU,* die wie der *CNESER* beratende Funktion hat, ist der Erziehungsminister. – Vgl. a. ↑*CNRS,* ↑*école normale,* ↑*Grandes Ecoles,* ↑*IEP,* ↑*Sorbonne,* ↑*STS,* ↑*Studentenverbände,* ↑*UPA.*

universitaire *m.* Akademiker; Absolvent einer Hochschule. Die Bez. ist weitgehend auf Universitätsprofessoren (*professeurs de faculté*) u. Gymnasiallehrer (*professeurs de lycée*) beschränkt. Nicht zu verwechseln mit *académicien* (↑*Académie*).

universités populaires ↑formation continue.

Universités du troisième âge ↑troisième âge.

U.N.R., *Union pour la Nouvelle République.* 1958 gegründete gaullistische Partei, die das Erbe des 1954 gegründeten *Centre National des Républicains Sociaux* (Roger Frey u. Jacques Chaban-Delmas) antrat. 1962 verschmolz die *U.N.R.* mit der *UDT (Union Démocratique du Travail)* zur *UNR-UDT,* die dann wiederum zur *Union des démocrates pour la Ve République* wurde, 1968 umbenannt in *Union pour la Défense de la République,* 1971 in *Union des Démocrates pour la République,* 1976 in *Rassemblement pour la République (↑Parteien).*

U.N.R.L. ↑Parteien.

Un roi, une foi, une loi ↑huguenots.

U.P.A., *Unités pédagogiques d'architecture.* Fachhochschulen für Architektur in Fr. (9 in Paris, 14 in der Provinz). Studiendauer 6 Jahre; Abschluß als *architecte ↑DPLG.*

U.P.C. ↑Regionalismus.

Ursprungsbezeichnungen bei Weinen u. alkoholischen Getränken *(les appellations).* In Fr. werden offizielle U. u. Klassifizierungen vom *Institut national des appellations d'origine des vins et des eaux de vie = INAO* (Nationales Institut für Weine mit Herkunftskontrolle) vergeben. u. vom Landwirtschaftsministerium in Paris als Dekrete mit Gesetzescharakter erlassen. Bei Weinen unterscheidet man vier Kategorien, die auf den Flaschenetiketten genannt werden müssen: – 1. *AOC (Appellation d'origine contrôlée),* strengste Klassifizierung mit genauen Vorschriften für Rebsorte, Rebschnitt, genehmigten Höchstertrag pro Hektar Anbaufläche u. für die Weinbereitung. Der Anteil an der frz. Weinerzeugung beträgt etwa 17–20% (250 AOC-Herkünfte). Diese Herkunftsbezeichnung wird auch an Käsesorten verliehen; 1983 an 27, darunter der ↑*camembert,* ↑*maroilles* u. ↑*reblochon.* Die AOC-Klassifizierung gibt es auch beim *calvados* (↑*Liköre, Schnäpse, Aperitifs*), jedoch nur für den *c. du Pays d'Auge, sowie für Oliven(Öl) aus Nyons (Dép. Drôme.* – 2. *VDQS (Vin délimité de qualité supérieure)* ‚Wein höherer Qualität aus bestimmten Anbaugebieten', kennt ähnlich strenge Vorschriften wie *AOC.* Der Anteil an der frz. Weinerzeugung beträgt nur 5% (60 VDQS-Gebiete). Nach EG-Gesetz sind *AOC* u. *VDQS*-Weine „Qualitätsweine bestimmter Anbaugebiete (Q.b.A.)". – 3. *Vin de Pays,* Landwein; gesetzl. U. seit 29. Nov. 1973. Diese Weine kommen aus bestimmten Gegenden, die auf dem Etikett vermerkt werden. Sie dürfen nicht verschnitten werden u. müssen strengeren Qualitätsanforderungen genügen als die einfachen Tafelweine (10% der frz. Weinerzeugung). – 4. *Vin de Table (vin ordinaire),* Tafelwein mit Markennamen u. Angabe des Alkoholgehaltes. Tafelweine dürfen aus verschiedenen Anbaugebieten miteinander verschnitten werden, um gleichbleibenden Geschmack zu gewährleisten (65–68% der frz. Weinerzeugung).

Auf den Flaschenetiketten frz. Weine finden sich häufig noch andere Ursprungsbezeichnungen wie *cru, château, climat, clos, domaine; cru* ‚Gewächs' bez. im allg. ein genau bestimmtes Terrain u. den auf diesem Terrain erzeugten Wein. Im Bordeaux-Gebiet gab es teilweise schon 1855 klassifizierte Spitzenlagen *(cru classé)* eines einzigen Weingutes *(château)*. Als *grand cru* o. *premier cru* dürfen lt. Gesetz nur Spitzenweine des Chablis (Burgund), bestimmte Weine aus der Gegend von Saint-Emilion (Bordeaux), der Champagne u. des Elsaß bezeichnet werden. Dem Begriff *château* im Bordeaux-Gebiet entspricht in Burgund *climat* für eine bes. gute Weinlage. Daneben gibt es in Burgund die Bez. *clos* für eine in sich geschlossene Einzellage. *Domaine* heißt ein Weingut, das sich über mehrere Gemeinden erstrecken kann. Die Bez. *Réserve* o. *Grande Réserve,* die sich gelegentlich auf Weinetiketten findet, ist eine reine Phantasiebez. u. hat nichts mit einem gesetzlichen Güteprädikat oder einer Ursprungsbez. zu tun.

U.R.S.S.A.F. ↑Sécurité sociale.

usine marémotrice *f.* Gezeitenkraftwerk, z.Zt. einziges der Welt. Das an der Mündung der Rance bei Saint-Malo (Dép. Ille-et-Vilaine/Bretagne) von 1961–1966 erbaute G. nutzt die Gezeiten des Atlantiks zur Energiegewinnung. Jahresleistung ca. 540 Mill. Kilowattstunden.

U.S.I.N.O.R. [ysinɔr] *Union sidérurgique du Nord.* Frz. Montankonzern, der in Nordfr. (Dunkerque, Mardyck, Valenciennes), Lothringen (Longwy) u. ↑*Fos* (dort zusammen mit ↑*Sacilor)* Stahl- u. Hüttenwerke betreibt.

U.T.A. [ytɑ] *Union des transports aériens.* Private Fluggesellschaft, spezialisiert auf Flüge nach Afrika u. in den Fernen Osten, drittgrößtes frz. Luftfahrtunternehmen nach ↑*Air France,* mit der die *U.T.A.* einen Kooperationsvertrag abgeschlossen hat, u. ↑*Air Inter;* 1963 hervorgegangen aus einer Fusion der Gesellschaften *TAI (Transports aériens internationaux)* u. *UAT (Union aérienne des transports).*

U.V. ↑Universität.

V

V + Nummer, *chemin vicinal.* Meist nicht ausgebaute, geteerte Verbindungsstraße zwischen zwei Gemeinden.

vacherin *m.* 1. Milder Kuhmilchkäse aus Savoyen u. der Franche-Comté; 2. süßes Sahne- o. Eisbaiser.

V.A.L., *Véhicule automatique léger.* 1983 in Lille (Dép. Nord) in Betrieb genommene, ultramod. Untergrundbahn, deren Züge ohne Lokführer verkehren u. vollautomatisch von einer Computerzentrale aus gesteuert werden. Das *VAL*-System soll auch in Toulouse u. Strasbourg eingeführt werden.

valençay *m.* Mittelscharfer Ziegenkäse aus dem Berry.

valleuse *f.* In der Normandie, bes. im *pays de Caux,* trockenes Tal, dessen Kalksteinfelsen erodiert wurden u. das zum Meer führt.

vaudeville. Im 15. Jh. Bez. für die Spottlieder des Dichters Olivier Basselin (um 1440) aus dem Tal des Vire in der Normandie *(Vau de Vire)*, daher die urspr. Bez. *vaudevire*. V. hießen später satirische volkstümliche Liedeinlagen in possenhaften Singspielen, seit dem 18. Jh. die leichten Possen selbst, die Vorläufer der *opéra comique*. Zu den bekanntesten Vaudeville-Dichtern zählten E. Scribe, E. Labiche, G. Feydeau.

V.C.N. ↑camembert.

V.D.L., *Vins de liqueur*. Likörweine; von den verwandten ↑*VDN* unterscheiden sie sich durch eine etwas höhere Alkoholzugabe bei der Herstellung *(mutage)* u. eine orangefarbene Kontrollmarke. Ein bekannter *VDL* ist der *pineau des Charentes* (↑*Liköre, Schnäpse, Aperitifs*).

V.D.N., *Vins doux naturels*. Natürliche Süßweine, aus bes. süßem Weinmost (mind. 125 g Restzucker/l) u. bestimmten Trauben unter Hinzufügung von hochgradigem Alkohol. Die *VDN* kommen zu 90% aus dem Dép. Pyrénées-Orientales. Sie sind sämtlich *AOC*-Weine mit einem Alkoholgehalt von 15–16% u. tragen im Unterschied zu den ↑*VDL* eine grüne Kontrollmarke. Man unterscheidet je nach Traubensorte zwei *VDN*-Typen: 1. ↑*muscat;* 2. *Rivesaltes, Maury, Banyuls* aus der Grenache-, Macabeu- od. Malvoisie-Traube. Kleinere Mengen von *VDN* werden auch in anderen Gegenden Fr.s erzeugt, z.B. *muscat de Frontignan* (Dép. Hérault), *Rasteau* (Vaucluse).

V.D.Q.S. ↑Ursprungsbezeichnungen.

Vel' d'Hiv' *m.* Abk. für *Vélodrome d'Hiver*, bekanntes ehem. Radsportstadion in Paris. An seiner Stelle steht heute der *Palais omnisport de Paris-Bercy (POPB)*, wo u.a. wieder 6-Tage-Rennen stattfinden.

vendetta *f.* Korsische Blutrache, bei der jeder Mord o. jede schwere Beleidigung die Familie des Opfers verpflichtet, sich am Schuldigen zu rächen, wodurch lange Todfeindschaften unter Familien entstehen.

ventre de Paris ↑Halles.

Verbraucherschutz. Eine Reihe von z.T. gewerkschaftlichen u. genossenschaftlichen Organisationen befassen sich auch mit der Aufklärung u. dem Schutz der Verbraucher. Die wichtigsten sind: *AFOC (Association ↑ FO Consommateurs), ANC (Association des Nouveaux Consommateurs), ASSECO-CFDT (Association Étude et Consommation), CNAPFS (Comité National des Associations Populaires Familiales Syndicales), CGL (Confédération Générale du Logement), CSCV (Conféderation Syndicale du Cadre de Vie), CSF (Conféderation Syndicale des Familles), FFF (Fédération des Familles de France), FNAFR (Fédération Nationale des Associations Familiales Rurales), FNCC (Fédération Nationale des Coopératives de Consommateurs), INDECOSA-CGT (Information et Défense du Consommateur Salarié), ORGECO (Organisation Générale des Consommateurs), UFC (Union Fédérale des Consommateurs), UFCS (Union Féminine Civique et Sociale), UNAF (Union Nationale des Associations Familiales).*

Verdun ↑Weltkriege: 1. Weltkrieg.

Verts, les ~ ↑Umweltbewegungen.

verlan *m.* Eine ursprünglich in der frz. Unterwelt in den 40er Jahren entstandene und seit einigen Jahren in bestimmten Milieus beliebte geheime Umkehrsprache, die auf der Umstellung der Silben in zweisilbigen Wörtern beruht (*verlan* = *l'envers*), z.B. *féga* = *gaffe* „Gefängniswärter" (in der Gaunersprache), ↑*beur* = *arabe* ‚Araber'. Ältere frz. Geheimsprachen dieser Art waren das *largonji* ‚jargon' (im 19. Jh.) mit der Variante *loucherbem,* der Geheimsprache der Fleischer (*loucherbem* = *boucher*), vor allem im großen Pariser Schlachthof *La Villette,* die von 1850–1900 üblich war, und das *javanais* des 20. Jh.

vespasienne *f.* Öffentliche Bedürfnisanstalt, Pissoir in Paris. Ihren Namen tragen die grünen Pissoirs nach Kaiser Titus Flavius Vespasianus (9–79 n. Chr.), der in Rom die ersten öffentlichen Toiletten errichten ließ. 1834/35 ließ der Pariser Präfekt Rambuteau etwa 1000 *v.* auf den Trottoirs der Pariser Boulevards aufstellen. Heute gibt es nur noch rd. 100, ihre Zahl nimmt weiter ab. Sie werden nach u. nach durch sog. ↑*sanisettes* ersetzt.

Vichy ↑Mineralwasser.

Vichy-Regime, *régime de Vichy.* Am 10. Juli 1940 trat die frz. Nationalversammlung, die unter der III. Republik aus beiden Kammern bestand (↑*Parlament*), im nichtbesetzten Teil *(zone non occupée)* von Fr. in Vichy zusammen u. erteilte dem letzten Ministerpräsidenten der III. Republik, dem greisen Marschall Philippe Pétain, besondere Vollmachten (mit 569 gegen 80 Stimmen). Pétain erklärte sich zum Staatschef *(Chef de l'Etat français),* u. Fr. erhielt bis zu seiner Befreiung *(↑Libération)* ein autoritäres Regime, das weniger faschistisch als traditionalistisch, antirepublikanisch, ständestaatlich, paternalistisch u. antiparlamentarisch war u. eher gemeinsame Züge mit dem Franco-Regime als mit den faschistischen Regimen D.'s u. Italiens aufwies. Die Bez. *République française* wurde durch *Etat français* ersetzt, die Figur der Marianne durch die *francisque,* die Devise *Liberté, Egalité, Fraternité* durch *„Travail, Famille, Patrie"* *(↑Staatssymbole).* 1940 bildete sich ein Mythos um den damals noch sehr beliebten Marschall Pétain, von dem bald nur noch als vom *Maréchal* gesprochen wurde. Eine *Révolution nationale* sollte die Zeit angeblich dekadenter, parlamentarischer Demokratie beenden u. eine nationale Erneuerung einleiten, deren Träger u.a. die ↑*Légion française des combattants* sein sollte. Angesichts der Verschärfung der Kriegslage u. der Haltung der Besatzungsmacht war diese jedoch zum Scheitern verurteilt. Viele Franzosen praktizierten damals den von Vichy verurteilten *attentisme,* die Politik des Abwartens ohne irgendein Engagement. Die Zeit des Vichy-Regimes kann man in 4 Abschnitte unterteilen: 1. die Zeit der Resignation u. Anerkennung der Niederlage (Juli bis Dezember 1940), beherrscht durch Pierre Laval; 2. die Zeit, in der man versuchte, mit D. zusammenzuarbeiten, wobei diese *collaboration* von vorsichtiger Zurückhaltung bis zum deutlichen Engagement für die dt. Besatzung gehen konnte (Januar 1941 bis April 1942). In dieser Zeit spielte Admiral Darlan eine entscheidende Rolle; 3. die Zeit, in der wiederum eine Regierung unter Laval kollaborierte u. gleichzeitig versuchte, die immer schärferen Forderungen der Dt., die im November 1942 ganz Fr. besetzt hatten (↑*Weltkriege*), zu mäßigen (April 1942 bis Januar 1944); 4. die Zeit, in der die faschistischen Elemente die Oberhand gewannen, so die aus dem *Service d'Ordre de Légion française (SOL)* hervorgegangene *Milice française* unter Darnand, der *Parti Populaire français (PPF)* unter Jacques Doriot, der *francisme* unter Marcel Bucard. Die schwierige Versorgungslage, die Festhaltung von 1,5 Millionen frz. Kriegsgefangener in D., die Zwangsverpflichtung von frz. Arbeitskräften nach D. durch den sog. *Service du Travail Obligatoire* (↑*STO*), die Deportationen u. Erschießungen von Juden u. Mitgliedern der Widerstandsbewegung hatten das Vichy-Regime verhaßt gemacht, das immer mehr als das Regime der Kapitulation erschien. All diese Faktoren u. die Kriegserfolge der Alliierten, vor allem nach der Landung in Nordafrika, gaben der ↑*Résistance* mächtigen Auftrieb. Nach der Befreiung Fr.s (↑*Libération)* wurden die sog. Kollaborateure *(collaborateurs, collaborationnistes,* fam. *collabos)* z.T. hart bestraft; es setzte eine politische Säuberung *(épuration)* des Staatsapparates, der Presse usw. ein. Nach der alliierten Invasion wurde Pétain von den Dt. mit Gewalt nach Sigmaringen gebracht, wo unter seiner Führung bis 1945 noch eine Marionetten-Exilregierung des Vichy- Regimes bestand. Auf eigenen Wunsch kehrte Pétain nach Fr. zurück und wurde zunächst (im Juli 1945) zum Tode verurteilt, dann aber zu lebenslänglicher Haft begnadigt. Er starb 1951 in seinem Zwangsaufenthalt auf der Ile d'Yeu.

vielle ↑bourrée.

vignette *f* heißt in Fr. der Aufkleber, der innen rechts an der Windschutzscheibe sichtbar angebracht werden muß u. beweist, daß für das betr. Fahrzeug die Kraftfahrzeugsteuer bezahlt wurde o. eine Befreiung davon vorliegt. Seit 1986 muß neben der Steuervignette eine weitere Vignette als Beleg für eine Haftpflichtversicherung sichtbar angebracht werden.

viguier. Das Fürstentum Andorra *(la principauté d'Andorre)* untersteht heute dem frz. Staatspräsidenten u. dem spanischen Bischof von Urgel. Die Vertreter der beiden *co-princes* heißen in Andorra *viguiers* (katalanisch: *veguer)*.

Villages Vacances Familles ↑V. V. F.

ville nouvelle *f.* Von engl. „new town"; eine nach mod. funktionalen Gesichtspunkten zur Entlastung großer Ballungszentren in ihrer Nähe geplante u. neuerbaute o. in Anlehnung an bestehende Siedlungen angelegte Stadt mit zentralörtlichen Einrichtungen, Wohn- u. Gewerbevierteln („Satellitenstadt"). Für den Pariser Raum ist in dem seit 1965 gültigen Raumordnungsplan *(schéma directeur de la région parisienne)* die Anlage von fünf neuen Städten vorgesehen, die gleichmäßig um Paris verteilt sind u.

als Planungsziel 300000–400000 Einwohner aufnehmen sollen: 1. Cergy-Pontoise, 25 km nordwestl., 2. Evry, südl., 3. Marne-la-Vallée, 15 km östl., 4. Melun-Sénart, 35 km östl., 5. Saint-Quentin-en-Yvelines, 30 km südl. Diese *Villes nouvelles* befinden sich an den Hauptausfallstraßen von Paris u. sind mit den Industriegebieten verkehrsmäßig gut verbunden. Die Endstationen der ↑*métro* sind auf dem Schienenweg erreichbar, teilweise besteht eine direkte ↑*RER*-Verbindung nach Paris. Für alle v. bestehen mehrspurige Verbindungen zum ↑*boulevard périphérique*. Neben der infrastrukturellen Erschließung steht der Ausbau aller wichtigen administrativen, wirtschaftlichen, politischen u. kulturellen Einrichtungen im Vordergrund. v. sind ferner entstanden in der Nähe von Lille (Dép. Nord): Villeneuve-d'Asq; Lyon: l'Isle d'Abeau; Rouen: le Vaudreuil, u. in der Nähe neuer Industriekomplexe, z.B. Bagnols-sur-Cèze beim Atomkombinat Marcoule (Dép. Gard), Mourenx bei ↑*Lacq*, Rives de l'Etang-de-Berre bei ↑*Fos; Villes nouvelles* i.w.S. entstanden auch im Rahmen der touristischen Erschließung des Langedoc (↑*La Grande-Motte*, Port Leucate, le Cap d'Agde) o. der frz. Alpen (Avoriaz, Tignes, La Plagne u.a.). Vgl. ↑*commune-dortoir*.

Villette, La ~ [vilɛt]. Das ehem. Schlachthofviertel am nordöstlichen Stadtrand von Paris soll nach dem Willen von Staatspräsident Mitterrand „ein Ort der Koexistenz von Musik u. Wissenschaft, Kunst und Industrie, Muse und Forschung" werden. Zum in das 21. Jahrhundert weisenden *Parc de la Villette* gehören u.a. das Avantgarde-*Théâtre présent*, die *Cité des sciences et de l'industrie*, eine Art hypermodernes Deutsches Museum (München), *la Géode*, ein kugelrundes Omnimax-Kino mit einer 1000 m^2-Leinwand, u. *Le Zénith*, eine Halle für Rockmusikveranstaltungen, ferner die *Grande Halle*, eine Mehrzweckhalle im Stil der Markthallen Baltards (1867, ↑*Halles*) u. die *Cité de la Musique* mit Konzertsälen, dem Konservatorium u. dem Institut für Musikpädagogik.

vinaigrette *f.* Klass. frz. Salatsauce aus Olivenöl, mit Rotweinessig gemischt u. mit Salz, Pfeffer u. Knoblauch gewürzt.

vin gris *m.* ‚Grauer Wein'. Roséwein, der durch Mostgärung statt der üblichen kurzen Maischegärung eine sehr helle Farbe erhält. Dieses Verfahren wird nur noch in Burgund u. im Loiretal in größerem Umfang angewandt *(rosés de Saumur, rosés de Cabernet)*.

vin jaune *m.* ‚Gelber Wein'; eine Weinrarität aus Arbois (Dép. Jura). *Vin jaune* wird ausschließlich von der Savagnin-Rebe gezogen u. bekommt beim Reifen (mind. 6 Jahre Faßlagerung) eine tiefgoldene Farbe u. ein spezifisches Bouquet, das an Nüsse erinnert. Er ist, mit dem Madeira u. dem Sherry, einer der wenigen Weine, bei dem Oxydation erwünscht ist. Die typischen *vin-jaune*-Flaschen heißen *clavelin*.

vin de liqueur ↑V.D.L.

vin de paille *m.* ‚Strohwein'; ein hochprozentiger Dessertwein aus dem frz. Jura, aus Trauben, die auf Strohmatten getrocknet wurden.

vin de pays ↑Ursprungsbezeichnungen.

vin de sable(s) *m.* ‚Sandwein'; Wein, der auf Sandböden an der Languedoc-Küste angebaut wird; urspr. eine Notlösung im Kampf gegen die Reblaus, die Sand meidet. Sandweine gibt es seit dem Mittelalter schon auf der Ile de Ré u. der Ile d'Oléron vor der frz. Atlantikküste.

vin de table ↑Ursprungsbezeichnungen.

vin doux naturel ↑V.D.N.

Vincennes ↑tiercé.

Vittel ↑Mineralwasser.

Volem viure al païs [volɛmvjurəal pɑ-is] ↑Regionalismus.

Volvic ↑Mineralwasser.

V.R.P. *m, Voyageur-représentant-placier.* Geschäftsreisender, Handelsvertreter.

V.S.N.A. ↑coopérant.

V.S.O.P. ↑Liköre, Schnäpse, Aperitifs.

V.V.F., *Villages Vacances Familles.* Soziale Einrichtung, die Familienferiendörfer baut u. betreibt.

W

W ↑Autokennzeichen.

Wahlrecht. Die Wahl der Abgeordneten erfolgte in Frankreich unter der V. Republik nach dem Mehrheitswahlrecht mit Vertretung auf ↑*Arrondissement*sebene und zwei Wahlgängen, bis die sozialistische Regierung unter Premierminister Fabius Mitte 1985 einen neuen Wahlmodus einführte, nämlich das Verhältniswahlrecht mit Vertretung auf Departementsebene bei nur einem Wahlgang und ohne die Möglichkeit des Panaschierens. Unter der am 20. März 1986 gebildeten Regierung Chirac wurde am 23. Mai 1986 von der Nationalversammlung die Wiedereinführung des vor 1985 bestehenden Wahlsystems beschlossen.

Wallace ↑fontaines Wallace.

wateringue [watrɛ̃g] *m* o. *f.* Gemeinschaft von Grundbesitzern zur Entwässerung u. Trockenlegung von Marschland in Französisch-Flandern.

Weltkriege. *1. Weltkrieg.* Nach der Kriegserklärung an das Deutsche Reich hatte Fr., dessen Staatsgebiet z.T. von den Dt. besetzt war, die Hauptlast des Krieges zu tragen. Alle Parteien in Fr. bildeten im nationalen Interesse die sog. *union sacrée.* Nach einem ersten raschen Vorstoß der Dt. auf Paris wurde die frz. Hauptstadt durch das sog. Wunder an der Marne (*bataille de la Marne,* 6.–13. 8. 1914) gerettet. Der Krieg wurde dann überwiegend zum Stellungskrieg *(guerre des tranchées).* Alle Versuche der dt. Armeen, den Eckpfeiler der frz. Verteidigung, Verdun, zu erobern, scheiterten, wodurch *Verdun* zum Symbol des frz. Durchhaltevermögens wurde (1916–1917). 1917 brachen schwere Meutereien in der frz. Armee aus, die aber vom damaligen Ministerpräsidenten Clemenceau *(↑Tigre)* mit größter Härte niedergeschlagen wurden. 1918 gelang den dt. Armeen ein Durchbruch in Richtung auf Paris, aber nach wenigen Wochen mußten sie sich zurückziehen. Der 1. Weltkrieg endete mit dem Waffenstillstand von ↑*Compiègne* am 11. November 1918. Am 28. 6. 1919 wurde in Versailles der Friedensvertrag zwischen Fr. u. D. unterzeichnet.

2. *Weltkrieg.* Nach Ausbruch des 2. Weltkrieges lagen sich die dt. u. frz. Armeen während der sog. ↑*drôle de guerre* zunächst in der *ligne Maginot* (Maginot-Linie) u. dem Westwall *(ligne Siegfried)* fast untätig gegenüber. Am 15. April Landung englisch-frz. Streitkräfte in Narvik (Norwegen) nach der dt. Besetzung von Dänemark u. Norwegen am 9. April. Am 10. Mai 1940 begann die allgemeine dt. Offensive gegen Fr., Luxemburg, Belgien u. Holland. Die beiden letzten Länder kapitulierten noch im Mai. Bald gelang den dt. Panzerkolonnen der Durchbruch zum Ärmelkanal. In der Schlacht von Dünkirchen *(Dunkerque)* wurden die frz.-britischen Streitkräfte entscheidend geschlagen, einem Teil von ihnen gelang es jedoch, nach England überzusetzen. Der Zusammenbruch *(la Débâcle)* war nicht mehr aufzuhalten. Die dt. Armeen drangen rasch nach Süden bis zur spanischen Grenze bei Hendaye vor. Zehntausende von Zivilisten flohen vor den vorrückenden dt. Armeen nach Süden *(↑Exode)*. In 7 Wochen hatten die dt. Armeen den Frankreichfeldzug zu ihren Gunsten entschieden. Pétain wurde Ministerpräsident u. unterzeichnete den Waffenstillstand von ↑*Compiègne*. Fr. wurde in eine besetzte Zone *(zone occupée)* u. eine unbesetzte Zone *(zone non occupée, fam. zone nono)* eingeteilt, die durch eine Demarkationslinie getrennt waren. In der besetzten Zone wurde eine dt. Militärverwaltung errichtet, in der unbesetzten Zone verblieb dem ↑*Vichy-Regime* eine immer mehr eingeschränkte Souveränität. Die Mehrheit der Frz. stand damals, des Krieges u. der III. Republik überdrüssig, hinter Pétain; es kam z.T. sogar zu englandfeindlichen Reaktionen, als die britische Flotte bei *Mers-el-Kebir* (Algerien) die frz. Flotte angriff u. die frz. Schiffe versenkte (3. Juli 1940), wobei 1300 frz. Matrosen den Tod fanden. Inzwischen hatte de Gaulle seinen berühmten Aufruf von London erlassen u. begonnen, den Kampf in einigen frz. Kolonien fortzusetzen *(↑France libre)*. Bald nahm auch, zunächst in bescheidenem Maße, die innere Widerstandsbewegung *(↑Résistance)* ihre Tätigkeit auf. Nach der Landung der Amerikaner bei Casablanca am 8. November 1942 kapitulierten die Pétain treuen Truppen in Algerien sehr rasch, u. die Vertreter der *France libre* machten Algier zu ihrem Sitz. Am 11. Nov. wurde ganz Fr. von den Dt. besetzt, am 27. November versenkten sich die in Toulon stationierten Schiffe der frz. Flotte selbst, damit sie nicht in die Hände der Dt. fielen. Am 6. Juni 1944 begann die alliierte Invasion in der Nor-

mandie, u. nach wenigen Wochen war der größte Teil Fr.s befreit *(↑Libération)*.

Widerstandsbewegung ↑Résistance.

Winde *(les vents)*. Manche, bes. im Süden des Landes auftretenden Winde haben spez. Bez.: *bise* (Ostfr., bes. im Jura): trockener, sehr kalter Nordostwind; *mistral* (Rhônetal, Provence): stürmischer, kalter Fallwind aus nördlichen Richtungen; *cers* (Bas-Languedoc): trockener, stürmischer West- o. Südwestwind. *tramontane* (Languedoc-Roussillon): stürmischer, aus dem Zentralmassiv kommender Nordwestwind, kalt u. trocken (Winter); *marin* (Mittelmeerküste, Provence, Languedoc): leichter Südostwind, der feuchte Luftmassen heranführt. Ebenfalls aus SO, vom Mittelmeer, kommen der *autan blanc* (Richtung Languedoc), bes. im Sommer, u. der *autan noir* (Richtung Golfe de Gascogne). Beide können Regen bringen u. bis zu einer Woche andauern. Bes. differenziert sind die Bez. der Winde auf Korsika. Hier gibt es für den Wind aus fast jeder Himmelsrichtung eine eigene Bez.: *libeccio* (SW, im Sommer trocken u. heiß), *ponente* (W), *maestrale* (NW, mistralähnlich), *tramontane* (N, im Winter trocken u. kalt), *grecale* (NO, feucht), *levante* (O), *sirocco* (SO, trocken u. heiß).

Wirtschaftsregionen ↑Region u. Regionalisierung.

WW ↑Autokennzeichen.

X

X [iks] ↑Grandes Ecoles.

XP, *exprès payé*. ‚Eilbote bezahlt'.

Z

Z.A.C. [zak] *f*, *Zone d'aménagement concerté*. ‚Gebiet aufeinander abgestimmter Erschließung'; Baugebiet, dessen Festlegung u. Abgrenzung durch Hoheitsakt erfolgt u. dessen Ausstattung mit öffentlichen Einrichtungen in einem besonderen Verfahren abgestimmt wird. Die *Z.A.C.* hat die ältere ↑*ZUP* ersetzt. Sie soll wie die ↑*ZAD* im Rahmen der Stadtplanung die Bodenspekulation verhindern.

Z.A.D., *Zone d'aménagement différé*. ‚Gebiet zurückgestellter Erschließung', Bauerwartungsland. Der Staat hat ein Vorkaufsrecht bei privaten Grundstücksverkäufen. Die amtl. Festlegung einer *Z.A.D.* heißt *zadage*, analog finden sich die Verben *zader* u. das adj. *zadé*.

Z.E.A.T. ↑aménagement du territoire.

Z.E.P., *Zone d'environnement protégé*. ‚Geschütztes Umweltgebiet', durch Gesetz vom 31. 12. 1976 eingeführtes Schutzgebiet in landwirtschaftlicher Umgebung.

Z.F.O., *zone française d'occupation*. Ehem. frz. Besatzungszone (in D.).

Z.H., *Zone d'habitation*. Mischgebiet ohne den besonderen rechtlichen Vorrang einer ↑*ZAC* o. ↑*ZUP*.

Z.I., *Zone industrielle.* ‚Industriegebiet', Baugebiet für die Ansiedlung von Industriebetrieben.

Z.N.E., *Zone naturelle d'équilibre.* Zone, die im Einzugsbereich von Wohnbezirken der Erholung u. Freizeitgestaltung dient. Bebauung ist hier nur mit Sondergenehmigung möglich. In der *Grande Couronne* um Paris *(↑Région parisienne)* liegen *5 Z.N.E.: Plaine de Versailles, Plateau de Hurepoix, Plateau du Sud, Plateau de Brie, Plaine de France.* In diesen Gebieten sollen der urspr. Landschaftscharakter u. die traditionellen Nutzungsformen soweit wie möglich erhalten bleiben.

Z.O.H., *Zone opérationnelle d'habitat.* Baugebiet für Wohnungsbau u. Ansiedlung von Gewerbebetrieben; entspricht in der BRD dem „Mischgebiet".

zone bleue heißen in Fr. die Kurzparkzonen.

zone franc. ‚Franc-Zone'. Währungsgebiet des frz. Franc, zu dem auch die frz. Überseegebiete *(↑Überseeisches Frankreich)* gehören sowie zwölf ehem. frz. ↑*Kolonien* in Afrika, ferner Monaco.

zones franches, *fpl.* Während *zone franche* allg. „Zollausschlußgebiet' bedeutet, versteht man unter *zones franches* ein schmales Grenzgebiet zur Schweiz (Gebiet von Genf) in Savoyen, in dem für gewisse Erzeugnisse aus der Schweiz o. für die Schweiz eine niedrigere Steuer als die normale bezahlt werden muß.

zone non occupée ↑Vichy-Regime, ↑Weltkriege.

zone occupée ↑Weltkriege.

zouave ↑Algerien.

Z.R., *Zone de rénovation.* (Stadt-)Sanierungsgebiet.

Z.U.P. [zyp] *Zone à urbaniser à priorité.* ‚Gebiet vorrangiger städtebaulicher Entwicklung'; Mischgebiet *(↑ZOH),* in dem ein besonderes Enteignungsverfahren die Bodenspekulation verhindern soll. So kann z.B. in Bebauungsplänen, die u.a. eine *Z.U.P.* umfassen, eine Baugenehmigung außerhalb der *Z.U.P.* sogar in Wohngebieten verweigert werden. Die *Z.U.P.* wurde in den 70er Jahren durch die ↑*ZAC* abgelöst.

zuzulu *m.* Typisches Möbelstück des baskischen Bauernhauses: eine kräftige Bank mit hoher, gerader Lehne, die z.T. herausgeklappt werden u. als Tisch dienen kann, während der Raum unter dem Sitz als Truhe dient.

1. Die französischen Provinzen unter dem Ancien Régime

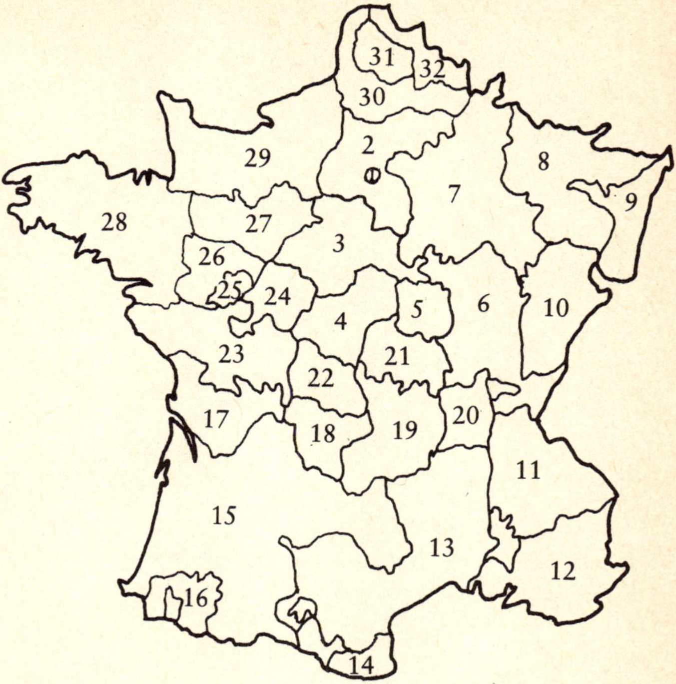

1 Paris
2 Ile-de-France
3 Orléanais
4 Berry
5 Nivernais
6 Bourgogne
7 Champagne + Brie
8 Lothringen
9 Elsaß
10 Franche Comté
11 Dauphiné
12 Provence
13 Languedoc
14 Roussillon
15 Guyenne + Gascogne
16 Béarn
17 Saintonge + Angoumois
18 Limousin
19 Auvergne
20 Lyonnais
21 Bourbonnais
22 Marche
23 Poitou
24 Touraine
25 Saumurois
26 Anjou
27 Maine
28 Bretagne
29 Normandie
30 Picardie
31 Artois
32 Flandre + Hainaut

2. Die heutigen französischen Departements

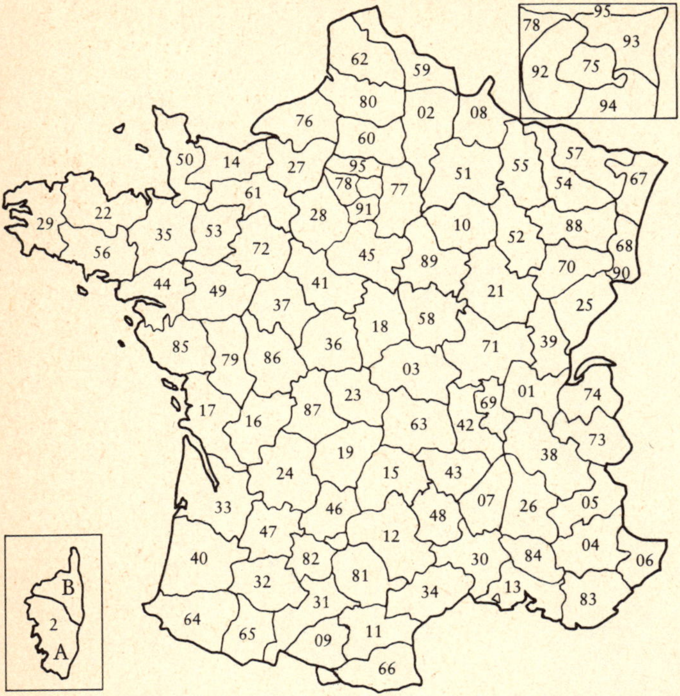

01 Ain.
02 Aisne.
03 Allier.
04 Alpes de Haute-Provence
05 Alpes (Hautes).
06 Alpes-Maritimes.
07 Ardèche.
08 Ardennes.
09 Ariège.
10 Aube.
11 Aude.
12 Aveyron.
13 Bouches-du-Rhône.
14 Calvados.
15 Cantal.
16 Charente.
17 Charente-Maritime.
18 Cher.
19 Corrèze.
2 A Corse du Sud.
2 B Haute Corse.
21 Côte-d'Or.
22 Côtes-du-Nord.
23 Creuse.
24 Dordogne.
25 Doubs.
26 Drôme.
27 Eure.
28 Eure-et-Loir.
29 Finistère.
30 Gard.
31 Garonne (Haute).
32 Gers.
33 Gironde.
34 Hérault.
35 Ille-et-Vilaine.
36 Indre.
37 Indre-et-Loire.
38 Isère.
39 Jura.
40 Landes.
41 Loir-et-Cher.
42 Loire.
43 Loire (Haute).
44 Loire-Atlantique.
45 Loiret.
46 Lot.
47 Lot-et-Garonne.
48 Lozère.
49 Maine-et-Loire.
50 Manche.
51 Marne.
52 Marne (Haute).
53 Mayenne.
54 Meurthe-et-Moselle.
55 Meuse.
56 Morbihan.
57 Moselle.
58 Nièvre.
59 Nord.
60 Oise.
61 Orne.
62 Pas-de-Calais.
63 Puy-de-Dôme.
64 Pyrénées Atlantiques.
65 Pyrénées (Hautes).
66 Pyrénées-Orient.
67 Rhin (Bas).
68 Rhin (Haut).
69 Rhône.
70 Saône (Haute).
71 Saône-et-Loire.
72 Sarthe.
73 Savoie.
74 Savoie (Haute).
75 Paris.
76 Seine-Maritime.
77 Seine-et-Marne.
78 Yvelines.
79 Sèvres (Deux).
80 Somme.
81 Tarn.
82 Tarn-et-Garonne.
83 Var.
84 Vaucluse.
85 Vendée.
86 Vienne.
87 Vienne (Haute).
88 Vosges.
89 Yonne.
90 Territoire de Belfort.
91 Essonne.
92 Hauts-de-Seine.
93 Seine-St-Denis.
94 Val-de-Marne.
95 Val-d'Oise.

Diese Nummern entsprechen gleichzeitig den frz. ↑*Autokennzeichen*.

3. Die heutigen Wirtschaftsregionen

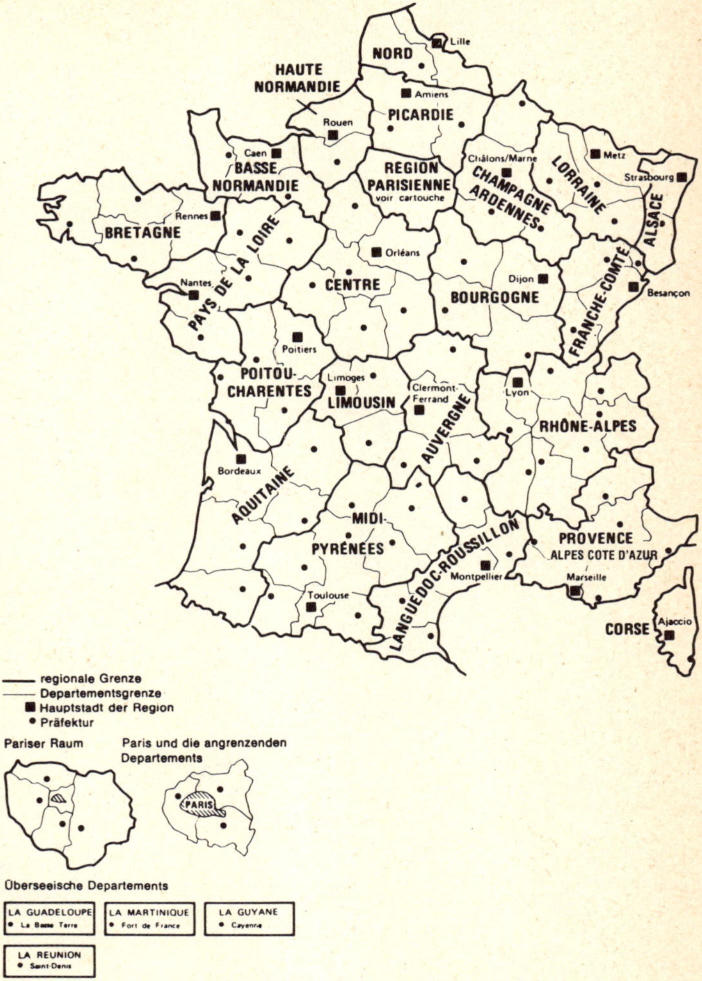

Quelle: Aus „Informationsblätter", Französische Botschaft, Bad Godesberg, Jahrgang 25, Nr. 155, S. 4, leicht verändert.

4. Die Arrondissements von Paris (mit den „quartiers“)

Die Numerierung verläuft von 1 bis 20 spiralförmig im Uhrzeigersinn.

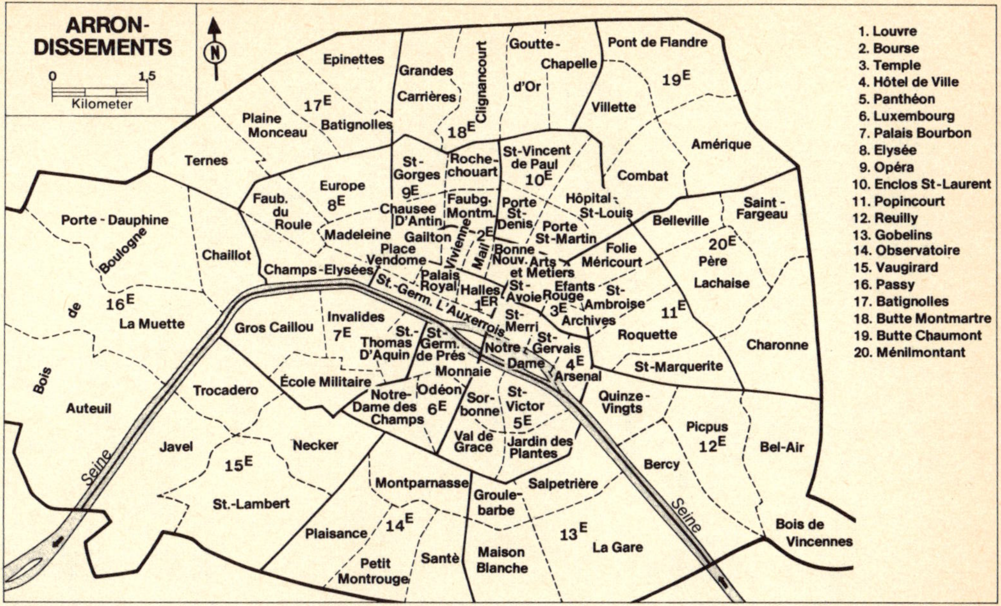

Quelle: Der Große Polyglott. PARIS. München [11]1981/82, S. 44.
Mit freundlicher Genehmigung des POLYGLOTT-Verlages, München.

5. Die Verbreitung der Regionalsprachen in Frankreich

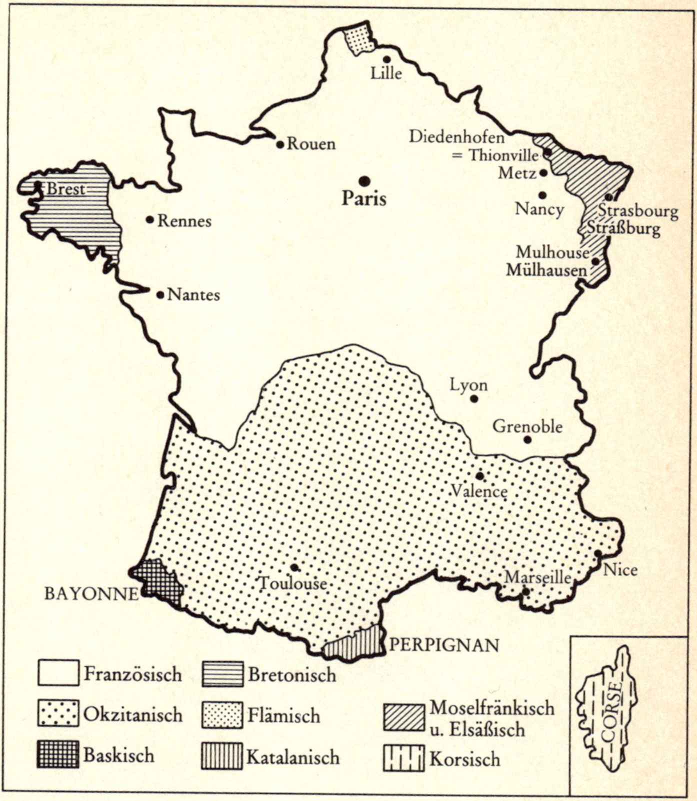

Quelle: Nach einer Karte, entworfen von Guy Héraud, aus: Notre avenir est bilingue – Zweisprachig unsere Zukunft. Publications du Cercle René Schickele – Schriften des René-Schickele-Kreises 1, Strasbourg 1968 (3. Umschlagseite).

Aktuelle Länderkunden in der Beck'schen Reihe

Politisches Lexikon Afrika, herausgegeben von Rolf Hofmeier/Mathias Schönborn

Politisches Lexikon Asien und Südpazifik, herausgegeben von Werner Draguhn/Rolf Hofmeier/Mathias Schönborn

Bolivien, von Thomas Pampuch/Agustín Echalar A.

Brasilien, von Manfred Wöhlcke

China, von Oskar Weggel

Politisches Lexikon Europa, 2 Bände, herausgegeben von Robert K. Furtak

Frankreich 1, von Günther Haensch/D. Soulas de Russel/Alain Lory

Frankreich 2, in Vorbereitung

Kleines Frankreich-Lexikon, von Günther Haensch/Paul Fischer

Griechenland, von Baldur Bockhoff

Großbritannien 1, von Heinrich Händel

Großbritannien 2, von Isolde Friebel/Heinrich Händel

Indochina, von Oskar Weggel

Irland, von Manfred P. Tieger

Italien 1, von Carmine Chiellino

Italien 2, von Carmine Chiellino/Fernando Marchio/Giocondo Rongoni

Japan, von Helmut Erlinghagen

Korea, von Hans W. Maull/Ivo M. Maull

Kleines Österreich-Lexikon, von Susanna Gassner/Wolfgang Simonitsch

Politisches Lexikon Lateinamerika, herausgegeben von Peter Waldmann unter Mitarbeit von Ulrich Zelinsky

Politisches Lexikon Nahost, herausgegeben von Udo Steinbach/Rolf Hofmeier/Mathias Schönborn

Nordamerika. Vereinigte Staaten und Kanada 1 und 2, von Helmut Riege

Portugal, von Gudrun und Alexander Decker

Sowjetunion 1 und 2, von Walter Feichtner/Bernhard Seyr

Spanien, von Werner Herzog

Türkei, von Faruk Şen